U0591360

本书得到教育部人文社科研究规划基金项目《农业产业化与农村人际关系发展研究》（批准号15YJA840003）的资助

农业产业化与农村人际关系

郭新平◎著

人民出版社

目　录

第一章 导 论

农业稳则天下安，农业兴促百业兴，农业作为我国国民经济的基础，对整个社会的和谐稳定与经济的发展进步具有不可动摇的作用，因此，解决好“三农”问题一直以来都是党和国家工作的重中之重。在近年农业发展过程中，我国逐渐形成了“用工业化理念谋划农业，以发展现代化农业为方向，以市场需求为导向，以农民增收为核心，推动农业规模化、集约化、特色化经营，从而促进农业持续稳定健康发展”的总体思路。[①] 同时，2018 年中央一号文件指出，实施乡村振兴战略是新时代“三农”工作的总抓手，要坚持农业农村优先发展，严格按照“产业兴旺、生态宜居、乡风文明、治理有效、生活富裕”的总要求，让农业成为有奔头的产业、农民成为有吸引力的职业、农村成为安居乐业的美丽家园。[②] 实施乡村振兴战略的二十字总要求中，产业兴旺是首要和重点。产业兴旺离不开新型农业经营主体的带动和现代农业经营体系的支撑，因此，在现阶段农村发展过程中要加快培育新型农业经营主体，延伸农业产业链和价值链，提高农业综合效益和竞争力，并逐步建立起现代农业生产、经营和产业体系。在此意义上，农业产业化是促进乡村产业兴旺的必由之路，是实现农业强、农民富和农村美的重要举措，是实施乡村振兴战略的关键所在。

从整体上来看，我国农业产业化主要有合作社、龙头企业和产业园区等

① 参见何翔凤：《以县域农业产业化带动农民增收》，《中国乡村发现》2013 年第 3 期。

② 新华网：《中共中央 国务院关于实施乡村振兴战略的意见》（受权发布），2018 年 2 月 4 日，见 http://www.xinhuanet.com/politics/2018-02/04/c_1122366449.htm。

三种典型模式，在当前乡村社会具体表现为农民专业合作社、农业产业化龙头企业和农业产业园区等三类新型农业经营主体。作为农业产业化的具体实现方式和组织形式，这三类新型农业经营主体虽是基于不同因素和力量而组织成立的，但都在实现乡村经济发展进步与社会和谐稳定等方面发挥着重要作用，使市场经济中的理性、契约、规则、制度、利益等不断嵌入和影响乡村社会，乡村人际交往和人际关系也在悄然发生着变化。

第一节　问题的缘起

在中国特色社会主义新时代，社会发展的视野不再局限于城市的现代化，不再是片面追求城市数量和规模、城市人数增长以及城市经济发展指数等，而是在现代化推动社会资源总量不断增长的过程中，将乡村纳入社会现代化发展视野中，使乡村成为新的资源汇集之处，迎来了难得的发展机遇，成为可以大有作为的广阔天地。本书立足于乡村在新时代重新定位的大背景，基于乡村振兴根本在“保留”乡村的前提，将农业摆在优先发展的位置，通过农业产业化首先实现乡村的产业兴旺，并在此过程中更加注重人的整体性发展向度，进而从抽象和现实层面分析阐述农业产业化过程中乡村人际关系的变迁，寻求构建新型乡村人际关系的突破口和关键点。

一、社会发展的空间转向

（一）从片面到全面：社会发展视野中乡村的浮现

在我国前现代化和早期现代化的历史跨度内，乡村地区在社会发展和国家资源调控体系中处于资源供给状态。前现代化时期的王朝国家依托于纵向贯穿的官僚体制与横向铺陈的里甲制度，构建起国家的资源调控体系，这一调控体系的特征是正式与非正式力量的有机结合。作为国家在地方的正式代表，官僚力量存在于县所处的城市之中，而向乡村地区的行政延伸及从乡村汲取资源则依靠以衙役、士绅为代表的非正式地方力量。“中央官僚统治权力从未真正能直接深入到广阔的基层社会，在传统乡村便形成了所谓‘王权止于县’的治理格局。”[①] 同时，“中国历史上，农民的利益一般都通过乡绅向国家反映并得以表达，反过来乡绅又构成了农村的治理因素。”[②] 因此，国家从乡村地区提取资源的数量取决于中央与地方、官僚与士绅之间的博弈与妥协，在这一过程中，乡村地区的资源更多流向地方精英的掌控之中，这就滞涩了传统国家积累资源的能力。随着现代化的逐渐开启，特别是在新中国成立之后，国家的官僚体制突破县一级城市的边界，自上而下建立起基于国家制度理性的公社制组织架构，形成了新的具有超强汲取能力的国家资源调控体系。公社制在乡村的建立，一方面消解了士绅地主所代表的地方力量，改变了传统的乡村权力结构；另一方面在有限资源约束的情形下，适应了国家主导型现代化建设所需的资源积累规模的扩张趋势，国家将这一体系在乡村地区征集的农业剩余集中投向城市和重工业领域。“优先发展城市”、“以农补工”等政策和制度安排长期将乡村放在城市的从属位置上，工农业产品价格的剪刀差也让农业发展举步维艰，更极大地限制了乡村的快速发展。

改革开放开启了国家现代化建设的市场理性模式，社会资源总量及可供国家支配的资源数量相应增长，从而使国家资源调控体系能够有步骤地将乡村纳入现代化建设的进程中，乡村地区逐渐进入社会发展的视野。在市场配

---

① 丁国胜、王伟强：《现代国家建构视野下乡村建设变迁特征考察》，《城市发展研究》2014 年第 10 期。

② 吴思红、贺雪峰：《论国家与农村社会互动的具体处境》，《河南师范大学学报（哲学社会科学版）》2001 年第 2 期。

置之外，由国家控制的资源在城乡之间的二次配置意味着乡村进入补偿性发展时期，乡村在国家资源调控体系中的供给定位也发生历史性的改变，国家逐步加大对乡村社会发展的关注和支持力度。也就是说，由现代化推动的社会资源总量的增长使国家的资源投放空间可以逐渐扩展到乡村，乡村在国家的资源调控体系中成为新的资源汇集之处，这种从片面到全面的资源调控转向是现代化深入和社会发展进步的空间表征。2005 年，党的十六届五中全会提出建设社会主义新农村，农村的现代化真正被提上日程。2013 年，习近平总书记提出要“实现城乡一体化，建设美丽乡村”。从家庭联产承包责任制到新农村建设再到美丽乡村建设，乡村社会发展及现代化成为党和国家关注的头等问题。

进入中国特色社会主义新时代以来，党和国家进一步关注和重视乡村地区的发展：2017 年 10 月，习近平总书记在党的十九大报告中首次提出实施乡村振兴战略；同年 12 月，中央农村工作会议全面分析“三农”工作的新形势，研究实施乡村振兴战略的重要政策；2018 年 1 月，中共中央发布了一号文件——《中共中央国务院关于实施乡村振兴战略的意见》，详细描绘了乡村振兴战略的宏伟蓝图；2018 年政府工作报告将“大力实施乡村振兴战略”作为 2018 年重点任务之一。实施乡村振兴战略，是贯彻落实党的十九大精神和习近平总书记“三农”思想的重要行动，是顺应亿万农民对美好生活向往作出的重大决策，为新时代农业农村改革发展指明了方向，彰显了党和国家将实现乡村社会发展进步摆在重要位置的坚定决心。在此意义上，乡村地区已经逐渐摆脱了资源供给的历史定位，成为社会发展和现代化推进的关键所在，是新的资源汇集处和大有作为的广阔天地。

（二）乡村振兴的路径选择：城镇化与农业产业化

作为衡量国家或地区经济社会发展和现代化程度的重要指标，城镇化长期以来都是党和国家高度重视并重点推进的一项重要战略。国家统计局数据表明：截止到 2016 年年末，我国城市数量达到 657 个，常住人口城镇化率已经达到57.4%，比2012年年末提高4.8个百分点。[①] 但就目前状况来看，我国城镇化仍处于低水平阶段，难以突破粗放型发展模式，也依然未从根本上改善土地城镇化快于人口城镇化的严峻现状。而在土地城镇化发展过程中，由于政策和制度缺位、决策力和执行力不足、基础设施不健全、各参与主体利益冲突等多方面原因，出现了城非城、村非村的尴尬局面。同时，在片面的现代化发展理论背景下，工业化和城市化被摆在了优先发展位置，国家以“取消”乡村来实现城镇化的单方面快速突进，这在带来经济社会快速发展、促进工业化和现代化的同时，也在一定程度上造成城乡发展不均衡等问题逐渐凸显，城市加速扩张而乡村发展式微，乡村地区相较城市发展仍是滞后衰落，“村落终结论”、“农民终结论”等正在成为现实。鉴于此，为推动我国城镇化健康发展和实现城乡均衡发展，中共中央于2013年制定并出台了《国家新型城镇化规划（2014—2020年）》，明确提出要尊重市场主导，同时政府引导工作必须结合城镇化发展规律，实现因地制宜和创新发展。但在具体执行过程中，难免存在为完成单纯的数据任务而忽视城镇化发展规律，出现只见“新型”和“城镇”而不见“传统”和“乡村”的片面发展状况，新型城镇化仍然任重而道远。

在总结以往城镇化单兵突进带来城乡发展不均衡问题的基础上，新型城镇化战略表现出了对乡村的全面关怀——对农业转移人口的关注、对农业现代化的关注、对乡村发展的关注，这在推动乡村产业发展、改善农民生活质量和促进乡村经济社会进步等方面无疑发挥着重要作用，进而为实现乡村振兴助力。但如前所述，新型城镇化战略从主客观方面依然难以摆脱“取消”乡村的内涵和外延限制，也就是说，新型城镇化实现现代化的方式在某种程度上依旧是以“乡村消失”为代价的，这与乡村振兴战略的初衷是有所背离的。

毋庸置疑，随着工业化、城市化和现代化进程的加快，我国城镇化率将

① 参见李娣：《中国新型城镇化进程与展望》，《中国经济分析与展望（2016—2017）》，社会科学文献出版社2017年版，第18页。

继续提高，但乡村仍有其存在的价值和空间，仍会有大量农民在乡村地区生产和生活，“三农”问题仍是社会发展必须予以关注的重点。2018 年两会期间，习近平总书记在参加广东代表团审议时强调，城镇化进程中乡村也不能衰落，要相得益彰、相辅相成。乡村振兴战略正是党和国家立足于这一现实国情而提出的，也是对重视“三农”问题的最好回应和诠释。从发展方向上来看，乡村振兴战略是要在“保留”乡村的基础上，通过优先发展农业逐步缩小城乡差距，实现城乡一体化与协调发展。但城乡一体化并非是将所有乡村城镇化，而是系统全面地统筹考虑城市与乡村的发展，使城市与乡村保持各自特色和独立性，乡村依然以农业为基础实现发展和现代化，城乡差别不再是经济社会发展的障碍，而是乡村振兴基础上的城乡互补。

在此意义上，农业产业化无疑是实现乡村振兴的最佳路径，因为二者首先在“保留”乡村这一基本前提上是高度一致的。同时，乡村振兴战略将产业兴旺作为首要和重点，将农业农村发展放在突出位置，并致力于实现农业强的战略目标，而农业产业化是推动农业实现现代化的有效途径和关键依托，是乡村现代化的重要经济基础。具体来看，农业产业化立足乡村发展现实，坚持规模化和专业化生产，实行正规化和制度化管理，以市场和效益为导向，在实现效益的同时兼顾公平，注重社会化服务，并在乡村地区形成了合作社、龙头企业和产业园区等新型农业经营主体及生产组织形式，这都在一定程度上促进了传统乡村向现代乡村转变。再者，就农业产业化发展现状来看，其在促进现代农业建设和农民增收致富等方面已经发挥了重要作用：截止到 2016 年年末，全国各类农业产业化经营组织达 41.7 万个，辐射带动农户 1.27 亿户，农户参与产业化经营年户均增收达 3493 元。[①] 农业产业化糅合了乡村经济发展、基层民主治理、传统乡土文化、美丽乡村建设等多个层面的因素，囊括了产业兴旺、生态宜居、乡风文明、治理有效和生活富裕五个方面的战略目标，必然成为推动乡村振兴的内生性和系统性动力。

---

① 参见《发展农业产业化联合体促进乡村振兴——农业部副部长叶贞琴解〈关于促进农业产业化联合体发展的指导意见〉》，《甘肃农业》2018 年第 1 期。

（三）乡村振兴中人的发展向度：原子化与整体性

无论社会发展到何阶段和程度，对人的发展问题的关注和思考一直都存在，人的发展问题始终是一个古老却又新颖的话题。马克思在其人的发展理论中曾指出，实现人的全面自由发展是人发展的最终目标，一个人的任务和责任就是全面发展自己的能力，包括体力和智力、个体和集体能力、社会力等。同时，马克思认为每个人都是处在一定的社会关系当中，社会性是人的本质属性，人不可能脱离社会整体而以原子的形式独立存在，即人以劳动的方式结合起来，共同从事生产和交换等活动，共同生活和相互交往，由此必然产生一定的关系和联系，进而形成人所特有的社会属性。[①] 因此，从某种程度上来说，处在一定社会关系当中的人与他人、群体、组织乃至社会之间所形成的交往互动关系，势必会在作用于自身与他人全面自由发展的同时，对整个经济社会发展进步与和谐稳定产生影响。鉴于此，虽然现代社会仍强调个体的独立性、独特性和个性发展，但这绝不是提倡个体从整体性的人际交往关系中抽离而朝着孤立封闭的原子化方向发展，因为即使是原子化的个体依然是嵌入在整体社会关系当中的，整体性依然是现代社会中人发展的基本和最终向度。

反观传统乡村社会，基于血缘关系的宗法制以及利用地缘的接近性在生产和生活实际中仿照宗法制建立的亲密合作关系，都在一定程度上通过传统习俗和乡规等非正式规范影响和约束着属于这一地域范围的人们，诸如孤立、冷漠、蔑视等无形的惩罚性行为在传统互助乡村社会中是非常可怕的，这也导致了生活在相对固定空间的人们遵循规矩是源于对这种行为规矩熟悉到不假思索的可靠性，他们总是竭力维护自身、家庭乃至家族在整个乡村社会中的“身份、地位和形象”，避免被排斥和孤立于亲密合作关系之外，而作为个体是完全依附于有权威的个人、家庭、家族和乡村社会的，独立性被集体所消解。随着现代意义上乡村社会的出现，人们突破了基于血缘和地缘

① 参见《马克思恩格斯选集》（第 1 卷），人民出版社 1995 年版，第 56 页。

建立的传统社会关系的限制，个体的独立性逐渐凸显，开始追求自我发展与进步，原子化倾向有所抬头。但如前所述，现代乡村社会中的独立个体依然是整体的一部分，与他人交往互动中必然产生联系和关系，尤其是在农业产业化发展过程中，生产不再是单纯意义上的“包产到户”、“包干到户”，合作社、龙头企业和产业园区等新型经济合作组织已经将农民组成了有机整体，生产和生活都不再局限于单个家庭范围内，乡村社会成为了有机统一的整体。同时，乡村振兴的实现不仅需要个体的全面自由发展，整个乡村社会关系的和谐稳定更为必须和必要，个体在满足自我需求的同时要与他人进行友好的人际交往，共同致力于新型和谐人际关系的构建和维系。

整体性是人发展的基本和最终向度，建构和协调社会关系，实现社会关系由冲突走向和谐，是一个值得深入探讨的时代性课题。从这个意义上讲，随着乡村在社会发展视野中的浮现以及新时代党和国家对乡村振兴的高度重视，通过农业产业化带动乡村产业兴旺进而实现农业强、农村美、农民富的同时，构建和维系乡村新型和谐人际关系就更具必要性和价值性。如前所述，农业产业化作为乡村振兴的最佳路径选择，在带动产业发展实现乡村经济振兴的过程中，对乡村原有的人际交往互动也产生冲击和影响，乡村人际关系在悄然发生着变化，因此，如何协调农业产业化发展带来的人际交往互动行为的差异性和冲突性，如何解决乡村人际关系朝现代化方向发展中出现的暂时性异化现象，如何在传统与现代的综合平衡中构建新型乡村人际关系，是本书尝试探讨和阐明的关键。

二、农业产业化中乡村人际关系的变迁

（一）农业产业化中乡村人际关系变迁的影响因素

1. 市场经济的发展

改革开放后，农业生产活动逐渐摆脱了人民公社时期集中劳动和经营的

统一模式，乡村地区发生了翻天覆地的变化：从安徽省凤阳县小岗村的“包产到户”，到全国范围内的纷纷效仿和积极改革，再到国家相继出台推进政策并确立家庭联产承包责任制的生产制度，最终到以家庭承包经营为基础、统分结合的双层经营体制在全国乡村地区的广泛实施并发展至今。改革开放为乡村地区带来的巨变不仅是物质层面上的，也有精神层面上的，尤其是社会主义市场经济在乡村的渗透和发展，使得乡村社会逐渐由封闭走向开放、由传统走向现代。在当前农业产业化发展过程中，市场经济的运行法则已经深入人们的思想观念，农民更加注重自身利益的满足和实现，情感性的人际交往逐渐受到理性算计的冲击和影响。

2. 生产方式的变革

以20世纪80年代实施的家庭联产承包责任制为起点，我国农业生产经营体系经过三十多年的改革，已经在诸多领域发生了变化，突出表现在生产方式的变革，即由过去“包产到户”、“包干到户”的家庭内部生产逐渐向更有效率和效益的集约化、规模化、标准化的大生产转变。据国家统计局2012年统计数据显示，我国农作物耕种的机械化水平已超出50%，农业已进入机械化时代。同时，随着农业机械化水平的提高，乡村人际交往互动行为也发生了变化。机械化水平较低时，人们之间联系密切，互帮互助是常态，但随着机械化的迅速发展，农业劳作方式发生改变，人际间的互相帮衬不再必要和必需，人际关系逐渐淡漠化和冷漠化。生产方式的变革使得乡村人际交往互动更加功利化和理性化。

3. 社会转型的加快

当前我国正处于社会转型期，乡村社会结构随之发生变化，人们之间交往互动的深度和广度也有所不同。在传统乡村社会中，人际交往的范围是固定有限且相对封闭的，人们基于血缘、亲缘和地缘建立的亲密合作关系具有稳定性、长期性和排他性，即同一地域范围内的熟人间总是温情脉脉、互帮互助、交流密切，而对外来陌生人则更多的是敌视、排斥和不信任。在社会转型时期，人们之间的交往互动更倾向于经济性的互惠合作，人际关系具有短暂性和多变性，人际交往范围扩大，广度延伸，对陌生人的接受度和认可度也有所提升，却不再亲密无间。同时，在乡村社会转型过程中，农业产业化的发展也促使乡村在经济、社会、文化和日常生活等方面发生变化，如乡村人口流动现象增多，一部分外来人口开始进入乡村地区，村民群体出现分化，异质性程度提高，需求结构复杂化，人际交往互动行为出现差异性和多样性。

4. 阶层分化的加剧

随着市场经济和农业产业化的发展，乡村社会出现了合作社、龙头企业和产业园区等新型经济合作组织，乡村内部阶层逐渐产生分化，形成了多个利益主体。合作社负责人和龙头企业经营者等作为乡村经济精英逐渐跻身管理者阶层，部分具有市场洞察力的村庄能人开始担任经纪人，大批外来技术人员也相继进入乡村，乡村社会阶层的异质性增强，阶层分化加快。从乡村人员流动上来看，一方面，外出打工人员数量较多、比重较大且逐年增加，地点以县城和周边大中型城市为主，而单纯从事农业生产的人数逐年下降，以老人和妇女居多，阶层流动速度加快；另一方面，合作社、龙头企业和产业园区等新型经济合作组织在乡村地域范围内产生了集聚效应，既推动了农业产业化发展，又在一定程度上带动了就业，大批青壮年劳动力进入新型经济合作组织中从事体力劳动和技术活动等。在此意义上，乡村社会不断分化出了打工者和务农者两类群体，其中打工者分为外出打工和本地打工，而本地打工者在进入新型经济合作组织后也可能逐渐分化为管理者阶层和普通雇工阶层。不同群体和阶层在社会关系网络和人际交往互动方面具有差异性，打工者受现代市场经济和组织管理制度的影响，逐渐突破了传统血缘、亲缘和地缘关系的封闭孤立性，形成了拟亲缘、业缘和利益关系等新的交往互动圈，社会和人际关系网络更为宽泛，交往互动中虽仍考虑人情和情感因素，但也更加注重规则和制度等正式行为规范的约束力。

（二）从传统到现代

我国曾是一个乡土社会，乡土社会代表了传统社会形态，在一定地域范围内形成了以血缘关系为核心、以情感互动为维系的人际关系模式，生活在这一相对固定空间内的人们相互熟悉、相互帮助、彼此信任，这种熟悉和信任是建立在相当长时间跨度内面对面经常性交往互动基础上的，是无数次摩擦、沟通甚至妥协出来的结果。在传统乡村社会，一定地域范围内的人们总是累世聚居，对村落生活具有认同感和归属感，遵循共同的风俗习惯和乡规民约，如婚娶、丧葬、祭祀和节日等活动仪式是村落的大事，全体村民要共同参与，分工协作，由此形成的村落共同文化构成了村民间联系紧密、互惠互助、关系亲密的精神纽带和内在强化机制，维系着乡村社会的稳定与发展。同时，在这样一个温情脉脉、守望相助的传统乡村社会，村民交往互动中更加注重"礼尚往来"、"人情"和"面子"，尤其是在婚丧嫁娶等仪式性活动和重大节日中，生活在同一固定空间范围且相互熟识的村民间除了"送礼"和"还礼"外，总是竭尽所能为主家提供帮助并全程参与，这既是主家面子大、声誉佳、人际关系良好宽泛的外在表征，也是其他村民为保持自身、家庭乃至家族的"身份、地位和形象"，为维系相互间的人情往来和情感交流，避免被排斥和隔离于整个乡村所形成的人际关系网络之外而不再享有"熟人和自己人"身份，因为这在传统乡村社会是可怕的甚至是一种耻辱。

从梁漱溟的"伦理本位"到费孝通的"差序格局"再到许烺光的"情境中心"，都从不同角度对传统乡村人际关系进行了研究，其中，以费孝通先生的"差序格局"理论最具解释力、代表性和权威性。费孝通先生在《乡土中国》一书中提出"差序格局"，用以描述我国传统乡村社会的基本结构和人际关系特征，书中是这样论述的，"我们的社会结构好象把一块石头丢在水面上所发生的一圈圈推出去的波纹……以己为中心，和别人所联系成的社会关系，一圈圈推出去，愈推愈远，也愈推愈薄。"[①] 费孝通先生所讲的"差序格局"是一种立体多维的结构，既包含横向的弹性的以自我为中心的"差"（关系的远近亲疏），也包含纵向的刚性的等级化的"序"（等级的尊卑贵贱），

① 费孝通：《乡土中国》，人民出版社 2008 年版，第 28—32 页。

二者同等重要。而随着乡村社会现代化与农业产业化的发展，拟亲缘、业缘和利益关系等逐渐融入到乡村地区中，传统的基于血缘和地缘关系呈现的“差序格局”不可能再维持原来的状态，但也不可能完全被消解，而是根据变化的社会事实呈现出新的表现形式。

改革开放以来，乡村地区在社会发展视野中开始浮现，社会资源总量的增长和国家资源调控体系的空间转向使其逐渐被纳入现代化发展进程，而市场经济的渗入又在一定程度上带动农业逐步实现专业化生产和产业化经营，改变了乡村原有的生产和生活方式，这些新变量在促进乡村经济发展、推动农业现代化和提高村民收入的同时，也潜移默化地影响着传统人际交往互动行为和心理，对乡村原有的人际关系模式造成一定冲击。

1. 人际交往互动对象从熟人到生人

从整体上来看，现代社会通信技术的发展打破了原有的时空限制，为不同地区和层次的人际互动提供了途径，拓宽了人际交往对象的范围和领域。就乡村社会内部来看，建立在血缘、亲缘和地缘等特定身份之上的交往互动是传统熟人社会中人际关系的主要表现形式，而随着合作社等新型经济合作组织的出现，诸如农业技术员、企业经营者等生人开始进入乡村，村民人际交往对象和场域发生变化，建立了“独立于行为者与行为对象具有特定身份联系”的合作关系，即人们之间的交往不再局限于享有血缘等特定身份关系的熟人圈子，而可能会趋向于有着共同利益需求的生人。现代意义上的乡村人际交往打破了传统的以特定身份关系为基础的人际互动，它是现代社会的主要表征，符合现代社会的发展需要。

2. 人际关系维护机制从身份到契约

传统乡村社会的人们长期生活在相对固定且狭小的地域范围内，交往对象以熟人为主体，人际关系的维持与和谐主要依靠宗法制度以及传统习俗、风俗、经验等，而违背了这些“规矩”将面临失去公认的特定身份关系，进而受到挤压、排斥甚至身份被销毁，因此人们总是竭力维护和保持这一特定身份。但随着龙头企业等正式经济组织在乡村的建立，契约、规则、制度等现代意义上的行为规范开始进入人们的视野，村民在企业中工作要遵循相关制度规定，约束自身行为，企业的奖励和惩罚措施不因身份产生弹性空间，而是依据双方签订的契约裁定。现代乡村开始由传统身份社会向现代契约社会转变，逐渐跨越了熟人身份的樊篱，形成更具进步性和合理性的人际关系维护机制。

3. 人际关系建立原则从人情到利益

如前所述，在传统乡村社会，生产生活中的交往对象和互动场域对这一空间范围内的人们来说都是熟悉的，人们依据特定的身份关系和既定的风俗惯习交往互动，根据道德和情感来维持关系和制约行为，并按照关系亲密和联系紧密程度区分自己人和外人，人际关系呈现出明显的差序格局特征。而在进入现代化发展阶段的乡村社会，道德、情感和人情等基于特定身份和空间范围的人际交往影响因素日益受到冲击并逐渐式微，建立在共同利益需求满足基础上的合作行为和互动关系则更为普遍常见，利益算计和理性选择成为人际交往与互动合作的主要权衡依据。

从传统向现代的变迁是经济社会发展进步的具体表征，但历史与现时、既往与当下、继承与发展的关系并不是非此即彼的绝对性对立，这种变迁既不是直线性的，也不是顺其自然的过渡，它为传统带来了重构力量和动力，使其通过改造借鉴能够与现代深度互构，并充满了复杂性、多样性和曲折性，是在较长时间内反复碰撞、交流和融合的交互作用中逐渐实现的。在此意义上，农业产业化中乡村人际关系从传统到现代的变迁也不例外。传统熟人社会中，血缘、亲缘和地缘关系使得同一地域范围的人们享有特定“身份”，相互间联系紧密，人情往来密切，从而形成了守望相助、温情脉脉的和谐人际交往互动关系，而现代乡村社会中，市场经济和农业产业化的发展促使合作社、龙头企业和产业园区等新型农业经营主体出现，人们交往对象和场域等突破原有范围，熟人和田间地头不再是唯一的选择，不同对象和场域的互动也产生差异性，身份、情感和人情等人际关系影响因素中注入了拟亲缘、业缘、利益和理性等新变量。可以说，乡村人际关系的新变化是对传统的打破，是一种进步，更符合社会发展现代化的需要，但这种变化中依然透露着传统的气息和影子，经济理性和契约关系中仍有人情和情感的体现。因此，在乡村人际关系变迁的过程中，不能全盘否定传统的价值甚至刻意抹去传统的痕迹，而应该关注如何构建起传统和现代的融合通道，实现二者的兼容互动。

（三）非人情与非理性

在我国现代化进程不断推进的大背景下，乡村社会中市场经济和农业产业化的发展给人们的生产方式、日常生活、行为习惯和价值观念等带来了深刻的影响，而以这些因素为存在前提的乡村人际关系也经历着从传统到现代的变迁。如前所述，乡村人际关系从传统到现代的变迁无疑是社会发展的突破与进步，在一定意义上也更加适应和符合现代乡村经济社会发展的需要，但在总体趋向现代的变迁过程中，传统社会建立在人情基础上的人际交往关系尚有利用价值和存在空间，在新变量不断渗入的前提下依然是人们态度和行为策略选择时的考虑因素，同时现代意义上的人际互动合作模式又处于发展阶段，人们的理性意识、思维和行为尚未成熟，契约和规则等正式行为约束制度尚不能完全发挥作用。乡村人际交往和互动合作中出现了既非传统意义上的纯粹人情关系又非现代理念下的市场理性关系，二者在现实中交织融合而又难以有一方占据优势，本书暂且以“非人情与非理性”一词来描述目前乡村人际关系的这一尴尬矛盾局面。

顾名思义，人情原指人的感情，但在社会交往互动中，人情则是有范围限制的，它特指人际关系中的私人感情，与具有一定公共性的社会规则相对应，即人情不同于社会规则的普适性和普遍化，它是在特定人际圈子内产生的，是交往互动中可以馈赠给对方的一种资源，包括有形的物质资源和无形的精神资源。传统乡土社会中的人们是非常重视人情的建立和维系的，这种人情源于血缘、亲缘和地缘关系，是人们应遵守的社会规范，也是人际互动的纽带。血缘和亲缘关系网中的人们因先天的亲密性及特定的身份故紧密团结在一起，生产生活中互惠互助、相互支持，而“远亲不如近邻”，邻里间因地域空间的接近性及累世聚居故相互熟悉和彼此信任，在婚丧嫁娶和重大节日等仪式性活动中随礼回礼、互赠礼物，日常生活中互利合作、来往密切，一定程度上弥补了血缘和亲缘因传统社会的时空封闭性而产生的局限与不足，同时这种人情往来关系是有地域范围的，由此形成了守望相助、互惠交换、和睦相处的传统乡村社会。但社会总是发展进步的，随着新型经济组织的产生和外来人口的进入，乡村传统人情关系难以全景式地再现，甚至在新变量的影响和利用下其自有属性与世俗规范发生异化：纯粹的基于情感和身份的互惠互助（如“帮工”、“换工”等）消失在乡村视野中，生存空间相近且来往紧密的邻里不似从前关系亲密，仪式性活动不再注重“仪式和物”的内涵意义而更加偏向“礼”的多少轻重，日常生活互动中人情成为单一的消费、投资和交易对象……从互惠互助、关系认同到敛财获利、不亲装亲，人们交往互动中的权利和义务、态度和行为选择不再由关系远近亲疏来决定，人情朝着“去传统化”、“去情化”、“工具化”和“市场化”的方向发展。

在现代乡村社会人际关系出现“非人情”特征的同时，随着市场经济的渗入、社会交换关系的发达和自由个性意识的觉醒，人们要求最多的是“致富”和“发展经济”，在人际交往互动中也更加注重和偏向于自身经济利益上的理性算计，并在算计的基础上进行人际关系建立和维系的自主性选择，逐步具备作为理性主体的独立人格，这种理性化发展趋势是乡村社会发展进步的外在表征和具体体现。但乡村人际关系的理性化趋向在某种程度上促使人们互利合作的同时，又难以摆脱传统人情因素及“小农”价值理念的影响和制约，成为人们走向现代意义上真正合作的障碍，其最大体现是村民私性的大规模爆发，追求个体私利的最大化，“集体性自我”破碎而“自我主义化”盛行，每个人的自我都回归到自身所属的家庭小集体。在此意义上，村民的理性思维和行为或多或少夹杂着异化倾向，因为基于市场经济发展所产生的经济理性是在尊重他人和自我前提下的自主利益核算，是在不排斥和影响他人合法合理利益基础上实现普遍性信任、合作和互利，而不是奉行仅尊重自我的“个人中心主义”，更不是个人利益至上的极致理性化。从乡村实际变化来看，血缘亲属关系的亲密程度有所减弱，除了必要的感情沟通外，更注重经济上的联系合作，经济利益逐渐成为人际交往互动的重要纽带，经济互利可以使关系紧密，利益冲突也可以使关系疏远。乡村社会中人们的思维和行为是有意识的理性，但这种理性既因考虑情感和人情是有限的，又因追求极致产生物极必反的“非理性”特征。

（四）人情与理性双重异化下的多重面向

如前所述，乡村人际关系从传统到现代的变迁过程中出现了“非人情与非理性”的异化现象，传统人情既不是人际交往与互动合作的唯一影响因素，也在社会发展中被改造并借鉴融入了新变量，现代理性虽在人们的意识和行为中觉醒显现，却有着有限而又极致的矛盾特征。为更好地理解和展现农业产业化中乡村人际关系变迁的全貌，在抽象理论层面阐明“非人情与非理性”特征内在机理的基础上，本书结合乡村社会现实状况具体阐述人情与理性双重异化下的多重外在表征。

1. 互利合作中的投机行为

从总体上来看，乡村传统文化与价值伦理已经逐渐隐遁，但其并未从人们内心深处完全退却，甚至有时会成为功利与机会主义行为的“幕后支持者”，使人们在交往中依然按照权威力量集中、道德规范控制、人情关系融通、血亲特定身份等来决定其态度和行为选择，形成了具有明显伸缩空间和灵活特质的行为取向，互动合作行为中总是带有世故、圆通和见风使舵的色彩。① 同时，这种行为取向与村民“致富”、“发展经济”等现代价值理念相叠加，在农业产业化发展中进一步延伸泛化，产业化注重合作社、龙头企业和产业园区等新型经济合作组织与农户间的联结合作以实现互利共赢，而合作过程中为实现自身利益最大化难免会产生冲突矛盾和功利投机行为，不守

① 参见翟学伟：《人情、面子与权力的再生产》，北京大学出版社 2008 年版，第 181—205 页。

契约规定、不遵制度规范、关系重于合约、权利影响交易等现象普遍存在，村民的互利合作精神、经济理性意识和契约主体人格等尚未完全形成。如在合作社与农户合作中，合作社可能会因经营状况不佳或因市场价格低于事先约定的收购价格转而从市场上收购农产品，而农户也可能会在市场价格高于合作社收购价格时选择将农产品转卖给市场，利益驱使下这两种违约现象时常发生，合作社与农户间也仅仅是“有限范围”内的“有限合作”，难以形成长期的稳定信任关系和普遍合作行为。但现代信任关系和合作行为是经过多次重复博弈、建立在互惠交换的契约基础之上的，要实现真正的利益最大化，必须克服单次博弈中的功利投机行为，遵守契约规则，建立制度信任。

2. 制度规范外的人情倾向

伴随农业产业化经营组织的出现和发展，同时为更好地与农户间建立信任合作关系，协议、契约、规则等正式制度规范进入农户的生产活动和日常生活。对加入经营组织的农户来说，生产不再由农户家庭内部完全决定，而要在生产、销售和加工等各个环节都遵循组织的安排与规定，实现专业化操作，同时，人们的交往对象和场域拓宽，经营组织内成员（尤其是在龙头企业内工作的当地村民）需遵守内部规章制度，上下班有时间规定、工作时禁闲聊家常等，不再有“日出而作、日落而息”与“田间地头畅聊家长里短”的随意性和惬意性。因此，对农业产业化经营组织来说，契约、规则等使其拥有了经济理性和制度信任的外表，但人际关系无疑才是这一组织运作的基本规范和原则，是与农户间建立合作与实现互惠的基础，这就为制度规范外的人情提供了生存空间。人情关系是贯穿我国传统和现代乡村地区特有的社会文化现象，既是传统乡土社会中人们因血亲和地缘关系所固守的行为惯习，在某种程度上也依然是现代乡村社会中人际交往和互动行为的指导规范。如在合作社和龙头企业等组织中，由于小农私性和逐利性影响，我们总能见到退社入社随意、上班迟到早退、工作散漫、违约毁约等现象，这在正式组织中是有相应制度措施予以约束、警告和惩罚的，但在乡村社会碍于情感、熟人和人情等因素却难以真正实施和发挥作用，而经营组织为维持合作关系往往默许诸如此类现象存在，这种默许在乡村内部自发产生且经营者为当地村民的组织中尤为普遍正常。

3. 契约制约下的诚实表现

一般来说，合作社、龙头企业等经营组织与农户的合作主要通过两种方式实现：一种是松散型契约模式，这种模式无正式合同约束，双方的合作类似于即时性的市场交易，也就是投机性的随行就市；另一种是契约型生产模式，在这种模式中，农户一方负责按照契约要求和标准生产农产品，经营组织一方则需按照约定的价格和数量收购农产品，交易双方是一种商品契约关系，且契约中对双方的权利和义务有相对明确的规定。松散型契约模式因其交易双方合作行为的随意性、即时性和单次性，很容易出现毁约现象，合作关系缺乏稳定性和长久性。而契约型生产模式建立在制度信任的基础上，权利义务的明确性使得交易双方的合作关系相对长期可靠，交往互动行为较诚实，较少因个体利益算计产生暗自违约问题，是目前我国农业产业化经营组织采用的主要合作形式。在实地调研中，我们了解到临县红枣龙头企业的收购模式分为两种，除不签合同而直接收购这一模式外，企业一般会选择与枣农签订收购合同，且价格会相对高于当年市场行情，但企业对红枣的要求也相对较高，会以村为单位进行随机检验，若抽检中出现大量不合格红枣将影响整个村的收购，如降低收购价格甚至取消收购。鉴于此，为实现标准化和规模化生产，同一乡村采用集中种植方式（也有多个乡村联合起来统一种植），在集体利益有保证的前提下个体农户利益也得以实现，同时，农户间的联系更为紧密，与企业合作中的态度和行为也更为诚实可信，农户和企业等各个主体真正拧成一股绳，形成利益联合体。

改革开放以来，乡村在社会发展视野中开始浮现，并逐渐被纳入了社会现代化进程中，成为新的资源汇集处，而新时代乡村振兴战略的提出进一步使乡村变为可以大有作为的广阔天地。在此意义上，农业产业化成为实现乡村产业兴旺进而带动乡村振兴的内生性和系统性动力，而人作为乡村振兴中最重要的主体，在乡村产业发展过程中必然或多或少地与他人发生联系和关系，进而形成了整体意义上的现代乡村人际关系。而农业产业化发展下乡村人际关系从传统到现代的变迁过程中，人情与理性又出现了怎样的异化现象，其多重外在表征在现实中又是如何体现的，传统与现代的关系又将如何被看待和处理，这些都是值得我们深思和探讨的，是具有时代价值和意义的。

第二节　样本的选择：我国农业产业化的典型模式

为更加全面深刻地了解和认识我国乡村地区农业产业化的发展状况，本书结合已有研究基础和乡村现实情况暂且将我国农业产业化分为合作社、龙头企业和产业园区三种典型模式，并选择山西省临猗县、临县和山阴县三个具体县市作为样本情境，期望在样本分析的基础上能够抽离与展现出我国农业产业化发展的一般性和普适性特征，进而可以多角度诠释农业产业化发展中乡村人际关系的变迁过程，并在此基础上寻求构建新型乡村人际关系的具体路径。本节重点阐述我国农业产业化三种不同模式的典型特征和形成因素，而三种模式的内涵界定、优势与不足以及三个样本的选择依据、发展状况等将在后文展开论述，此处不赘述。

一、合作社模式：乡村内部的资源集中

1978年以来的家庭联产承包责任制和农副产品市场化两项重要改革措施，既调动了农户这一微观经济主体的积极性，促进了农业生产发展，又在一定程度上实现了农副产品的市场交换，带动了乡村市场经济发展。但单个农户家庭经营难以支撑农产品日益扩大的市场化发展，农户与市场间缺乏有效连接机制，“小农户、大市场”矛盾愈演愈烈，农业发展需要新的经济组织形态，

因此，农民专业合作社在1980年后的乡村地区应运而生。农民专业合作社是乡村社会的内生性互助服务组织，是在土地、资金、技术、人力、生产资料和社会关系网络等要素集中的基础上实现对农业生产活动的管理与服务，是我国乡村产业经济发展和实现乡村振兴的必然选择。作为一种经济组织形态，合作社以农业为基本产业，以农户为参与主体，其运行和发展植根于所在的乡村地域环境中，既与乡村的自然、经济、政治和文化密切相关，由乡村社会环境所建构，又依赖于与乡村地域间的资源交换。同时，在合作社内部，农户等成员的身份具有了多重性和复杂性，在不同场域与不同对象的交往互动中形成了新的利益联结和价值共识，人际关系产生了相应变化。

乡村是人们生活的地域空间，传统乡土社会是基于血缘、亲缘和地缘关系中的伦理、情感及人情等因素联结起来的，现代乡村社会中又出现了利益、理性、契约、规则等新变量，人们之间形成了新的合作互动与联结机制。同时，乡村内部成员可利用的有限资源具有明显的个体性和排他性，成员的信任对象也是有限有界的，从而形成了封闭化、本地化和熟人化的内生性合作机制。在此意义上，人们一般会选择以乡村为地域基础和空间范围成立合作性经济组织。合作社作为乡村内部的一种经济组织，是农业产业化的具体实现形式和组织形式，其在某种程度上具有情感和利益双重属性：情感是熟人社会的特有资源，并在熟悉的基础上产生了有限范围内的特殊信任关系，以此来实现和维护合作社成员交往互动的长期稳定性；利益是成员逐利获利的价值诉求，是人际互动合作的前提和内在驱动力，情感和利益二者作用的叠加促使合作社成立并实现发展。可以看出，乡村地区中的特殊关系网络为人们提供了与市场对接的社会资源，但同时也为对接后的互利合作设定了地域边界，即合作社组织被限定在乡村社会内部，是有限范围内的有限合作，规模效益不足。如山西省临猗县的农民专业合作社主要是以农民为控制者或创办者，且合作社成立之初仅以单个乡村为主体，发展壮大后才辐射周围村落，而多个乡村联合成立合作社的情况较少，同类型或跨区域联合社目前仅有5家。为此，要建立以契约、规则等现代制度为基础的合作社组织，要突破情感和人情关系阈限，丰富和平衡乡村内部社会资源，塑造出公平、平等和博爱的价值理念，建立起普遍性信任关系，进而扩大合作的地域和人群范围，实现合作社发展的规模与产业效益。

二、龙头企业模式：乡村内外的企业引领

以家庭为单位的生产经营模式难以抵挡市场经济的风险性和不确定性，其局限性主要表现在：其一，生产以单个农户为主体，相对零散，规模化不足，且农户信息闭塞不灵通，盲目跟风色彩明显，难以对接市场需求；其二，个体化生产缺乏组织管理，无法进行标准化和专业化生产，难以实现产购销一体化和建立深加工产业链；其三，农户经济理性不成熟，契约意识未强化，私性倾向明显，缺乏互利合作。而合作社虽在一定程度上提高了农户的组织化程度，增强了农户应对市场风险的能力，并为农业实现规模化生产和专业化管理提供了可能性，但如前所述，合作社是有限空间内的有限合作，主要作用是为当地农户提供生产和销售性服务，产业发展后劲不足。在此意义上，乡村农业产业化发展呼唤经济合作形态的创新，需要龙头企业的引导和带领。农业产业化龙头企业的建立和引进对乡村产业发展至关重要，其在组织零散性农业生产、对接社会化大生产以及建构农户、农产品与市场关联性等方面优势明显，且拥有人才、技术、管理、信息、资金和政策支持等社会资源。一方面龙头企业引导和组织农户面向市场生产，实行产购销一体化，延长农业产业链，既解决了农户后顾之忧又增加了农户收益；另一方面乡村为龙头企业提供了生产基地、土地和人力资源等，弥补了龙头企业因管理层级多和生产监督成本高而不宜直接从事农业生产的不足，龙头企业引领下的农业产业化是一种双赢甚至多赢局面。

新时代背景下，农业产业化龙头企业的引领作用依然不容忽视：截止到2016年年末，全国各类农业产业化经营组织达41.7万个，其中龙头企业13万家，年销售收入达9.7万亿元，省级以上龙头企业拥有研发科技人员62

万名，创新发展成为农业产业化发展的新特点和新趋向。[①] 同时，龙头企业发展受到党和国家的高度重视，2018 年中央一号文件再次强调要发展和培育龙头企业、社会化服务组织和农业产业化联合体等新型农业经营主体。山西省临县在农业产业化发展过程中充分利用和发挥了龙头企业的引领作用，采用建立和引进龙头企业双管齐下、齐头并进的方式，形成了“公司＋基地＋农户”和“公司＋中介组织＋农户”两种典型模式，极大地促进了当地现代农业产业的建立与发展。其中，“公司＋基地＋农户”这一经营模式是临县本地龙头企业主要采用的，其特点是公司与基地或农户签订产购销合同，规定双方权责利，共同承担风险，且双方的互利合作是基于生活在同一固定地域因相互熟悉而产生的一种特殊信任关系。外来龙头企业则采用“公司＋中介组织＋农户”的生产经营模式，中介组织是为协调解决外来企业因不熟悉当地情况所产生的问题而成立的，这一模式的最大特点是依靠契约、规则和制度等建立信任与合作关系，权责利明确且较少夹杂情感和人情因素。本地和外来龙头企业的出现在某种程度上使乡村人际交往互动对象和场域得以延伸拓展，标志着人们走出了相对固定的生活空间，逐渐超越了血亲与地缘关系中以情感和人情为主的初级群体，形成了具有共同目标、明确分工协作、以利益为联结的次级群体。

三、产业园区模式：政府主导的多重混合

如前所述，合作社模式的优势在于能够最大限度地利用和发挥乡村内部资源，提供生产和销售等方面的管理及服务，而龙头企业模式则弥补了合作社内部产业发展条件和动力不足的缺陷，实现了产购销一体化，形成了深加工产业链，提高了农业生产效益，带动了乡村产业融合发展。因此，为发挥合作社与龙头企业优势的集聚效应，实现二者的优势互补，从而促进乡村农业产业化的

① 参见胡然然：《龙头企业要成为推动乡村振兴的带动者》，《农民日报》2017 年 11 月 21 日。

更好发展，在政府的主导和推动下农业产业园区出现在乡村视野中。产业园区是在遵循农业发展规律前提下形成的新型产业组织形态，集聚了合作社和龙头企业等经济合作组织，其主要特征是集约化生产和企业化经营，既不脱离乡村地区和农业生产，又与市场联系紧密，组织管理专业化、制度化和现代化，在乡村产业经济发展中显现出了强大的生命力。同时，农业产业园区是由政府主导、各有关部门执行和社会广泛参与而创建的，规模较大，功能齐全，其中，政府的主要作用是制订规划，提供资金和政策支持，加强基础设施建设，营造良好的创新创业和招商引资环境，有关部门具体执行政府各项规划政策，为园区提供项目支持，农业科研机构从事科技研发，培养和供给优秀人才，合作社与龙头企业等组成农业产业化经营组织，各个主体共同致力于园区发展。

山西省山阴县在推动农业产业化过程中形成了产业园区模式，且特别注重发挥和利用党支部在带动园区发展中的关键作用，实行党支部引导、园区化管理与合作化经营，建立起了“党支部＋园区＋合作社”三位一体经营模式。山阴县在园区发展的具体实践中，既坚持党支部指导合作社，发挥党组织的领导核心作用，也注重培养合作社的独立自主性，促进合作社能够最大限度地集中乡村资源，调动农户参与积极性，实现自身更好发展。同时，古城乳业集团农牧有限公司等农业产业化龙头企业也得到当地党组织和政府部门的大力支持，在政策和投融资等方面占有优势。总的来说，党组织的政治引导、党员干部的模范带头作用以及政府的政策和资金支持等都在一定程度上促进了园区的规范、快速和稳定发展，加快了山阴县实现农业产业化发展的前进步伐。

合作社、龙头企业和产业园区是我国农业产业化发展的三种典型模式，是为实现单个农户与大市场间的有效对接而产生的新型经济合作组织形态，其中，合作社与龙头企业模式各有所长，应在相互借鉴和相互扶持的基础上实现优势互补，而产业园区模式是政府主导下合作社与龙头企业等的多重混合，要在相互交融和相互制约的同时发挥集聚与规模效应，进而形成农业产业化联合体，共同推动乡村农业产业化的发展和革新。

第三节　调查研究的组织与安排

本研究团队选择将理论研究与实证研究相结合，在了解和掌握经济学、社会学、心理学等相关理论知识的同时，全面整理、归纳和总结了农业产业化与乡村人际关系的既有研究成果，并运用定量和定性调查方法对山西省农业产业化发展现状进行了实地调研，收集了较为丰富翔实的第一手资料，夯实了研究基础。

一、前期准备阶段

（一）查阅相关文献

查阅相关理论知识和学术界既有研究成果等文献资料，拟定课题研究方案，完成课题论证。通过查阅文献资料，一方面汇总、整理和分析国内外农业产业化相关文献，厘清农业产业化实施的脉络、模式和运行机制；另一方面通过对我国乡土社会既有研究成果的整理，深入探究乡土社会的特点，并着重对乡村社会的交往对象、交往场域、交往方式和互动模式等进行研究，在此基础上梳理出转型期我国乡村社会人际关系的特点、现状和问题。同时，将农业产业化的发展脉络同乡村人际关系的变迁结合起来，探索农业产业化发展与乡村人际交往互动关系的关联性，并研究地方志和相关统计资料，深入实地调查访谈，了解当地风土人情、乡风民俗以及土地、人口、经济等各方面的情况。

（二）调查问卷的设计

调查问卷主要分为两部分：其一是关于龙头企业、专业合作社与农户关系的调查，其二是关于乡村人际关系现状的调查。对于第一部分龙头企业、专业合作社与农户关系的调查，本研究团队将其操作化为：龙头企业、专业合作社中吸纳农户的数量，农户加入龙头企业、专业合作社的方式，龙头企业、专业合作社为农户所提供的服务，农户对龙头企业、专业合作社的依赖程度，龙头企业、专业合作社与农户建立联系的方式等。对于第二部分乡村人际关系现状的调查，在结合我国乡村社会发展实际后，本研究团队将人际关系操作化为人际交流、人际互助、人情来往、人际信任和人际冲突等五个维度，每个维度又划分为具体指标，人际交流包括人际交往频率、交往场合、交往内容，人际互助包括帮工（换工）的数量变化、帮工（换工）的人群、雇工的数量变化、雇佣关系的维系方式，人情来往包括参加婚丧嫁娶的目的、礼金多少的取决方式，人际信任包括偿还欠款的约定方式、借款对象，人际冲突包括产生冲突的对象、冲突解决的方式、产生冲突的频率。

（三）调查地点的选取

自实施农业产业化以来，山西省各地根据自身独特的自然环境和地理位置，结合本地区农业实际发展状况，实事求是地发展特色产业，逐步形成了独具特色的中南部无公害果菜作物经济区、太行吕梁两山干果杂粮生态经济区和雁门关生态畜牧经济区的优势区域格局，而三大特色产业带在发展过程中也建立了各具特色的农业产业化模式。因此，本书立足于三大各具特色的农业产业区域带，分别从其建立的三个不同农业产业化模式中选择具有代表性和典型性的县市作为调查样本。

在中南部无公害果菜作物经济区中，运城市临猗县最具代表性，临猗县地处黄河中游三角地带，独特的气候条件和地理位置使其在果业种植方面有着得天独厚的优势，成为“全国林果大县”。自山西省 2010 年实施“一村一品，一县一业”战略方针后，临猗县委县政府积极响应号召，在全县范围内逐步推进和开展“一村一品”建设，主要包括苹果、葡萄和鲜枣产业。在临猗县实施“一村一品”战略工程中，县委县政府积极鼓励农民建立专业合作社，通过专业合作社的带动，走出了一条具有临猗特色的果业产业化之路。在太行吕梁两山干果杂粮生态经济区中，临县属于温带大陆性气候，光照充足、热量丰富、降雨量较少、土壤呈弱碱性，在红枣种植方面有着天然的气候和地理优势。临县红枣种植已有多年历史，种植种类、面积和产量均居全国前列，获得了“中国红枣之乡”、“中国红枣产业龙头县”等多种荣誉称号。在红枣种植过程中，为了提高红枣销量和附加值，促进红枣产业发展，临县涌现出多家红枣龙头企业与专业合作社，初步形成了“生产有基地、加工有龙头、销售有网络”的红枣产业化发展新格局。在雁门关生态畜牧经济区中，山阴县属于温带大陆性气候，日照时间长，光能资源丰富，温差较大，且以山地和丘陵地貌为主，地势起伏较大，灌木丛多，在发展畜牧业方面有其优越的先天自然优势。同时，山阴县委县政府在政策和资金上也大力支持畜牧业发展，投资建设了奶牛养殖场、乳制品加工厂等基础设施，吸引了一定规模的合作社、龙头企业等农业经营主体入驻，促进了畜牧业的产业化发展，逐步形成了“党支部+园区+合作社”、“合作社+园区+企业”两种典型发展模式。总的来说，在山西省三大特色农业产业区域带中，以临猗县的合作社、临县的龙头企业和山阴县的产业园区等三大模式最为典型，因此，本书以临猗县、临县和山阴县三个县市为调研样本，从三大不同农业产业化发展模式下阐述分析乡村人际关系的变迁历程。

二、研究实施阶段

（一）预调查

在正式调查之前，本研究团队于2016年8月前往调研县市进行预调查，主要采用偶遇抽样方式，目的在于发现问卷设计和访谈提纲中所存在的问题和缺陷，并从整体上观察了解调研县市的农业产业化和人际交往互动状况。经过预调查，本研究团队对问卷中预调查对象难以理解的专有名词、有歧义倾向和重复之义的问题以及访谈提纲中开放性问题难以回答且回答内容难以整理归纳等进行了修正，并针对三个县市的具体现实情况对调查问卷作了删减、补充和完善，以保证正式调查中资料收集的全面性、深入性和有效性。

（二）正式调查

本研究团队首先在临猗县、临县和山阴县3个样本县市中各抽取2个乡镇，再从2个样本乡镇中各抽取2个到3个样本村，共计3个样本县市、6个样本乡（镇）、13个样本村、1120位农户。而本次具体调查对象主要是样本县市和乡镇中与乡村发展相关的工作部门及其工作人员、样本村中的村两委成员和普通村民、合作社负责人及其参与农户、龙头企业经营管理者及其员工、产业园区相关工作人员等。其中，针对普通村民主要采用问卷调查法，问卷由村民自行填写（必要时研究团队成员可指导村民完成），据后期统计，本次调查共回收问卷1079份，有效问卷1065份，回收率98.2%，有效回收率98.7%。而针对其他调查对象主要采用半结构式访谈法（根据已设计好的访谈提纲进行调查），半结构式访谈介于结构式访谈和非结构式访谈之间，一定程度上既可以消解结构式访谈中标准化问题和程序所造成的缺陷，又可以避免非结构式访谈由于弹性过大和不可控性而可能出现的各种问题，以保证调研资料的真实性、有效性和丰富性。同时，在调研过程中，本研究团队成员深入乡村生产和生活场域，实地观察并记录乡村人际交往与互动合作行为等现实情况，获得问卷和访谈之外的新发现。

第四节 构建新型乡村人际关系

如前所述，乡村振兴中人的发展向度是整体性的，而无论是在传统乡土社会还是现代乡村社会中，人都不可能脱离整体而以原子化的状态存在，都不可避免地或多或少与社会中的其他个体等发生联系并产生关系。所不同的是在乡村人际关系的变迁过程中，由于市场经济和农业产业化等现代因素的影响，传统的以伦理、情感和人情为基础的人际交往互动关系逐渐受到利益、理性、契约和规则等新变量的冲击，并在式微趋势中通过不断改造借鉴产生了异化，传统与现代、人情与理性等在交织融合中共同作用于乡村人际关系的建构和变迁。在此意义上，新型乡村人际关系的构建要基于搭建传统人情与现代理性的融合通道，实现二者的有效联结，使乡村人际交往与互动合作既有经济理性下的利益权衡又不失伦理人情中的温情脉脉。

一、发挥规则的基础性功能：对人情与理性的双重节制

在乡村人际关系从传统到现代的变迁过程中，传统乡土社会建立在血缘、亲缘和地缘关系基础上的、囿于特定身份和对象的特殊信任合作关系已经被破坏并失去本真色彩，人情初始的内在属性、价值意蕴与外在表征也已表现出对其本真的异化，产生了消极影响，这既是传统信任和人情关系的内在缺陷，也是现代乡村地域内各种外在因素共同作用的必然结果。同时，在乡村社会内部，现代意义上的人际交往互动与信任合作秩序并未完全建立，人们的经济理性与契约人格尚未成熟，遵守制度规范的思想意识和行为习惯还未充分养成，由此出现了以现代为名的理性舒张被逐渐演化为利益权衡中的极端自利。在此之下，我们需要寻求人情和理性之外的第三方来实现对二者的节制、规范与重建。从某种程度上来说，人情与理性的双重异化是乡村社会规则性权威缺失而使得个体选择彰显自我的结果，因此本书尝试通过发挥规则的基础性功能，最大限度地节制非人情与非理性的外在行为表征，并适度取消人情社会的制度非理性特征，在乡村社会建立起普遍性的制度信任关系，以此来实现乡村人际交往互动关系的稳定性与规范性。

在合作社、龙头企业和产业园区等合作性共同体内部，通过重复博弈形成的互惠互利性规则体系，可以对各个主体的态度和行为产生制约力，有效

防止了机会主义行为和极端自利倾向，从而维持信任合作关系的的长期性和稳定性。具体来看，在农业产业化的具体组织形式中，具有现代意义的、旨在实现合作双方利益最大化的正式规则是组织良性运行和有序发展的制度性保障，这种正式规则制度对合作双方的权利和义务作出了明确规定，且有配套实施的奖励和惩处措施以保证规则的有效性，实现了组织管理的正式化和制度化，在一定程度上能够规范交易行为，减少交易双方的违约和毁约等非理性行为，维系组织成员间的信任合作关系。同时，就新踏入龙头企业等正式组织从事工作的村民来说，其人际交往场域发生了变化，但村民在原本生产生活互动中所携有的随意性、散漫性和无序性色彩并未随之完全改变，借用情感和人情之名迟到早退、拉帮结派、排挤生人（如对本地和外来企业及其负责人的不同信任态度、本地和外来人口人际交往互动的差异性）等现象仍然存在，诸如此类乡村陋习和对人情关系的曲解滥用同样需要规则的节制与规范。乡村经济合作组织正是运用统一标准的规则制度为组织成员提供了行为准则，在充分发挥“制度理性”优势的基础上提高了成员交往互动行为的可预期性和规范性。然而在乡村这一特殊空间领域内，我们仍不能无视道德、习俗、情感和人情等潜在规则的作用及影响，它们是时代的烙印，是内化于乡村地域并时刻体现在这一空间范围内的人际交往互动关系中。外在强制性规则与内生自发性规则共同作用于乡村人际关系的变迁与重建。

二、实现人情与理性的结合：对传统与现代的积极调试

发挥规则对人情与理性的双重节制、规范和重建作用，实现人情与理性逐渐回归正轨并显现本真色彩，基于此，在乡村人际关系从传统到现代的变迁过程中要实现人情与理性的结合，使乡村社会经历现代化改革和产业化发展后人际交往互动既有现代经济理性又不失传统情感关怀。人情与理性的结合是建立在二者具有共同基础的前提之下，即人情与理性是个体在人际交往和互动合作中核算及实现自身利益的两种方式，都属于主体维护自身利益，

都谋求在有限投入基础上实现产出最大化，而二者的区别在于主体核算及实现自身利益的具体路径存在差异，人情是以关怀他人处境的方式换取他人对主体自身的同样回报，理性则是直接而公开张扬主体自身利益的正当性。在此意义上，将人情与理性相结合，就是在主体对自身利益的纯粹张扬之上加入对他人处境的关切，在人际交往互动的利益联结之外加入情感交流。需要注意的是，人情与理性的结合绝不能复返于传统人情的实现路径上，即将人情转换为对他人回报的期待，也不能阈限于现代理性的纯粹张扬，即将理性曲解为对自我利益的极致追求，建立在理性基础上的人情抑或人情基础上的理性，是且只能是将他人作为与自身相平等的个体，尊重自己及他人，在满足自我利益需求的同时对他人予以同情关怀。

乡村市场经济和农业产业化的发展以及合作社、龙头企业和产业园区等农业经营组织的出现，在促进乡村经济现代化的同时带来了人际关系的变化。乡村熟人关系中夹杂了陌生化倾向，不再因血亲的特定身份和亲密情感以及地缘的空间邻近和联系紧密而在相互交往及互惠互助中完全遵循乡土逻辑，而现代意义上的契约、利益、规则、理性等新变量日渐嵌入人们的思维方式和行动选择中，人际互动合作出现了熟人与生人、身份与契约、人情与利益、伦理与规则以及传统血缘、亲缘、地缘与现代拟亲缘、业缘、趣缘等交叉重叠和相互作用的新特征，深刻影响和改变着乡村内部的人际交往，乡村人际关系经历了从单向度到多向度、单层次到多层次的发展变迁。而从传统乡土社会到现代乡村社会，人们在交往互动和互惠合作中始终谋求着自我利益的核算与实现，传统社会中人们虽不直接追求“利益”的最大化，但其人际交往中也存在着对他人感激并回报自身人情施予的期许，这种过程的迂回委婉甚至比现代社会直接赤裸的“利益谈判”更具优势，乡村人际交往互动中依然弥散着传统人情色彩。鉴于此，我们要挖掘并实现传统人情的现代价值，在现代理性张扬中融合传统人情的本真内涵，从而实现人情与理性、传统与现代的有效结合，促进新型和谐乡村人际关系的构建和维系。

三、建立平等的参与与合作：对人格与资本的内在协调

构建新型乡村人际关系关键在于建立完善的规则体系，并在此基础上实现人情与理性的充分有效结合，而农业产业化所隐含的现代因素在向乡村社会迁移的过程中，为建立乡村人际交往互动所需的现代规则开辟了良好时机。其中尤为重要的是，乡村农业产业化中资本的广泛投入要求实现基于资本权利的主体平等，即资本主体所拥有的资本规模与相对比例决定其在农业产业化经营组织中的话语权和影响力，这种主体平等性为现代乡村人际关系中规则的确立奠定了现实基础。尽管如此，资本广泛投入的潜在负面效应也可能带来资本对人际关系中人格的压制。一方面，具有经济实力、掌握乡村政治权力、拥有广泛社会关系网络、组织和经营能力突出、种植技术先进和经验丰富等优势资本所有者可能吞噬掉缺乏资本的普通村民的正当权益，资本成为人际交往与互动合作中的唯一决定要素，从而形成对人格的全面压制，使人格变成资本的附庸，村民成为资本的工具。另一方面，在农业产业化发展所需的资本积累过程中，人们为了争取更为优越的资本地位，可能采取一系列诸如投机、违约、毁约及其他违反规则制度和公序良俗的做法，也可能会出现极端自利行为倾向。

作为对资本潜在负面效应的纠偏，我们必须在确立符合现代经济标准的资本规则之外，同时开辟基于主体间人格平等的参与渠道。这种渠道的构建主要来自两个方面：其一是由政府依靠正式权威推行的强制性规则，这一规则的履行依赖于村民在获得政府关注其诉求方面享有平等的权利，即村民拥有平等可靠的渠道与政府保持联系，规则的实现由政府的权威机构予以执行和保障；其二是由村民自愿达成的自发性规则，这一规则的履行依赖于村民在平等协商的基础上达成广泛一致，不仅遵循多数决定原则，也对少数意见群体或者利益受损者予以一定补偿和保护，同时，规则的实现由乡村集体资产予以物质支持，而村民对规则的遵循程度与集体资产的具体分配相联系。在合作社这一乡村内生性互助合作组织中，要更加注重各主体平等参与的重

要性，防止资本对人格的占有和人际关系的扭曲。

整体来看，现代乡村人际交往互动中仍有传统因素的体现，人们的互惠合作和行为选择依然受远近亲疏、内外有别、伦理人情等思想观念的制约，但其影响因素不再阈限于血缘、亲缘和地缘关系，而是逐渐融入了拟亲缘、业缘、利益、契约、理性等新变量，传统乡村基于身份和人情产生的特殊信任合作关系虽与现代社会秉承的公平公正和经济理性原则有所偏离，但却是乡村社会保持自身独立性与独特性的关键。传统因素不可能完全消失，其影响会逐渐式微也会继续存在。同时，在现代乡村人际关系构建过程中出现的人情与理性异化现象只是暂时的，我们既不能因此否定从传统到现代变迁的必然性、进步性和价值性，又必须致力于寻求解决和优化路径，通过规则等实现对人情与理性的节制、规范和重建，并以乡村经济发展、政治民主、文化开明和社会保障体系完善等进一步促进新型乡村人际关系的构建与维系。因此，从长远发展和最终落脚点来看，新型乡村人际关系是人情与理性、传统与现代的平衡和融合，既有基于尊重他人和自我之上的理性张扬，又有饱含情感交流和关怀的人情色彩。

第二章　农业产业化与农村人际关系的研究基础

在我国近几十年快速社会转型的背景下，传统村落的人际关系发生了质的变化，而农业产业化发展不仅加速了农村的社会转型，同时也颠覆了农村传统交往模式。农业产业化是推进农业现代化和乡村振兴的必经之路，不仅仅代表着农村经济发展方面的专业化生产、系列化加工、规模化建设、区域化布局，同时也伴随着村容村貌、人际关系、思想观念、文化建设等诸多方面的变迁。通过梳理国内外农业产业化发展与农村人际关系变迁的相关研究，探索农业发展与人际关系的内在联系，并深入分析我国不同时期经济形态的演变与农村人际关系变迁，进而剖析出农业产业化发展与农村人际关系的关联性。

第一节　相关研究与理论基础

一、农业产业化相关研究

（一）国外农业产业化发展研究综述

农业产业化最早于20世纪50年代的美国产生，并很快传播到其他市场经济国家，主要是指依靠经济关系与法律关系将农业与相关的工商、服务等行业联合在一起的纵向组织经营形式，也被称为“农业一体化”、“农业产业一体化”、“农工综合体”等。

国外关于农业产业化的理论研究已取得丰富成果，经济学鼻祖亚当·斯密（1776）通过对分工协作进行系统研究，得出“劳动分工是提高劳动生产率并进一步增加国民财富的重要原因”这一结论，他指出分工与协作、专业化与一体化是矛盾的统一体，两者相辅相成，不可分割。该理论是农工商一体化发展的理论依据之一，农业产业化的发展是为了适应专业化的生产以提高生产率的要求发展起来的，因此分工是其内在要求，同时农业产业化经营是产前、产中、产后涉及农业、工业、服务业的一体化经营，必然要求各领域在分工的基础上进行联合。马歇尔（1980）指出大规模生产的利益在工业上表现得特别突出，并将规模经济划分为内部规模经济和外部规模经济。马克思也曾指出大规模生产是现代工业的必由之路。农业产业化通过将单一分散的农户组织起来，既可以通过扩大生产规模取得规模经济，又可以实现专业化生产。熊彼特（1934）在《经济发展理论》中提出，创新是把新的生产要素和新的生产条件引入到生产体系，农业产业化经营正是在传统农业经济体制的基础上的一次制度创新。科斯(1960）指出，任何企业形式、经济体制及制度的选择和安排都要付出一定的交易费用，农业产业化发展将市场上进行交易的单个农户通过契约或其他形式组织起来进行内部交易，从而降低交易费用。如上所述，规模经济论、劳动分工论、制度创新论、交易成本理论和产业关联理论为农业产业化的发展提供了理论基础和支撑。国外对于农业产业化理论的研究还有许多方面，虽然侧重微观研究，不利于更好地认识农业产业化的本质及农业产业化的运行机制和发展的基本规律，但是农业产业化的丰富的理论知识和实践经验为我国的农业产业化发展提供了理论和实践参考。

西方发达国家的农业产业化都经历了萌芽阶段、形成阶段以及发展阶段。在萌芽阶段，传统小农经营逐步向商品农业转变，这主要是由于工业革命在西方发达国家的迅速发展，使农民与土地分离，农村大量的劳动力流向城市地区，这就在一定程度上为农业的规模化发展提供了可能。工业革命中不断涌现的科技进步和创新，使得农业生产技术和机械化水平得到显著提升，工业化的发展也不断拓宽国内市场和国际市场，带动更大规模和范围的农产品贸易，促进商品农业的繁荣。在这一阶段，西方发达国家如英国、德国、法国和瑞典等国的一些农户为了摆脱中间商的压榨和减少中间环节的成本，自发成立农业合作社和农民联盟，实现了生产和销售的一体化，保障了农民的利益。

形成阶段开始于20世纪50年代，这一时期农业商品化蓬勃发展，机械化水平得到显著提升，各种农业新技术广泛应用，动植物品种得到改良。各类社会化服务体系也相应地建立和完善起来，农场主自发建立的农业合作社已经覆盖了农业各个部门，从生产、加工以及销售的各个环节给农户以技术指导、物质补贴、信贷服务等，合作社的出现使农户降低了单个家庭经营的风险，能够及时获得先进的生产技术和广阔的销售渠道，降低机会成本。同时，各类农业加工企业、饲料公司等也成立了龙头企业，这些龙头企业与农户签订合作协议，就某项农产品的收购以及销售等事宜达成合作共识，实现了农业的专业化生产和规模化发展，使得农业产业化的发展进入了一个新的阶段。

20世纪80年代，西方发达国家的农业产业化开始步入高速发展阶段。在这一时期，农业科学技术水平得到巨大提高，最新的栽培技术和饲养技术应用于农业生产当中，使动植物单产和质量大大提高。随着信息技术的不断发展，计算机和自动控制技术在农业生产当中广泛运用，农业在机械化水平不断完善的基础上开始向自动化方向发展，一些发达国家还出现了全自动化高级日光温室栽培，用以生产优质花卉、蔬菜。同时，农业国际化程度也不断提高，优质农产品不断在海外市场上出现，逐步形成国际和国内两个市场，农业开始步入了全球一体化时期。

发达国家的农业产业化经过半个世纪的发展已基本完成，千叶典和立川雅司（1996）在《跨国农业综合企业与结构变化》中指出，欧美等发达国家在完成本国的农业产业化后开始向发展中国家输出剩余资本投资农业，初步形成国际农业一体化格局。随着农业发展出现国际化、集团化和全球化的新趋势，国外学者也开始关注发展中国家的农业产业化并做了大量的实证分析研究，例如，Runsten（1996）以墨西哥为案例，对发展中国家合同农业的发展问题进行了研究；[①]Escobal 等（2000）对秘鲁农业产业化与制度创新研究；[②]Glover（1990）对非洲东部和南部的订单农业的分析；[③]Key 和 Runsten（1999）研究拉美的订单农业、小型业主和农村发展农业加工企业的组织及大规模生产；[④]Gandhi 等（2000）通过印度的经验和问题研究农业产业化对农村和小农户的影响；Reardon 等（1999）通过拉美的假设与检验研究农业产业化对就业影响的评价等。[⑤] 学者从不同的视角观察发展中国家出现的各种经济现象并进行深入分析，为发展中国家农业产业化发展提供了大量有价值的文献。[⑥]

（二）我国农业产业化发展研究综述

我国的农业产业化最早是 1993 年在山东省潍坊市提出并实施的。1995 年《人民日报》在社论《论农业产业化》中将农业产业化定义为：以国内外市场为导向，以提高经济效益为中心，对当地农业的支柱产业和主导产品，

---

① 参见 Runsten D., Contract Farming in Developing Countries - Theoretical Issues and Analysis of Some Mexican Cases, [S.l. : s.n.] , 1996。

② 参见 Escobal J. , Agreda V. , Reardon T. , “Endogenous institutional innovation and agroindustrialization on the Peruvian Coast” , *Agricultural Economics*, 2000, 23（3）:267–277。

③ 参见 Glover D. J. ,“Contract Farming and Outgrower Schemes in East and Southern Africa” , *Journal of Agricultural Economics*, 1990, 41（3）:303–315。

④ 参见 Key N., Runsten D.,“Contract Farming, Smallholders, and Rural Development in Latin America: The Organization of Agroprocessing Firms and the Scale of Outgrower Production” , *World Devdelopment*, 1999, 27（2）:381–401。

⑤ 参见 Reardon T., Barrett C. B., “Agroindustrialization, Globalization, and International Development: An Overview of Issues, Patterns, and Determinants” , *Agricultural Economics*, 2000, 23（3）:195–205。

⑥ 参见郭建宇：《农业产业化研究的国际比较：一个文献综述》，《生产力研究》2007 年第 8 期。

实行区域化布局、专业化生产、一体化经营、社会化服务、企业化管理，把产供销、贸工农、经科教紧密结合起来，形成“一条龙”的经营体制。实际上，农业产业化是按照建立社会主义市场经济体制的要求，全面地、系统地从总体上组织、改造和提高农业和农村经济的战略思想和实际运作。简言之，农业产业化是改造传统的自给半自给的农业和农村经济，使之和市场接轨，在家庭经营的基础上，逐步实现农业生产的专业化、商品化和社会化。①

虽然我国农业产业化实施的时间并不长，但是作为一种与时俱进的发展趋势，一直受到国内学者的广泛关注。国内学者对农业产业化定义的角度不同，林毅夫教授提出，农业产业化是一种在市场经济条件下适应生产力发展需要的崭新生产经营方式和产业组织形式，实质上是生产专业化。② 牛若峰提出的定义被广泛引用，他认为：“农业产业化是农业由传统的生产部门转变为现代化产业的历史演进过程，是市场农业的基本经营方式，它的基本内涵可以这样表述：农业产业化经营是以市场为导向，以农户为基础，以龙头企业为依托，以经济效益为中心，以系列化服务为手段，通过实行种养加、产供销、农工商一体化经营，将农业再生产过程的产前、产中、产后诸环节联结为一个完整的产业系统，是引导分散的农户小生产转变为社会化大生产的组织形式，市场农业自我积累、自我调节、自立发展的基本运转机制，各参与主体自愿结成的利益共同体。”③ 雷俊忠从四个方面对农业产业化进行解释。从狭义角度理解，农业产业化是“农业产业系列化”，就是把一个农产品升格为一个系列，使农业成为包括生产加工、流通在内的完整的产业系列，具体来说是以区域经济组织或龙头企业为依托建设起来的，包括科研开发、教育培训、生产基地、产品加工和商业贸易等，第一、二、三产业紧密结合，相辅相成，“五位一体”的综合性产业集团，是在农村对第一产业及其产前、产后相关产业部门，以市场为导向，按照互惠互利原则进行适当组

① 参见艾丰：《论农业产业化》，《人民日报》1995 年 12 月 11 日。

② 参见林毅夫：《制度、技术与中国农业发展》，上海人民出版社 1994 年版，第 60 页。

③ 牛若峰：《农业产业一体化经营的理论与实践》，中国农业科技出版社 1998 年版，第 12 页。

合、改造、拓展，形成集经科教、产加销、贸工农于一体的实行企业化管理的经济共同体。广义理解，就是从产业发展角度来考察农业产业化经营，认为农业产业化经营不仅包括农林牧渔业，而且应该包括工业和商业，甚至文教、卫生和服务行业，即产前、产中、产后三个领域全部内容的总和。从动态角度来看，农业产业化经营是农业市场化、社会化、集约化、企业化的发展过程。从静态角度来看，农业产业化是对农业发展路径的一种选择，是一种经营手段。①

基于以上学者的表述，本书将农业产业化的含义定义为：农业产业化经营是市场农业发展的必然要求，它以市场为导向，以农户合作经营为基础，以农民专业合作社、农业产业化龙头企业和农业产业园区为依托，将分散的利益主体结合为经济利益共同体，其在具体生产过程中以经济效益为中心，以农户增收为目的，通过实行产供销、种养加一体化经营，将农业生产的产前、产中、产后三环节联结为一个完整的产业系统，进而引导分散的农户小生产转变为社会化大生产的组织形式，它是市场农业的基本经营方式。

国内的农业产业化研究方法是从理论规范到实证研究，早期学者们围绕农业产业化的定义、农业产业化发展模式和运行中存在的问题、产业化经营对于中国农业发展的战略意义与作用等进行争论，主要有经营方式论、产业群论、龙型经济论、命运共同体论等。近年来，随着认识的深化和理论分析逻辑性的加强，研究重点也向实证转变。国内围绕农业产业化的研究，主要集中在以下三方面：一是侧重于农业产业化中科技政策、财税政策、土地流转政策等相关政策的研究，如娄文光等（2000）强调农业产业化发展的基础是搞好土地流转，②李超（2006）主要研究如何运用税收政策促进我国农业产业化发展。二是以我国或我国某具体地区为例，分析农业产业化的问题及其产生的原因，并提出相应的对策建议。如刘志丹（2012）针对河南省农业

① 参见雷俊忠：《中国农业产业化经营的理论与实践》，博士学位论文，西南财经大学，2004 年。

② 参见娄文光、岑铁金：《依法搞好土地流转，促进农业产业化的进程》，《农业经济》2000 年第 10 期。

产业化中存在的龙头企业规模小，农民组织化程度不高等问题，提出相应的对策建议。[①] 扈立家、刘强（2006）对近几年国内学者关于农业产业化发展过程中的问题与对策的相关观点和研究成果进行了综述。[②] 三是结合国外先进的理论和我国农业产业化的发展状况，探讨适合我国农业产业化发展的组织模式和运行机制，如肖梅（2005）对一种全新的农业产业化组织形式——“中粮”模式进行研究，[③] 孔祥智等（2006）对23省农民合作经济组织进行调查，探讨合作经济组织的基本状况、组织管理及政府作用等。[④]

我国学者从不同的角度进行研究，理论和实践方面都取得了较大的进展，但研究体系还不够成熟，主要存在以下问题：第一，研究文献和研究方法雷同，不同地域的研究缺乏特色。通过对我国农业产业化研究文献的整理，发现我国农业产业化的相关研究虽涉及我国各个农业发展较快的地域，但研究的重点内容、对策建议比较接近，忽视区域差异，研究缺乏特色。第二，多围绕农业产业化的热点政策和新模式研究，缺乏历史的、深入的思考与剖析。有关学者侧重研究我国具体地区的农业产业化发展现状，并提出相应的对策建议，但缺少对农业产业化系统的、全面的、历史的思考。第三，总结经验的文章较多，创新性不足，大多是对国内外农业产业化的成功经验的借鉴，或是对本地区农业产业化经营模式的总结，研究的连贯性有一定的缺失，创新性不足。第四，缺乏对农业产业化发展中“人”的探讨。

农业产业化不单是农业生产活动，更多的是生产主体，即“人”的分工协作，人际交往是与经济发展、社会化大生产紧密结合的。西方理论在解释我国人际关系时难免出现“橘逾淮为枳”之嫌，而我国学者又多从传统文化

① 参见刘志丹：《河南省农业产业化发展现状及对策探究》，硕士学位论文，河南农业大学，2012年。

② 参见扈立家、刘强：《我国农业产业化发展进程中的问题与对策研究综述》，《党政干部学刊》2006年第2期。

③ 参见肖梅：《一种全新的农业经济组织化形式——“中粮模式”》，《农产品加工（学刊）》2005年第3期。

④ 参见孔祥智、郭艳芹：《现阶段农民合作经济组织的基本状况、组织管理及政府作用——23省农民合作经济组织调查报告》，《农业经济问题》2006年第1期。

的角度去发掘人际关系的潜在意蕴，很少从农村经济发展与人际关系的关联角度探讨经济发展变化对人际关系的影响，也没有进一步思考农村人际关系对农村经济发展的促进或阻碍作用。因此，需要立足于国内现有的研究成果，将农业产业化发展与人际交往研究结合起来，探讨如何建立和发展体现社会主义精神文明的新型人际关系，从而更好地促进我国农业产业化的发展。

二、农村人际关系相关研究

（一）国外农村人际交往研究综述

在西方社会，关于人际关系变迁的研究从经典社会学时期就已初见端倪。这一时期，资本主义社会正在经历由传统农业社会转变为现代工业社会的过程，市场经济的理性化原则开始在人际关系的相关研究中表现出来。

亨利·梅因（Maine）在论述现代工业文明时指出，现代工业文明的出现包含了从传统的地位等级社会向陌生人之间市场导向的、契约型的社会转变。这种契约主义的兴起割裂了个人与家庭、社区之间的密切联系，使人们被引入到一种以陌生人之间的个人契约关系为基础的社会。[①] 费迪南·滕尼斯以“共同体”和“社会”这两个概念表明人类共同生活的基本形式，其实质在于说明，正是这两种不同的社会关系结构孕育了两种不同的社会。他认为：共同体向社会的过渡是家族经济被商业经济取代的过程，反映了人从情感的本质意志走向理性的选择意志的过程。礼俗社会被认为是具有归属意义的和情感层面上的初级群体特征，而法理社会则是以竞争、匿名性、个人主义与中立性为基础的。迪尔凯姆对机械社会和有机社会的对比，以及韦伯对传统的和工具理性社会关系的对比可以被看作与滕尼斯平行的比较。[②] 迪

① 参见［德］马克斯·韦伯：《新教伦理与资本主义精神》，郑志勇译，江西人民出版社 2010 年版。

② 参见［法］E. 迪尔凯姆：《社会学方法的准则》，狄玉明译，商务印书馆 1995 年版，第 325 页。

尔凯姆和韦伯在论及乡村社会向工业社会转型的社会类型特征时的主要观点是：欧洲农业社会向工业社会的转型是家族经济逐渐向商业经济、市场经济的转变过程，是血缘关系、地缘关系向业缘关系的过渡，也是关系的人治社会让位于契约的法理社会的过程。迪尔凯姆指出，随着人口增长、城市化和工业化带来的人口变迁，建立在彼此相似基础上的机械团结削弱了，集体良知也随着共同信仰的减退和个人主义的增长而逐渐受到损害。不过，随着社会分工的日臻完善，在经济和社会生活中再也不能自给自足的个人之间的联系加强了，如此，在新的有机团结的基础上形成了现代社会的一致性。马克斯·韦伯（1905）把社会关系作为社会学的一个重要概念，并把它与社会行动联系起来考察，他在《新教伦理与资本主义精神》中，将前一种“传统的”、“懒散的”价值观和生活态度称为“前资本主义的”，将后一种“现代的”、“充满进取精神的”的价值观和生活态度称为“资本主义的”。在前者向后者的过渡中发生的是所谓“合理化”过程。因此，传统社会和现代社会的区别在于“合乎理性的使用资本和按照资本主义方式合乎理性的组织劳动”是否能够成为决定经济活动的主导力量。① 在《经济与社会》中，韦伯也谈到以血缘和地缘关系为主导的人际交往方式会逐步由以业缘关系为主导的人际交往方式所取代，这种转变是社会发展的必然结果。②

现代社会学中对传统社会与现代社会中人际交往准则的划分以美国社会学家帕森斯为代表，他用特殊主义（particularism）与普遍主义（universalism）来划分不同的角色特征和社会关系，特殊主义是指行动者按人伦情感等特定的标准行事，办事因人而异；普遍主义是指行动者契约精神等普遍标准行事，重事而非重人。特殊主义对应中国的传统社会的特征，普遍主义对应西方现代社会的特征，这是用来描述社会结构和社会关系的两分法。帕森斯（1937）指出，传统中国“儒家在道德上支持的是个人对于特定个人的私人

① 参见［德］马克斯·韦伯：《新教伦理与资本主义精神》，沈海霞等译，电子工业出版社2013年版。

② 参见［德］马克斯·韦伯：《经济与社会》，阎克文译，上海人民出版社2010年版。

关系——在道德上强调的只是这些个人关系。为儒教伦理所接受和支持的整个中国社会结构，是一个突出的‘特殊主义’的关系结构。”[①]帕森斯正是从社会关系这一构成社会的最基本层面去把握社会的，认为一定的社会关系总是和一定的社会结构相适应。此外，贝克根据社会风俗约束力大小把社会分成世俗社会和神圣社会，库利（1909）的“初级群体”与“次级群体”，都强调了农业社会向工业社会转变过程中亲缘关系社会向理性、法律和规范社会的转移。[②]戈夫曼（1959）的社会拟剧理论对于微观社会交往过程中人际的互动情况进行了深入研究，他借用和引申了一系列舞台表演概念，有助于进一步研究人际交往过程。戈夫曼（1956）认为在现代人际交往过程中，形象管理有重要的作用，它有助于个体有效地与他人开展互动，从而实现人际交往的预期目标。[③]农村社会就相当于戈夫曼所讲的“舞台”，不同个体被赋予不同的角色要求，在日常交往中，个体为实现各种目标，进行形象管理、形象整饰，来避免人际互动的中断，从而更好地构建社会关系网络。

在当代的社会学思想中，许多学者对人际交往领域进行了深入研究。布迪厄等（Bourdieu 等，1998）的场域理论及社会资本理论从全新的视角对人际关系进行了分析，他认为场域是人们维持个体生活和开展社会互动的场所，人们要按照一定的惯性进行交往。[④]农村交往场域就是一个由影响农村人际关系状况的社会力量构成的关系网络，这个社会力量的关系网络遵循着自身独特的运作逻辑，影响着场域中的人际关系，如交往双方的社会资本，血缘、亲缘及地缘关系，交往双方的联系频率等。在当前农村急速转型的过程中，阶层不断发生分化，农村的经济型精英、政治型精英和文化型精

---

① 何健：《帕森斯社会理论的时间维度》，《社会学研究》2015 年第 2 期。

② 参见［美］查尔斯·霍顿·库利：《人类本性与社会秩序》，包凡一、王源译，华夏出版社 1999 年版。

③ 参见黄建生：《戈夫曼的拟剧理论与行为分析》，《云南师范大学学报（哲学社会科学版）》2001 年第 4 期。

④ 参见［法］皮埃尔·布迪厄、［美］华康德：《实践与反思——反思社会学导引》，李猛等译，中央编译出版社 1998 年版。

英崛起，他们占据更多的社会资本，可获得更多的社会资源，从而影响社会的发展。哈贝马斯用沟通行动理论对人际交往行为进行了深入分析，批判了资本主义的交往异化，认为当代社会中之所以不断出现异化现象是由于日益功利化的资本主义经济制度，使得人们的传统价值观受到动摇，人们的思想混乱、规范失效，人际关系变得疏离，社会出现信任危机，人们必须通过有效协商、制定规则来重建不同于工具理性的交往理性，从而实现交往行为的合理化。[①] 农业产业化迅速发展，市场经济的理性化和追逐利益的特征使农村社会旧有的人际交往方式已经很难适应新的环境，不同利益主体间的矛盾和冲突屡有发生，集体行动出现困境，因此，在当前农村的人际交往中要进行理性沟通，建立公开理性的交往准则，从而尽可能地避免矛盾和冲突。另外，有一些当代社会学家关注新时期社会中个体重要性的增加以及作为自主权利承担者的个人如何从社会和传统道德中解放出来，于是，“抽离”一词成为许多当代著名社会学家研究的关键词。吉登斯认为，作为现代性的一个重要特点，抽离是指时间和空间的分离；[②] 对于贝克来说，抽离更多的是指个体如何从过去束缚他的社会群体中脱离，变成独立的个体来行动；[③] 鲍曼则认为抽离是一种社会流动状态。[④] 不同的学者对于这一问题的研究有不同的侧重点，但他们研究的共性是个体不断地从外部的社会控制中抽离出来，这种外部控制不仅包括文化传统，也涵盖了一些特定的群体类别，例如家庭、亲属、社会阶级以及社区。这些理论都可以用来解释传统乡土社会和现代乡土社会中农民社会交往由守望相助到理性计算的转变过程。此外，这些社会学家的视角影响了后期理论发展，成为研究人际关系变迁的源头性资源。

---

① 参见［德］哈贝马斯:《公共领域的结构转型》，曹卫东译，学林出版社 1999 年版。

② 参见［英］安东尼 · 吉登斯:《现代性的后果》，田禾译，译林出版社 2000 年版。

③ 参见贝克、邓正来、沈国麟:《风险社会与中国——与德国社会学家乌尔里希 · 贝克的对话》，《社会学研究》2010 年第 5 期。

④ 参见［英］齐格蒙特 · 鲍曼:《流动的现代性》，欧阳景根译，上海三联书店 2002 年版。

（二）我国农村人际交往研究综述

1. 传统人际关系的本土化研究

在我国，关于人际关系的思想，古已有之。我国传统人际关系及其相关的一系列制度是集政治化、道德化于一体的一整套完整的人际关系体系。我国传统人际关系制度，是特定历史时代的产物，与西方社会不同，具有排除神学传统的人文主义精神。首先，我国传统文化历来主张“人为万物之灵”。与西方文化把人际关系的价值判断诉诸上帝，或与印度文化把人际关系的价值判断诉诸来世或冥冥世界不同，我国传统人际关系的价值判断是世俗化的，它从“人禽之辨”开始，推及以人本作为道德和价值的基础，并否认外在价值源泉和神所规定的标准，实现了从神到人的过渡，因而具有排除神学传统的人文主义精神。但是，我国传统文化中的个体价值隐藏于社会价值之中，过分强调人对道德的遵从和认同，忽视了人的生物性和潜在价值性，强调人际关系的社会义务以及人对社会的服从，从而忽视了人的个体价值，压抑了个性的自由发展与完善。用人的社会价值取代人的个体价值、潜在价值，必然导致个人与社会、主体与客体严重对立的两难境地。一方面，它要求人们“堂堂正正地做人”，铭记“饿死事小，失节事大”的训诫，做到勤恳、牺牲、奉献和创造，并呼吁人们“己所不欲，勿施于人”、“己欲立而立人，己欲达而达人”等，这当然是合理的、进步的。但是，这种人际交往的价值观，也成为压抑个性特别是封建社会控制人性自由发展的工具，它要求人们承认封建等级制和封建专制制度的合理性、永恒性，同时这种人际关系价值在几千年的封建社会时期具有稳定性，因为它有统治阶级的提倡和政治制度作保证，适应封闭的、保守的、小生产的自然经济。但是，在现代社会中，这种人际交往的价值观和价值性便陷入不可协调的内在矛盾。

在距今两千多年的春秋战国时期，我国伟大的思想家、教育家孔子就认为人际关系的基本原则是“克己复礼”。“克己复礼”意味着每个人都要按一定的标准严格地约束自己，使之符合于“礼”。后来经孟子补充完善，初步形成了以“礼”为原则的人际关系交往原则。礼在我国古代是社会的典章制度和道德行为规范。礼的本意是敬神，后来其引申意表示为敬意所应具有的态度，也就是说礼是一种发自内心的对自己和对他人的尊重和敬意时的态度。

“礼”引出了人际交往的四个原则：第一是尊重原则，要求交往各方在各种不同类型的人际交往活动中，要以相互尊重为前提，要尊重自己，同时要尊重对方，不损害对方利益，同时又要保持自尊。第二是遵守原则，遵守人际交往的准则，守时守信，真诚友善。第三是适度原则，在人际交往中，交往各方之间的沟通与交流一定要把握适度性，在不同交流场合、面对不同的交往对象，应始终保持不卑不亢，落落大方。第四是自律原则，交流双方在要求对方尊重自己之前，首先应当检查自己的行为是否符合礼仪规范要求，也即“克己复礼”的要求。

“礼”不仅是人际交往的前提，也是维持人际关系的重要桥梁。《礼记》里讲“礼尚往来。往而不来，非礼也；来而不往，亦非礼也”。礼要有来有往，送礼不回礼不礼貌；收礼不送礼，也是不礼貌的行为。礼节重在相互往来：有往无来，不符合礼节；有来无往，也不符合礼节。“礼尚往来”是礼貌待人的一条重要准则。接受别人的好意，必须报以同样的礼敬。在人际交往中，交往双方之间的关系是平等相待，互帮互助。这样，人际交往才能平等友好地在一种良性循环中持续下去。人们通过多样性的仪式，用“礼物”表示感谢、敬意、爱戴和重视，在一次又一次的“报与回报”之中，形成并维护交往双方的人际关系。我国传统人际关系所依据的“礼”是维持乡土社会的重要规则，在维系整个封建社会的家庭、社会甚至国家发展中发挥了重要作用。

对我国传统人际关系影响较大的另一个词是“伦”，人伦指的是封建社会中礼教所规定的人与人之间的各种尊卑长幼关系，传统的“五伦”将人际关系概括为君臣、父子、夫妇、兄弟、朋友关系，其核心要求就是要人们遵循基本的“伦常”秩序。费孝通的“差序格局”理论即建立在“伦”的基础上，他提出：“每一家以自己的地位作为中心，周围划出一个圈子，这个圈子的大小要依着中心势力的厚薄而定……以己为中心，像石子一般投入水中，和别人所联系成的社会关系不像团体中的分子一般大家立在一个平面上的，而是像水的波纹一样，一圈圈推出去，愈推愈远，也愈推愈薄。”[①]“差序格局”理论形象地描绘出我国传统乡村社会中，建立在以血缘、亲缘和地缘关系基础上的人际关系面貌，揭示了人际交往以己为中心、因人而异的特点，即一切价值是以“己”作为中心的；公私、群己的相对性，站在任何一圈里，向内看是公、是群；向外看是私，是己，两者之间没有清楚的界限。《乡土中国》一书中“差序格局”概念的提出为学界讨论人际关系提供了最基础、最重要的概念构架，对认识和分析我国传统社会具有开创性的意义。和“差序格局”相一致，梁漱溟在对东西方社会关系结构作了比较研究后，把我国重人情的人际互动关系概括为“伦理本位”——即指“关系本位”，从文化的角度分析社会结构，认为不同类型的文化构造出不同的社会结构。费孝通和梁漱溟对我国传统社会结构和人际关系本身的认识是一致的，都认为人际关系的差序来自伦理规定的结构。

基于“差序格局”与“伦理本位”两种最具解释我国社会结构与人际关系的理论，国内学者都倾向于通过各自独特的视角，引入“血缘”、“人情”、“脸面”等在伦理基础上衍生出来的本土概念，以此作为分析工具，建构框架体系来洞察人际关系，以期建立人际关系研究的本土化理论模式。

胡先缙（1944）首先对“人情”这一概念进行了分析，将“人情”定义为一种存在于人与人之间较弱的情感，这些人之间的关系是基于互相回报和友好交换的，他认为“面子”与“脸”是截然不同的概念，“面子”是个人透过可见的成就及夸耀而获致的声望，“脸”则是团体给予具有道德名誉者

① 费孝通：《乡土中国·生育制度》，北京大学出版社1998年版，第32页。

的尊重，虽然两者都代表了群体对于个人的尊重，但二者所依据的标准有所不同。[①] 何友晖等（1974）指出胡先缙笔下的“面子”不仅通过成就或炫耀而获得，也可以通过遵循社会的道德准则而获得名声，面子可以通过如个人财富、社会关系、权利、社会地位等非个人的因素来获得。他进一步指出面子的丢失是一个渐进的过程，比如在某些场合，损面子现象虽然发生了，但是并不意味着一定会丢脸，也就是说没有了面子还可以有脸。[②] 朱瑞玲（1989）认为从胡先缙提出脸面分野就可以看出面子包含两种价值，一种是社会赋予的面子，包括个人拥有的身份地位、政治权力、学术成就等符合外在社会要求的面子；另外一种是个人内化的品德，是自我要求的、不需要他人评价的面子。[③] 周美玲等强调面子的互动性、持久性，认为面子在有来有回中通过与他人的互动而获得。[④]

翟学伟提出了“脸”和“面子”的区别：“脸”强调交往者自身及其相关者的荣辱感，重点是自我人格的塑造以及是否受他人的尊重；而“面子”重点落在双方的关系上，是指自己和他人交往中的不同心理倾向和心理距离。他进一步分析了“脸”和“面子”所具有的规范控制、心理满足与平衡、象征符号、社会交换等社会功能，在我国传统人际交往中，“脸面”是一个最基本、最微妙的准则。在此基础上，他提出了具有我国人际关系特质的人缘、人情和人伦“三位一体”模式：人缘是指命中注定的和前定的人际关系，人情是指包含血缘关系和伦理思想而延伸的人际交换行为，人伦是指人与人之间的规范和秩序，其中，人情是核心，它是中国人际交往的主要方式，然而在农村社会加速变迁的背景下，人情色彩逐渐淡化，人际交往中的利益取

---

① 参见黄光国、胡先缙：《人情与面子——中国人的权力游戏》，中国人民大学出版社 2010 年版。

② 参见何友晖、彭泗清、赵志裕：《世道人心：对中国人心理的探索》，北京大学出版社 2007 年版。

③ 参见朱瑞玲：《面子与成就——社会取向动机之探讨》，《中华心理学刊》1989 年第 2 期。

④ 参见周美玲、何友晖：《从跨文化的观点分析面子的内涵及其在社会交往中的运作》，载翟学伟特约主编：《中国社会心理学评论》（第二辑），社会科学文献出版社 2006 年版，第 16 页。

向逐渐占据主要地位。[①] 同时，他将中国人的人情交换分成三种类型：一种是“恩情”，即为遇到大危难或紧急困难情况下提供帮助；另一种是“送人情”，即比较有目的的投资，导致接受的对方有亏欠或愧疚，“不好意思”而构成一种“人情债”关系，以便在对方提出要求的时候不得不按对方的要求回报对方；最后一种是一般性的礼尚往来，即在仪式活动中互相走动，送礼联络感情，在“给面子”中实现交换。

金耀基（1996）指出“人情”是指人与人之间的关系，亦即人与人相处之道，是一个普遍流行而具有社会规范作用的文化概念，它不只普遍地存在于社会中个人的意识层面里，而且还外在于个人的意识层，并对社会（人际）关系具有约束力。[②] 黄光国在金耀基对人情定义的基础上，以“人情”为切入点对我国人际关系进行详细的分析和探讨，阐明了我国文化所认可的、依据不同的社会交换法则与对方交往的准则，深刻剖析了在关系社会里获得资源的途径，指出人们在进行资源配置的时候，通常会将自己与其他人的关系分为情感性关系、工具性关系、混合性关系三种类型。“人情与面子”理论模型很贴近人们的生活，三种人际关系类型也经常被用来分析现实中的人际互动。杨中芳等也强调了人情的给予、接受和回报的必需性，她认为人情的法则主要有四不可：在一般社交场合人情不可不给，对方给的人情不可不受，对方要求的人情不可不允，对方给的（或是向对方求得的）人情不可不回报。[③] 乐国安（2001）在对当前中国人际关系进行论述时指出，“中国人将人情看作是建立人际交往的准则和依据，其中心蕴含着交换”，[④] 建立在人情互惠基础上的交换是利用这些社会关系获取社会资本，实

---

① 参见翟学伟：《中国社会中的日常权威：关系与权力的历史社会学研究》，社会科学文献出版社 2004 年版。

② 参见金耀基：《中国现代的文明秩序的建构：论中国的“现代化”与“现代性”》，《深圳大学学报（人文社会科学版）》1996 年第 2 期。

③ 参见杨中芳、彭泗清：《中国人人际信任的概念化：一个人际关系的观点》，《社会学研究》1999 年第 2 期。

④ 乐国安：《当前中国人际关系研究》，南开大学出版社 2001 年版。

现自身的利益诉求。曹锦清等（2001）认为“人情”相当于“礼”，人情往来是非等价交换，且“来来往往，永不欠账”，人们之间以这种“储蓄”的形式促进关系维持。①

在传统农村社会中，体现关系的是礼物交换，交换的目的在于建构社会秩序，交换本身使社会秩序成为可能。关系运作体现的是地方社会人际交往的动态过程，这一过程通过无止境的社会交换来实现。阎云翔(2000）在《礼物的流动：一个中国村庄中的互惠原则与社会网络》中对礼物交换在维持人际关系方面的重要作用给予说明，指出关系的运作离不开礼物馈赠，关系是通过礼物而得到确认的。② 仇小玲等（2008）在总结本土学者关于人际关系理论方面的研究时指出：本土学者基本上是在一个由“关系”、“面子”、“人情”与“回报”等本土概念所构成的框架体系内对我国的人际关系展开研究，他们普遍认为人际关系就是一种交换行为，交换方式和交换内容在人际互动中得到体现。③ 赵爽（2011）认为在农村社会中，体现关系的是礼物交换，交换的目的在于建构社会秩序，交换本身使社会秩序成为可能。总之，在当代社会，“人情”既是一种社会普遍存在的情感，也是一种可以用于人际交换的资源，是一种互动的纽带和准则。④

综上所述，血缘、地缘、人情、伦理等是传统农村人际关系的主要构成要素，人们最主要的社会关系是以自己为中心，以家庭为单位进行生产和消费，以血缘、地缘为基础进行交换，生产互助以互惠性的人情交换为主，利益的成分受制人情和面子而并不凸显。血缘展现了农村传统人际关系结构中的横向亲疏关系，伦理展现了农村传统人际关系结构中的纵向等级关系，因这种多维立

---

① 参见曹锦清等：《当代浙北乡村的社会文化变迁》，上海远东出版社 2001 年版。

② 参见阎云翔：《礼物的流动：一个中国村庄中的互惠原则与社会网络》，李放春、刘瑜译，上海人民出版社 2000 年版。

③ 参见仇小玲、屈勇：《从“叫人”到“雇人”：关中农村人际关系的变迁》，《西北农林科技大学学报（社会科学版）》2008 年第 5 期。

④ 参见赵爽：《中国社会个体化的产生及其条件——个体化相关理论述评》，《长安大学学报（社会科学版）》2011 年第 2 期。

体的关系网络具有固定性和封闭性，从而呈现出一种“内外有别”的状态。

2. 转型期的人际关系研究

随着我国现代化进程的推进和改革开放的深入，在以“利益”为特征的市场经济的冲击下，基于人伦、血缘和地缘的人际关系受到冲击，功利色彩逐渐渗入到人际交往中，传统的农村熟人社会表现尤为明显。学者们的研究开始关注于社会转型带来的人际关系的新变化，研究方向主要集中于探索社会转型期，传统“差序格局”基础上我国农村人际关系发生的正负两方面的变迁，或是结合国外相关理论（如社会网络理论、社会资本理论等）来分析我国人际关系由传统到现代的变迁。

(1)“差序格局”的新变化

我国进入到社会转型期以后，农村社会经济意识逐渐强化，市场经济的理性原则逐步渗透到农村社会，个人独立意识不断加强，传统的基于情感性表达的人际交往方式不断弱化，大多数人在人际交往中所首先考虑的是能否获得更多的利益。情感因素在农村人际关系交往中的作用不断弱化，而理性因素和利益性因素不断增强，因此，人际关系的“差序格局”不再单纯是儒家基于情感的伦理差序，而是包括情感和理性交织叠加而成的立体差序。农村人际交往的功利化使得人们不断扩大自己的交际范围和社会关系网，姻缘、拟血缘关系和业缘逐渐成为构成“差序格局”的重要因素。

孙立平（1996）对费孝通提出的“差序格局”作了深刻分析，他指出在我国传统社会中重要的资源是以血缘和地缘为基础分配的，所以血缘和地缘在传统人际关系中占有重要地位，“差序格局”实际上也是一种对社会中的稀缺资源进行配置的模式。从社会稀缺资源配置的角度来分析“差序格局”这种人际关系结构，可以说是对传统的社会关系研究的一个重大突破。①

杨善华、侯红蕊（1999）对“差序格局”中“关系的远近”和“关系的亲疏”两个概念作了区分，即关系的远近是指血缘的远近，这是固定不变的；

① 参见孙立平：《“关系”、社会关系与社会结构》，《社会学研究》1996年第5期。

关系的亲疏是指来往的频率和感情上的亲密程度。他们认为在市场经济不断渗透下的后乡土社会中，姻亲和拟家族进入“差序格局”，利益正在成为决定关系亲疏的最大砝码，原本紧紧地以血缘关系（宗族关系）为核心的“差序格局”正在变得多元化、理性化，其原因是走上了工业化道路的农村社会已经发生了深刻的变迁，亲属之间关系的亲疏越来越取决于他们在生产经营中相互之间合作的有效和互惠的维持。[①] 在农村人际交往过程中，由于市场经济趋利化和理性化观念的不断渗透，利益开始影响人们的社会行为，成为行动的逻辑起点。

贺雪峰（2006）认为“差序格局的理性化”只是当前农村普遍存在的人际关系理性化的特殊形式，且这种“差序格局的理性化”也不仅限于那些走上了工业化道路的农村，在相当封闭的山村和十分农业化的粮食主产区，同样存在关系亲疏替代关系远近的“差序格局的理性化”的情况，如传统习俗和仪式迅速衰落、家族的解体、兄弟关系的疏远、有选择地走动亲戚、姻亲关系日渐超过宗亲关系、朋友关系的泛化等。市场经济为农民提供了理性算计交朋友的理由，人们就依他们的理性算计自主选择交往关系，人际关系越来越理性化。[②]

综上所述，原本以血缘关系为核心的“差序格局”已经变得多元化和理性化，主要反映在正反两个方向的变迁：正向变迁主要包括人际关系日益呈现理性化、平等性、开放性、流动性等，负向变迁包括人际关系日益淡漠化、信任危机、功利化等。仇小玲、屈勇（2008）在分析关中某村在生产领域中从“叫人”到“雇人”的这一转变后，认为这种称谓的变化，实际上反映了村民们开始在人情之外更多地考虑金钱利益因素。[③] 牛喜霞、谢建社也

---

① 参见杨善华、侯红蕊：《血缘、姻缘、亲情与利益——现阶段中国农村社会中“差序格局”的“理性化”趋势》，《宁夏社会科学》1999 年第 6 期。

② 参见贺雪峰：《人际关系理性化》，中国农村研究网，2006 年 10 月 5 日，见 http://www.ccrs.org.cn。

③ 参见仇小玲、屈勇：《从“叫人”到“雇人”：关中农村人际关系的变迁》，《西北农林科技大学学报（社会科学版）》2008 年第 5 期。

指出在中国农村社会结构大变迁的背景下，姻缘关系、拟血缘关系与业缘关系已经逐渐到“差序格局”，且“利益”已成为“差序格局”中决定人们关系亲疏的一个重要纬度。[①] 卜长莉在分析“差序格局”的现代内涵后指出，在现代社会利益关系代替血缘、地缘关系，成为“差序格局”中影响人际关系亲疏的重要因素。[②] 同时，在对农民工这一群体进行研究时，有学者指出“团体格局”已经渗入到了“差序格局”中，有相当一部分人外出打工，是通过包工头的介绍、朋友带领和组织招工等业缘关系，并没有依赖传统的亲缘和地缘关系，并且他们外出之后与当地人重新组合，形成了新的业缘关系。杨善华和侯红蕊在对河北农村乡镇企业的个案研究中发现了乡镇企业发展中的企业家族化现象，并认为农村社会交往开启了全面理性化的进程，农村社会形成“利、权、情”秩序的新格局。[③] 汪小红、朱力认为目前“离土”时代的乡村出现了信任危机，人口流动带来了社会的异质性和传统熟人信任关系的变化，农民日常生活圈的改变导致原有建立于乡土社会的人际关系松散化，成员间因社会流动导致整体互动水平下降。人际关系的理性化也成为显性的社会特征，逐渐呈现出从“亲而信”到“利相关”。[④]

（2）与西方理论的结合

与西方理论结合方面，也取得了不少研究成果。美籍华裔学者林南通过对社会网的研究提出社会资源理论，他把资源分为个人拥有的财富、体魄、地位、知识等个人资源和嵌入个人社会关系网中的如权利、财富、声望等社会资源。社会资源不直接为个人所占有，需通过与他人进行交往，通过直接或间接的社会关系来获取。个体社会网络的异质性、网络成员的社会地位、

① 参见牛喜霞、谢建社：《六大视角关照下的农村流动人口研究》，《学习与实践》2009 年第 8 期。

② 参见卜长莉：《“差序格局”的理论诠释及现代内涵》，《社会学研究》2003 年第 1 期。

③ 参见杨善华、侯红蕊：《血缘、姻缘、亲情与利益——现阶段中国农村社会中“差序格局”的“理性化”趋势》，《宁夏社会科学》1999 年第 6 期。

④ 参见汪小红、朱力：《“离土”时代的乡村信任危机及其生成机制——基于熟人信任的比较》，《人文杂志》2013 年第 8 期。

个体与网络成员的关系力量决定着个体所拥有的社会资源的数量和质量。同时，他认为，人的社会地位越高，摄取的社会资源机会越多，人的社会网络的异质性越大，通过弱关系摄取的社会资源几率越高，人的社会资源越丰富，工具性行动的结果越理想。①

徐晓军在研究转型期的农村结构时，将交换理论引入社会资本，他指出网络性交换的非网络化和非网络性交换的网络化是转型期人际交往出现的两大趋势。前者是指以血缘关系为基础的“差序”网络范围的扩大，同时利益开始成为网络性交换考虑的重要因素；而后者是指正式关系向非正式关系转化的倾向，人们由原来单纯追求经济资本转变为既追求经济资本又注重社会关系的建构以获得社会资本。②周建国在系统梳理和回顾中外社会学史上有关人际关系、人际网络、嵌入性和社会资本理论的基础上，建构了“紧缩圈层”人际关系这一创新结构模型，分析了这种人际关系结构中社会资本分布的非均衡性以及由此而产生的正负功能，并从人际关系结构的视角分析了社会分层、社会流动等社会学领域的重大问题。他指出，现代社会中形成的以“资源”为中心的人际关系结构把社会资源分为财富圈、权利圈和声望圈三个资源圈，现代社会的人们由于各种社会资源的吸引，不断向资源中心靠近，形成紧缩状态。因为越往上的社会资源密度越大，人们纵向的往顶端流动，这样就形成了人际关系的紧缩圈层结构。这种理论模式在城市较为突出，但随着农村社会人口的流动不断加大，利益追求不断扩大，因此在农村也出现了这种人际关系模式，并且有逐渐扩大之势。③

综上所述，学者们都从不同的角度对人际关系进行研究，但大都停留在静态的层面，局限于对人际关系的特点进行静态的研究，而忽略了从“时间”这一动态角度去研究，更少有从农业产业化的发展给农村社会人际关系带来

① 参见林南、张磊：《社会资本：关于社会结构与行动的理论》，上海人民出版社2005年版。

② 参见徐晓军：《论我国社区的阶层化趋势》，《社会科学》2000年第2期。

③ 参见周建国：《紧缩圈层结构论——一项中国人际关系的结构与功能分析》，《社会科学研究》2002年第2期。

的变革角度对农村的新型人际关系进行界定。本书将农村新型人际关系的概念界定为：在农业产业化背景下，农村人际交往实现以情感为纽带的关系向以理性为核心的关系转变，为改善、协调多元利益主体在农业产业化过程中所出现的博弈、合作、冲突等复杂关系，以"公平、正义、民主、和谐"为宗旨，以道德、规则和法律为引导和调整，创建平等互助、传统性与现代性兼顾、竞争与合作内在统一，且与经济、政治、文化发展相适应的新型人际关系。

三、农业产业化与农村人际关系理论基础

（一）"社会化"视角下的农村人际关系

国内外学界关于社会结构与人际关系的关联性研究，已经有了丰富的成果。在西方，英国人类学家拉德克利夫-布朗使用"社会网络"概念阐述了社会结构中的人际关系，认为社会结构像是一个网络，而人与人之间的交往接触看起来就像是网络中结点之间的关系；关系有强、弱、无之分，正如人际交往中交往频繁、关系一般以及从不来往的现象。① 美国人类学家许烺光通过比较中印两国家庭制度，分析出中国人的处世态度以情境为中心："中国人的家庭由一种死亡也无法割断的纽带连接在一起，因此，家庭中无论哪一种相互作用的关系都是由一个成员对另一个成员的责任和义务之类的观念支配着，所以，中国家庭具有更大的凝聚力和连续性。"② 杜赞奇提出了"权力的文化网络"概念，认为权力的文化网络是指农村社会中的政治权威体现在有组织体系和象征规范构成的框架之中，包括在宗族、市场等方面形成的等级组织或巢状组织类型，还包括非正式的人际关系网。③ 随后，各种理论

① 参见［英］拉德克利夫 - 布朗：《社会人类学方法》，夏建中译，华夏出版社 2002 年版。

② 许烺光：《美国人与中国人：两种生活方式比较》，华夏出版社 1989 年版，第 48 页。

③ 参见［美］杜赞奇：《文化、权力与国家：1900—1942 年的华北农村》，王福明译，江苏人民出版社 2008 年版，第 34 页。

层出不穷，如社会交换理论、符号互动论、戏剧论、日常生活方法论等。

据社会交换理论，人作为一个生活在社会中的个体，彼此之间必然要进行人际交往，这不仅反映了人类的社会属性，而且反映了个人或群体寻求满足其各种需要的心理状态。莫斯认为礼物的实质是一种具有社会意义的符号，本身蕴含互通有无、传达某种态度、沟通情感、确定群体边界等社会功能，人们通过礼物交换创造社会联结，可以帮助人们创造和维持社会关系。① 马凌诺斯基通过研究发现，非功利性的礼物交换，可以使双方的关系得到维系。② 霍曼斯等认为社会交换是发生在日常生活中的，以取得报酬为潜在目标的交往形式。交换不仅包括物质交换，而且包括情感等非物质的交换，交往的各方遵循公平原则，希望得到的利益与付出的代价成正比。③ 布劳等也承认交换是社会生活中的一个极其重要的过程，但又认为并非所有的人类行为的发生都以交换为目的，他指出交换活动仅限于那些指向具体目标或酬赏的行动，同时又认为这种活动不但存在于市场关系中，而且存在于像友谊、爱情这些以亲密形式出现的多种人际交往之中。布劳强调，个体有从别人那里期望得到回报的愿望，之所以相互交往，是因为进行交换的人能在相互交往中通过交换得到某些需要的东西。④

传统农村社会中，农民之间通过日常交往实现守望相助和感情联系，维持着农业生产、文化活动以及礼俗的传承，人际交往中就必定与他人发生交换行为，包括实物交换、人情交换等。随着市场经济的发展，传统交换的内容和形式都发生了变化，打破血缘和地缘关系的交换逐渐有新的衡量标准，人们之间的交往有一定的理性预期，在交换中会自觉或不自觉地进行成本利润间的核算，这使得原有维系人际交往的各种血缘关系、地缘关系、裙带关

① 参见［法］马塞尔·莫斯：《礼物：古式社会中交换的形式与理由》，汲喆译，商务印书馆 2016 年版，第 27 页。

② 参见［英］马凌诺斯基：《文化论》，费孝通译，华夏出版社 2002 年版。

③ 参见［美］霍曼斯、潘裕高：《社会学五十年》，《现代外国哲学社会科学文摘》1990 年第 9 期。

④ 参见［美］彼得·布劳、马歇尔·梅耶：《现代社会中的科层制》，马戎、时宪民、邱泽奇译，学林出版社 2001 年版。

系逐渐弱化，人际交往呈现出平等化、功利化、契约化等新特点。

马克思指出："人是最名副其实的政治动物，不仅是一种合群的动物，而且是只有在社会中才能独立的动物。"① 历史唯物主义认为单个的个人必然要生活在一定的社会群体中，由人组成的群体社会才能推动社会的发展，在社会中人与人之间的组成关系决定了人际关系的社会性。齐美尔从人的社会化角度分析了个人与社会的关系，指出整个人的行为都在社会之内进行，没有任何行为能够逃脱社会的影响，个人只是各种社会的联系连接的地方，而个人人格只是实现社会联系的特殊方式。② 马克斯·韦伯从个体与社会文化的角度分析社会进步，认为任何一种社会追求，如果不是社会中每个个体的追求的简单叠加，而是该社会文化产生的精神追求的体现，那么这种追求必然具有旺盛的生命力。③

综上所述，国内外学者从社会网络、社会交换、社会发展三个角度指出个人无法推动社会进步，只有人与人交往互动，通过一定的方式联结成社会结构，才能生存和发展。本书重点探讨农村经济发展与农村人际关系的关联性，人际交往模式影响着农村经济的发展，引发农村经济结构的变动，从而影响农民在村落共同体中的地位。

（二）"分工合作"视角下的农村人际关系

农业产业化发展建立在分工合作的基础上，因此，要研究产业化发展与人际关系的关联性，首先要探讨分工对于个人与社会的重要意义。

社会学关于社会分工的观点以涂尔干为代表，他认为，与维系于集体意识的"机械团结"的传统社会不同，在"有机团结"的现代社会，个人与社会联结的纽带主要是社会分工。因传统道德支柱的瓦解导致的现代社会的

① 参见《马克思恩格斯选集》（第1卷），人民出版社1972年版。

② 参见［德］齐美尔：《社会是如何可能的》，林荣远译，广西师范大学出版社2002年版。

③ 参见陆绯云：《马克斯·韦伯社会科学方法论之断想：价值中立原则与理想类型方法》，《中国社会科学季刊（香港）第一卷》1994年第6期。

“失范”状态，唯有诉诸社会分工之上的道德统一性，因为社会凝聚性主要是依靠分工来维持的，分工既是社会团结的源泉，又是道德秩序的基础。正如涂尔干所说：“劳动分工所扮演的角色就比我们平常想象的还要重要。它不只是给社会带来了奢华，奢华虽然令人艳羡，但却不是必不可少的，它更是社会存在的一个条件。劳动分工的最大作用，并不在于功能以这种分化方式提高了生产率，而在于这些功能彼此紧密的结合，分工的作用不仅限于改变和完善现有的社会，而是使社会成为可能，也就是说，没有这些功能，社会就不可能存在。”① 所以说，分工不仅是现代社会存在的条件，而且是现代社会得以可能的前提。在涂尔干看来：“就现代社会所面临的困境而言，再援引传统社会的专制纪律是无济于事的，只有通过社会分工的分化所带来的道德统一才能解决问题。”② 而要充分发挥社会分工的功能，就必须消除“强制性”的社会分工，使社会分工更有利于人类天赋的发挥和才能的实现，“社会分工只有在非人为强制的而且大到非人为强制的程度的情况下，才会产生团结的力量。”③ 很显然，这里的分工不再是自发的、人为强制的分工，而是与人的天性相辅相成、水乳交融的一种自觉自愿的分工。韦伯也强调了劳动分工、社会分化背后的道德依托，他指出：“强调固定职业的禁欲意义为近代的专业化劳动分工提供了道德依据；同样，以神意来解释追逐利润也为实业家们的行为提供了正当理由。”④

狄骥进一步阐释了涂尔干的观点，他指出：“人们有不同的能力和不同的需要。他们通过一种交换的服务来保证这些需要的满足，每个人贡献出自己固有的能力来满足他人的需要，并由此从他人手中带来一种服务的报酬。

① ［法］埃米尔·涂尔干：《社会分工论》，渠东译，生活·读书·新知三联书店 2000 年版，第 24 页。

② 转引自［英］安东尼·吉登斯：《资本主义与现代社会理论——对马克思、涂尔干和韦伯著作的分析》，郭忠华等译，上海译文出版社 2007 年版，第 134 页。

③ 转引自［英］安东尼·吉登斯：《资本主义与现代社会理论——对马克思、涂尔干和韦伯著作的分析》，郭忠华等译，上海译文出版社 2007 年版，第 226—227 页。

④ ［德］马克斯·韦伯：《新教伦理与资本主义精神》，于晓、陈维纲等译，生活·读书·新知三联书店 1987 年版，第 128 页。

这样便在人类社会中产生一种广泛的分工，这种分工主要是构成社会的团结。”[①] 由此可见，通过分工能更好地实现个人和社会的功能性整合，从而维持社会团结。

毋庸置疑，这种紧密的社会团结绝不是无条件的、纯然自发的现象，而是基于人们的共同利益联系在一起的。对此，马克思和恩格斯早就指出："每一个民族都由于物质关系和物质利益（如各个部落的敌视等等）而团结在一起……因此，隶属于某个民族成了人'最自然的利益'。”[②] 格罗·詹纳洞察到现代社会分工的团结功能："在人类历史上（不包括战争）没有任何时候像今天的分工社会一样，把人们紧密地连在一起。”[③] 他强调分工自工业化开始以来发挥的经济因素所特有的历史意义，"人们之间的共同体关系是通过经济互利而联系在一起的，这种好处首先是通过劳动的分工实现的"，正是在这个意义上，詹纳明确断言，"纯粹的劳动分工是社会联系的纽带"。[④]

与涂尔干关注分工的社会效应不同，以亚当·斯密为代表的经济学家推崇分工的经济效应，即分工在优化经济、扩大生产、提高生产率方面的经济学意义。亚当·斯密认为，分工是提高劳动生产率的重要因素，并科学地揭示了分工有利于生产能力的提高进而认识到分工对促进经济发展的重要作用。亚当·斯密指出："第一，劳动者的技巧因业专而日进；第二，由一种工作转到另一种工作，通常需要损失不少时间，有了分工，就可以免除这种损失；第三，许多简化劳动和缩减劳动的机械发明，使一个人能够做许多的工作。”[⑤]

以亚当·斯密为代表的经济学家关于分工理论是建立在交换理论的基础之上的，社会分工是交换的前提，交换的发展制约着社会分工的发展。经

---

① [法] 莱翁·狄骥：《宪法论》（第一卷），钱克新译，商务印书馆1959年版，第63—64页。

② 《马克思恩格斯全集》（第3卷），人民出版社1960年版，第169页。

③ [德] 格罗·詹纳：《资本主义的未来》，宋玮等译，社会科学文献出版社2004年版，第206页。

④ [德] 格罗·詹纳：《资本主义的未来》，宋玮等译，社会科学文献出版社2004年版，第204页。

⑤ [英] 亚当·斯密：《国富论》，谢祖钧译，中华书局2012年版，第53页。

济学家侧重于研究社会生产过程中的分工、专业化和交易等经济现象，看不到甚至忽视了这个过程中的不合理的社会现象。关于这一点，迪尔凯姆曾这样写道："如果经济学家们认清了分工的本质属性，不再毫无保留地公开责难分工，如果他们不再把分工仅仅看作是增加社会生产力的有效手段，他们就会看到分工首先是社会团结的源泉。"① 此外，马克思也不赞同分工可促进社会团结，实现社会整合，他认为分工造成了资本主义矛盾本性之中的"异化"，他明确主张要"消灭分工"，只有消灭这种分工，涂尔干所说的"职业类型化"的局限才会被彻底打破，人才能够从资本主义社会关系的人格化身的枷锁中真正解放出来，实现人性的普遍特质。②

综上所述，学者们从社会学、经济学和政治学的角度对社会分工进行解读，或认为分工是提高"经济效益"的有效手段，或认为分工的"经济效益"只是社会效应的"副作用"，分工的真正功能在于实现社会整合，或认为分工造成"异化"，主张"消灭"分工。但这并不意味着他们之间是对立或相反的，只是对于分工和现代社会的理解和批判各有侧重，正如吉登斯所说："导致社会分工日益分化的变迁，既是社会性的，也是道德性的，两者相互依存。"③ 同样，在从分工的观点思考现代社会本质的过程中，马克思和涂尔干无疑提供了两种互依互补的思想资源。

第二节　我国不同时期经济形态的演变与农村人际关系

新中国成立以来我国农村土地政策的演进过程，实际上就是对土地所有权、经营权和承包权的不断调整的过程，本书以农村土地所有权和经营权

① ［法］E. 迪尔凯姆：《社会学方法的准则》，狄玉明译，商务印书馆 2009 年版，第 28 页。
② 《马克思恩格斯选集》（第 1 卷），人民出版社 1972 年版，第 47 页。
③ ［英］安东尼·吉登斯：《现代性的后果》，田禾译，译林出版社 2000 年版，第 44 页。

为发展变化的主线，将农村土地政策的演进过程分为三个阶段：第一阶段为“农民私人所有、家庭自主经营”，第二阶段为“劳动群众集体所有、集体统一经营”，第三阶段为“劳动群众集体所有、家庭承包经营”。农村土地政策的发展变化，反映了党在不同时期对农民问题的认识水平，反映了广大农民群众对赖以生存的土地的迫切要求。与土地政策对应的是不同时期的经济形态，分别是小农经济时期、人民公社时期、家庭联产承包责任制时期和农业产业化时期。不同经济形态下农村人际关系呈现不同的特征，通过剖析不同经济形态下所呈现的农村人际关系特征，梳理出二者的内在关联性因素。

一、土地改革时期

（一）土地改革时期的相关政策

新中国成立之初，由于多年战乱的影响，我国农业遭到严重破坏，此时农村人口居多，温饱问题不能解决，面对庞大的粮食需求，恢复农业生产成为当务之急，而恢复农业生产的关键在于提高农业生产力，赋予农民生产积极性。因此，在1949—1952年我国进行了土地改革，这是新中国关于农业改革的开端。过去我国实行封建剥削土地所有制，土地高度集中在地主手里，地主将自己拥有的土地租赁给农民耕种，并从农民手里收取高昂的租赁费用，这在很大程度上剥削着农民阶级，阻碍着我国农业的发展。1949年新中国成立后，首先对土地所有制进行改革，在1950年中央人民政府委员会上通过《中华人民共和国土地改革法》，该法案明确规定，“废除地主阶级封建剥削的土地所有制，实行农民的土地所有制，藉以解放农村生产力，发展农业生产，为新中国的工业开辟道路”，① 这也标志着新中国土地改革大规模展开。1953年春，全国土地改革的完成，标志着我国延续了几千年的封

① 人民网：《中华人民共和国土地改革法》，1950年6月30日，见 http://www.people.com.cn/GB/historic/0630/2117.html。

建制度的基础——地主阶级的土地所有制被彻底消灭了，取而代之的是土地为“农民私人所有、家庭自主经营”的土地政策。新的土地政策极大地调动了农民的积极性，农业生产得以恢复，农民生活水平得以改善。通过土地改革，我国 3 亿多的无地少地农民无偿获得了 7 亿亩土地以及农具、耕畜等生产资料，这在一定程度上解放了我国的生产力，提高了广大农民的生产积极性，为我国农业的恢复和发展开了好头。但土地改革之后的土地归农户私有，平分土地造成土地细碎分割，原本就分散的小农经济更加四分五裂，这种小农经营的生产技术无法与工业化的快速发展相适应。①

（二）土地改革时期的农村人际关系

传统农村社会是一个具有乡土性、内聚性、相对封闭性的共同体。在相对封闭的村庄“安土乐居”，村民之间、农村社会与外部世界之间的经济社会交往极为有限，“鸡犬之声相闻，老死不相往来”，反映了他们的交往方式和生存状态。农村共同体是他们日常生活的行动单位，农民的经济活动、农村治理和文化习俗是在一个相对固定的圈子中进行，血缘的天生性和地缘的不流动性决定了人际交往的乡土性和稳定性。建立在以宗法血缘关系和地缘关系基础上的人际交往，以大宗小宗为准则，以父系家长制为内核，以清晰的家族或宗族为群体边界，一般的生产和消费活动大多也是在以血缘为基础、宗法为主导的封闭场所展开，以性别为分工完成生活的生产和再生产。

土地改革以来，随着经济发展、政治变革，农村社会各阶层的关系发生了深刻的变化，导致了农村社会结构的重组，改变了原先国家政权、乡绅、农民的三角关系，代之以国家政权和农民的双边关系。土地改革运动的激烈，虽然压抑了农民对土地占有、渴望等传统的经济动机，却强化了农民的平均主义思想，农村社会的价值观也发生了变化。国家政权的建设改变了农村社会结构，破坏了农村共同体的内聚、封闭和自给自足的特征。现代商品经济

① 参见田苏苏、刘庆旻：《论建国以来农村土地政策的三次大调整与中国农业现代化的历史进程》，《“中国共产党与现代中国”学术讨论会》2001 年 6 月 9 日。

活动也逐渐渗入到农村社会中，传统人与人之间血缘和地缘关联逐渐松动，村民的交换、消费不再局限于村庄内部。新中国成立后，西方民主、平等和独立观念的传播使传统的血缘关系、家族和宗族势力受到冲击。个体之间的关系在人格上趋于平等，“尊卑上下”、“男女有别”等制度化的等级伦理关系开始弱化，以血缘、地缘为基础的伦理关系对个人的约束力也逐渐减弱。从总体上看，尽管传统的农村人际关系发生了一些局部的变化，但是土改运动并没有彻底改变农民的“传统性”，小农的私有观念仍然根深蒂固，“从众性、随大流”现象比较普遍，血缘关系仍是农村社会的主要人际关系，个人不是独立的个体，而是被“家族和血缘”裹挟着，从属于家庭或血缘，没有独立的权利和地位。土地改革运动在造成土地占有和使用平均化的同时，也冲击了农民传统的道德观念、价值观念，推动了社会文化的变迁，促使旧有的文化习俗发生适应性的改变，拉开了社会主义新文明新生活建设的序幕。

二、人民公社时期

（一）人民公社时期的相关政策

1. 农业互助组的出现

新中国成立后，依据“农民私人所有、家庭自主经营”的土地政策进行的土地改革改变了土地所有权，取得了一定成功，但这次改革并未废除小农制，未改变几千年来的单个农户家庭生产经营方式。孤立、分散、守旧的农民个体经济在一定程度上限制着农业生产力的发展，难以满足工业发展的需要，农村中出现了新的贫富差距现象和两极分化的苗头，因此农业改革势在必行，而农业合作化是对农业改造的重要举措。1951 年我国开始农业合作化运动，组织以农民个体经济为基础建立生产互助组。以毛泽东同志为核心的党中央酝酿出台了“农民私人所有、劳动互助”的土地政策，在农村开展了农业互助合作，即实行以自愿互利为原则，农民自愿结合，相互帮助做工，以此克服劳动力的不足和农业生产资料的匮乏状况。通过农业互助合作，发展农业互助组，使得农民较单干获得了更多的生产效益，也培养了集体生产的习惯，为后来的互助组向初级社、高级社的演进，积累了重要经验。

2. 初级农业生产合作社的出现

随着农业互助合作事业的迅速发展，常年互助组的形式明显增加，以土地入股、劳动力入股，集体劳动、集体经营的农业生产形式越来越广泛。1953 年 12 月 16 日，中央通过了《关于发展农业生产合作社的决议》，详细说明了劳动力入股和土地入股的分红比例，并且施行了以劳动力分红为主的土地政策。这种“以劳动力分红为主”的土地政策逐步降低了广大农民的土地价值意识和价值预期，使农民逐渐淡化了土地私有的权属观念，为后来取消土地分红的高级社的出现打下了基础。农业初级合作社是建立在土地农民私有制的制度上，农民以土地入股合作社，并没有改变入股土地的农民私人所有性质。但这种土地政策使得农民逐步丧失了土地经营自主权，在一定程度上挫伤了农民的生产积极性。

3. 高级农业生产合作社

农业初级合作社实行的土地入股，享受土地分红的土地政策，使得一些地方出现了部分农户吃干股的现象，地多的少劳动，地少的多劳动，导致农民的生产情绪低落，甚至影响了农村社会的团结稳定，同时，土地私有政策影响了国家对土地的统一规划和更合理的利用，影响了农田水利基础设施的建设。因此，党中央开始研究如何将初级合作社发展为高级合作社的问题。1955 年在农业合作化运动加快发展的形势下，中共中央提出向高级农业合作社转变。①1956 年 6 月 30 日，第一届全国人民代表大会第三次会议通过了《高级农业生产合作社示范章程》，该章程规定：“入社的农民必须把私有土地和耕畜、大型农具等主要生产资料转为合作社集体所有，社员的土

① 参见李淑妍：《中国农村土地流转制度的历史演进及启示》，《沈阳师范大学学报》2012 年第 6 期。

地转为合作社集体所有，取消土地报酬。”在具体实施农民入高级社的过程中，国家对大型农具和耕畜入社采取了作价入社的办法，而对农民私有的土地入社却采取了取消土地报酬、无偿入社的办法。据当时的农业部长廖鲁言回忆：“因为当时在经过土地改革以后，广大农民占有的土地大体是平均的，一般差不多，而耕畜和农具的占有情况却差别很大，所以在土地转为集体所有的过程中，就不应该也不必要采取作价收买的办法。”在当时物权意识、商品意识极度缺失的时代背景下，农民将最重要的财产权利即土地所有权，以无偿的方式交付给了虚无的主体——劳动群众集体（高级社），不论农民愿不愿意，这都是那个年代无法逆转的洪流。

经过农业合作化运动，我国土地所有制形式发生改变，由土地改革时期形成的土地私有逐渐改变为土地归集体所有。我国农业走合作化道路具有进步意义，它使农民与土地分离，为土地的统一规划、统一经营、规模种植和机械使用创造了条件，有利于农业走向专业化、市场化、规模化。但当时农村基本经济体制已超出了单纯的农业生产组织管理，几乎包揽一切，具有紧密性和强迫性，不利于农业生产的发展。同时，在农业改造时期，为了快速过渡到共产主义社会而盲目追求生产资料公有化，在这种“冒进主义”的错误思想指导下我国步入到“一大二公”的人民公社阶段。1958 年 8 月，中共中央政治局扩大会议指出人民公社化是加速我国社会主义建设的基本方针，自此，在全国开始掀起人民公社化运动，建立人民公社、生产大队和生产队，实行“政社合一”，规定土地等生产资料归人民公社、生产大队和生产队所有，集中劳动和经营。[①] 这种体制虽然在农田水利方面起到积极作用，但仍有许多弊端，如土地归公社所有，在全公社范围内平均分配，无偿上调生产队的某些财产等。这在一定程度上造成土地关系扭曲，极大破坏生产力，使得粮食大量减产，农业发展遭受巨大打击，农民丧失土地产权，积极性受挫，且这种“政社合一”的体制不利于打破行政区域界限，阻碍了农业

---

① 参见陈胜辉：《试论人民公社体制在农田水利建设中的作用与不足——以 20 世纪 60 年代河南省林县红旗渠工程建设为例》，《经济视角》2012 年第 7 期。

合作化道路的实现。

（二）人民公社时期的农村人际关系

20 世纪 50 年代，我国社会实践中的一系列运动更替使国家力量深入到社会各个角落，人们日常生活中的政治色彩增多，社会关系开始由道德主导转变为由政治主导，普遍的“同志”关系代替了建立在血缘、地缘上的差序格局关系，血缘、亲缘关系逐渐淡化，朋友、亲戚、同事、乡邻关系被统一的“同志”关系取代，“同志”这一要求对所有人一视同仁的词汇成为划分群体的标准。“亲不亲，阶级分”，阶级、派别、组织等政治色彩浓厚关系成为农民人际交往的首要前提。这种由血缘伦理关系向国家主导的政治关系的演变运动，冲击了以血缘为基础的传统农村人际关系，进一步分化了传统的家族、宗族关系的社会整合功能，被“平等”的社员同志关系取代。这种短时期内的巨大转变使村落内的社会关系发生了一定的变化，在一定程度上转变为平等的生产者和公民关系，但实质上只是特殊时期的表面现象，农村传统的血缘、地缘关系仍以隐性方式在体制外存在着，影响着人们的交往、生活，且这种传统的交往模式在特殊时期也发挥了实实在在的功能。

我国本土的人伦、人情、宗法关系历史悠久，人民公社时期政权试图用政治冲击人伦、人情、宗法关系，破除传统礼治道德对血缘关系的制约及封建伦理等级关系的不平等，有一定的积极意义，如在传统社会中重男轻女，在人民公社时期淡化了这种思想，实现了真正意义上的男女平等；提倡公事公办、不讲情面讲原则，角色对角色按规则办公事，杜绝“拉关系走后门”；提倡集体主义、大局观念、尊老爱幼、互敬互爱等道德和人伦关系，这些对调整人际关系起到了积极的作用。但是有些冲击是违反人伦常情的，不合理性表现在计划的模式没有随着时代的变化而变化，而用主观人为的因素去强行人们“跑步进入共产主义”，把人际关系也按共产主义的标准进行排列组合，在这种环境下产生的不思进取、平均主义、消除竞争、无休止的斗争方面看，是不合理的，应该抛弃的。

三、家庭联产承包责任制时期

（一）家庭联产承包责任制时期的相关政策

随着1978年十一届三中全会的召开，我国进入以“调动农民积极性、恢复农业生产责任制”为主题的阶段。自此以后，我国重新从社会生产力的现实状况出发，调整农业生产关系，并试行不同形式的责任制，以促进农业发展，其中以“家庭联产承包责任制”的贡献最大。1978年，安徽省凤阳县小岗村生产队率先实行将农村土地包产到户的政策，进行农业生产自救运动，取得了很大的成就，小岗生产队在实行包产到户的第一年人均收入增长6倍，粮食产量是过去7年的总和。凤阳县取得的成效也促使全国其他各地纷纷进行改革，国家也相继出台了关于推进家庭联产承包责任制改革的政策。从1980年《全国农村人民公社经营管理会议纪要》及《关于进一步加强和完善农业生产责任制的几个问题》到随后1982—1985年连续4年中央一号文件的出台，我国最终确立了家庭联产承包责任制的生产制度。1981年年底，全国农村已有90%以上的生产队建立了不同形式的农业生产责任制。1983年年底，全国农村基本上实行了以家庭承包经营为基础、统分结合的双层经营体制。家庭联产承包责任制是在土地归集体所有的前提下，给予农户承包土地的经营权。这种统分结合的双层经营体制使广大农户可以依据自身实际情况，自主安排农业种植，并且在这个过程中国家分阶段提高了主要农产品的收购价格，使农民收入在提高产量的基础上大幅度上升，这些都大大地激发了农民的生产积极性。随着农业生产力的提高，我国农产品的产量大大提高，改变了过去农产品供给短缺的局面。1981年与1978年相比，全国粮食播种面积减少8400多万亩，而粮食总产量却增加400多亿斤，是新中国成立以来的第二个粮食高产年，经济作物也大幅度增产。[①] 在农业发展的情况下，一些以蔬

① 参见张桐：《解决我国粮食问题的指导思想》，《经济研究》1982年第11期。

菜、药材、粮食为基础的现代专业合作社已初露端倪。

家庭联产承包责任制的实施，使我国农村呈现一派生机勃勃的景象，经济得到发展，而经济基础决定上层建筑，要想保持农村经济的持续发展，势必要改变与现有经济发展不相符的人民公社体制。因此，从 1978 年开始，我国步入人民公社体制改革阶段，从四川省广安县向阳公社率先试点开始，首先撤销人民公社，成立乡党委、乡人民政府。乡党委负责贯彻落实党的路线、方针、政策，履行政治领导职能，乡政府负责管理全乡科、教、文、卫事业，并对经济活动进行监督，代替人民公社实行基层农村政权的职能，同时在经济上成立乡农工商联合公司，改过去农业单一经营为联合经营，将农产品生产、加工、销售有机结合。① 其次将生产大队改为村，设村民委员会，生产队改为生产组或村民小组，成为独立核算、自负盈亏的农业生产合作组织。1982 年第五届全国人民代表大会第五次会议通过的《中华人民共和国宪法》明确规定农村的乡政府为农村基层政权，这就为撤销人民公社、设立乡政权提供了法律依据。到 1984 年全国大多数公社改为乡、生产大队改为村，成立了乡人民政府，建立了村民委员会。人民公社体制改革使农村农民管理的权力归于乡政府行使，而生产合作社行使农业生产和经营的权力。“劳动群众集体所有、家庭承包经营”的农村土地政策在全国范围内确立标志着人民公社“劳动群众集体所有、集体统一经营”的农村土地政策从此退出历史舞台。这从表面上看是组织和机构上的变革，实质上却是一种新型的生产制度和经营方式在我国农村的实行，“政社分开”的新体制极大地促进和增长了农民的生产和经营的积极性，为之后的经济体制的转变奠定了良好基础，也为我国农业发展注入了活力。

（二）家庭联产承包责任制时期的农村人际关系

1978 年开始的以家庭联产承包责任制为主的农村生产体制改革是对之

① 参见陈光：《农村体制改革初步探索——几个人民公社体制改革调查报告汇编》，《农业经济丛刊》1982 年第 3 期。

前高度计划的经济体制和高度集体化的生产模式的纠正，家庭联产承包责任制解放了农业被压抑的生产力，是以家庭为单位的生产方式的复归。这种经济领域的革命性变革打破了原来的集体合作生产模式，农民可以自己选择农业生产组织方式，多种经营和市场经济，极大地激发了农民生产的积极性，同时也带来社会关系、政治文化等多方面的变化。以个体家庭为主体的生产、经营方式的回归，意味着传统社会的“亲亲之义”和血缘意识在人际关系的构建中又重新发挥作用。“农村家庭血缘关系的亲密依赖感大大增强，家庭内核关系更加稳固，家庭之外的外围关系不断更新，呈现‘内紧外松’的状态。”① 在家庭联产承包责任制初期，以血缘为主的亲属家庭之间的互助合作占主要地位，血缘关系的远近影响着经济合作关系，传统乡村社会关系的合理性得到恢复，在生产生活中互助重新成为村民之间人际交往的纽带。

由人们公社时期的集体化经济体制过渡到家庭联产承包责任制，经济领域发生了巨大变革，但与之相适应的新型乡村规则体系还没有建立起来，国家权力退出村庄后，农村社会中没有其他整合纽带，人们又重新借用传统的血缘关系把分散的农民联结起来，进行生活上的互助和生产上的合作。与以往传统的社会关系有所不同，重新复归的传统社会关系呈现出新的特征。传统农村血缘关系的封闭性和固定性被打破，越来越多的拟血缘关系、业缘关系也加入到原有的血缘差序格局关系中，“这种拟亲缘关系实质上是一种‘感情＋利益’的关系”。② 传统亲缘关系所代表的“情感”、“信任”与市场化进程中的“理性”、“利益”在乡民日常生产生活中相互结合，形成了“利、权、情”秩序的新格局。理性利益原则全面渗入农村社会生活的各个领域，这意味着传统的以血缘亲疏决定关系远近的标准发生变化，亲属之间关系的亲疏越来越取决于他们在生产经营中相互之间合作的有效和互惠的维持，资源互换、利益互惠成为决定人际关系远近的实质。随着市场化发展带来的功利性

① 徐晓军：《内核—外围：传统乡土社会关系结构的变动——以鄂东乡村艾滋病人社会关系重构为例》，《社会学研究》2009 年第 1 期。

② 谢建社、牛喜霞：《乡土中国社会“差序格局”新趋势》，《江西师范大学学报》2004 年第 1 期。

价值观和人口流动，人与人之间的交往越来越“物化”，血缘认同、情感成分越来越淡化。尽管人情关系中利益成分日益增强，传统道德随着社会变迁成为一种“虚礼”，但“‘攀关系、讲交情’的盛行不衰又说明利益联系必须披上‘亲情’的外衣才能让人们在心理上感觉更加可靠”。[①] 因此，市场化的“经济理性”与传统的“血缘人情”成为农村社会转型中两种重要的人际交往规范。

如上所述，我国农村社会从传统到现代转型以来，农村传统文化价值观也随着社会的变迁发生着适应性的调整，人际交往形式也随着所有制形式、生产方式、组织方式的变革而发生变化。受宗族、血缘等伦理关系制约，传统人际关系中的利益因素被掩盖，但随着市场经济的发展，对利益的合理化追逐逐渐凸显出来，无论是生产还是生活方面，人际互助的范围扩大，互惠形式多样化，因此，人际交往的范围和形式也在发生相应的变化。传统人情文化与现代理性精神都是家庭联产承包责任制时期农村人际关系的结构性、关系性元素和结点，

两者同时并存，并不是一种相互取代的关系。只有在新的生产方式变革中将二者协调兼容，才能为农村社会带来强劲的发展动力。

四、农业产业化时期

（一）农业产业化时期的相关政策

1. 土地流转制度的确立为农业产业化奠定基础

我国土地流转在 20 世纪 50 年代就已经开始显现。1952 年进行的土地改革，农民集土地所有权和经营权为一体，这一时期的土地产权允许以买卖、流通、出租等形式进行交易，农村土地使用权虽然没有实行严格意义上的流转，但是已经出现了土地所有权（产权）的流转形式，流转趋势已显

① 何君安、刘文瑞：《权力、利益、亲情的冲突与嵌合：再论中国社会的差序格局》，《青海社会科学》2013 年第 3 期。

现。①1984 年中共中央发布的关于三农问题的一号文件——《关于一九八四年农村工作的通知》，明确规定，“社员在承包期内，因无力耕种或转营他业而要求不包或少包土地的，可以将土地交由集体统一安排，也可以经集体同意由社员自找对象协商转包”。这意味着社员对待承包地除了自己耕种与交还集体外，还多了一种选择，即在获得集体同意的前提下转包给他人，这是对农民群众自发转包行为的认可，也是党的正式文件中最早对农地流转问题作出规定。

20 世纪 80 年代中期以后，由于乡镇企业的兴起，在我国农村出现一部分农户舍不得放弃土地但又不好好种地、另一部分农民想多种地又得不到足够多地的局面。面对这一现象，有关农地流转的政策再次提上议事日程。中央政治局于 1987 年 1 月 22 日通过了有关深化农村改革的“五号文件”，规定长期从事其他职业又不耕种土地的承包户，原则上应当解除与集体的承包合同，将承包地交还给集体，或者保留与集体的承包关系，经集体同意后将承包地转包给他人，这就将“允许转包”政策正式写入了党的文件，也明确显示了党中央允许土地转包。我国土地流转的制度明确具有宪法依据是从 1988 年的第七届全国人大一次会议开始的，会议完成了对 1982 年《中华人民共和国宪法》的首次修改，修正案规定：“任何组织或者个人不得侵占、买卖或者以其他形式非法转让土地。土地的使用权可以依照法律的规定转让。”这不仅消除了土地转包的法律障碍，而且为土地流转提供了法律依据。1993 年十四届三中全会肯定了“依法有偿转让”土地使用权的做法，并且列举了转包与入股两种发展适度规模经营的具体形式。②从“允许转包”到“解禁出租”再到“承认入股”，土地资源优化配置的方式不断增多，农地流转的形式也渐趋多元化。

---

① 参见李淑研：《中国农村土地流转制度的历史演进及启示》，《沈阳师范大学学报》（社会科学版）2012 年第 6 期。

② 《中共中央关于建立社会主义市场经济体制若干问题的决定》，1993 年 11 月 14 日，见 www.law-lib.com/law/law_view.asp?id=57081。

党的十八大以来，国家在土地流转方面发布了“三权分置、放活土地经营权”的土地政策，在落实农村土地集体所有权，稳定农户承包权的基础上放活土地经营权，并允许承包土地的经营权向金融机构抵押融资，赋予土地经营权流转、抵押、入股等原本不具备的功能。“三权分置”的土地政策更进一步加快了我国农村的土地流转。

不同阶段的土地和农业政策表明我国农业为适应新时期的发展环境和发展需求而不断对落后的农业发展政策进行调整和创新，并在不断地调整与创新中促使土地朝着规模化、农业朝着专业化趋势发展，这种趋势为农业产业化发展奠定了基础。我国土地流转制度的历次改革逐步实现了流转制度的合法化，承包土地制度的改变也为农业集约化规模化经营和资本的快速进入打下了制度基础。

2. 市场经济的发展为农业产业化提供动力

长期以来我国农村实行家庭联产承包责任制，虽然确立了农户的主体地位，提高了农户的生产积极性，但在集体统一经营与农户分散经营相结合的双层经营体制中，农户作为独立的生产经营者，主体分散，势单力薄，往往不能抵御因市场竞争、供求变化带来的市场风险。再加上农户由于不能对市场行情进行准确及时的预测和把握，因此在农业生产上处于模仿生产，这种情况下“一哄而起、一哄而散”的无序生产经常发生。农产品的“供不应求”和“供过于求”的局面导致“买难”和“卖难”的现象经常发生，农产品的市场价格也伴随着供求变化大起大落，农户往往是高价购进原材料，低价销售农产品，导致农产品产量虽然大幅度增加但农户收入却减少。因此，对农业进行规模经营是解决“统分结合”双层经营体制带来的“小规模生产”与“大市场”之间矛盾的关键。

社会主义市场经济确立以后，我国农业改变过去自给自足的生产模式，开始转向以“市场”为导向进行生产，农业要想取得发展就必须要提高农业的生产效率。但实际情况是我国农户人均耕地面积仅为世界水平的40%，户均耕地不足十亩，超小型生产规模与提高生产率之间存在着很大的矛盾。一方面，生产规模小不利于先进生产方式的应用和推广及开展机械化作业，因此难以实现规模效益；另一方面，我国农业长期处于生产、加工、销售相互脱节的局面，加工、销售部门获得的利润远远高于生产环节的利润，导致农户的收入较低，担负不起大中型机械的投资费用。这是目前我国农产品科技含量低、农业科技成果转化率低、农业技术进步缓慢的主要原因。这些都制约着我国农业的现代化发展，因此要想促进我国农业的现代化发展，提高农业生产率，就必须推进一套适合社会主义市场经济要求的农业组织方式——农业产业化经营。

基于我国对农业政策不断改革、土地流转制度的确立和实施以及社会主义市场经济在我国的确立等一系列变化，1993 年山东省潍坊市率先提出依靠龙头带动，进行区域布局，发展规模化经营的特色农业，农村经济取得了飞速发展。之后，我国各地农村地区纷纷因地制宜，确立优势产业，拓宽市场，完善产业链，发展“一村一品”和特色农业，农业产业化在我国得到了长足发展。

3. 党和国家方针政策为农业产业化提供制度保障

当前在我国农村社会保障事业还未完善的情况下，农业及土地承担着替代社会保障的功能，并在消除贫困、传承传统文化和保护生态环境方面也发挥着越来越重要的作用。因此，党和国家对农业给予了高度重视，制定了关于促进我国农业发展的多项改革措施和政策，其中，农业产业化政策的实施在提高农业产量、促进我国农业发展上发挥了巨大作用。农业产业化在我国农业和农村经济发展中有重要的地位。党的十五大提出要积极进行农业产业化的经营，推进农业向商品化、专业化、现代化转变。十六大强调推进农业产业化经营，提高农民对农业产业化的积极性。随后胡锦涛总书记在“事业与农业产业化论坛”上强调，积极促进农业产业化经营，这是战略化经营调整的途径，这是增加农民收入的有效举措，一定要作为农业、农村经济工作中全局性、方向性的工作来抓。2012 年国务院印发的《全国现代农业发展规划（2011—2015 年）》指出在工业化、城镇化深入发展中同步推进农业现代化，是“十二五”时期的一项重大任务。加快发展现代农业，既是转变经济发展方式、全面建成小康社会的重要内容，也是提高农业综合生产能力、增加农民收入、建设社会主义新农村的必然要求。规划中也明确提出要提高农业产业化和规模化经营水平。

第一方面通过扶持龙头企业推进农业产业化经营跨越式发展。制定扶持农业产业化龙头企业发展的综合性政策，启动实施农业产业化经营跨越发展行动。按照扶优、扶大、扶强的原则，选择一批经营水平高、经济效益好、辐射带动能力强的龙头企业予以重点扶持。依托农产品加工、物流等各类农业园区，选建一批农业产业化示范基地，推进龙头企业集群发展。引导龙头企业采取兼并、重组、参股、收购等方式，组建大型企业集团，支持龙头企业跨区域经营，提升产品研发、精深加工技术水平和装备能力。鼓励龙头企业采取参股、合作等方式，与农户建立紧密型利益联结关系。第二方面强化农民专业合作社组织带动能力。广泛开展示范合作社建设行动，加强规范化管理，开展标准化生产，实施品牌化经营。加大合作社经营管理人员培训培养力度，加强合作社辅导员队伍建设。支持农民专业合作社参加农产品展示展销活动，与批发市场、大型连锁超市以及学校、酒店、大企业等直接对接，建立稳定的产销关系。鼓励农民专业合作社开展信用合作，在自愿基础上组建联合社，提高生产经营和市场开拓能力。扶持合作社建设农产品仓储、冷藏、初加工等设施。第三方面发展多种形式的适度规模经营。在依法自愿有偿和加强服务基础上，完善土地承包经营权流转市场，发展多种形式的规模化、专业化生产经营。引导土地承包经营权向生产和经营能手集中，大力培育和发展种养大户、家庭农（牧）场。严格规范管理，支持农民专业合作社及农业产业化龙头企业建立规模化生产基地。实施“一村一品”强村富民工程。

十八大和2014年中央一号文件也提出着力构建专业化、集约化、组织化、社会化相结合的新型农业经营体系，并且在新增的农业补贴方面要向专业大户、家庭农场、专业合作社、农业产业化龙头企业等新型农业经营主体方面倾斜，加大对专业大户、家庭农场和农民合作社等新型农业经营主体的支持力度。为促进农业发展，十八大以后国家继续出台一系列支农强农惠农政策，极大地促进了农村快速发展、农业提质增效、农民增收致富。国家在延续已有政策的基础上，又增加了不少新的支持政策，使政策支持体系更加完善，更具“含金量”。在农业种植方面实行农资补贴政策，在新型农业经营主体方面采用培育支持政策，国家积极推进农民专业合作社发展，对有条件的地方可对土地流转给予奖补，并且积极培育新型职业农民，以便提高农民综合素质和生产经营能力。在2015年，农业部进一步扩大新型职业农民培育试点工作，使试点县规模达到300个，新增200个试点县，每个县选择2—3个主导产业，重点面向专业大户、家庭农场、农民合作社、农业企业等新型经营主体中的带头人、骨干农民。对务农农民免费开展专项技术培训、职业技能培训和系统培训。

（二）农业产业化时期的农村人际关系

伴随着改革开放和市场经济的发展，农业生产方式发生变革，农村人际关系也随之发生变化。费孝通提出的“差序格局”理论，勾画了一个以自我为中心，逐渐向外推移，以显示自我和他人关系亲疏远近程度的关系图景，而形成亲疏远近关系的基本因素是血缘关系及其投射在现实中的地缘关系，它们是传统社会人际关系中不可分离的两个要素。现在农村社会的人际关系已不再是单纯的血缘和地缘关系，市场经济的渗入致使农村的人际交往趋于功利化，利益的吸引使得人们不断扩大自己的交际范围和关系网络，努力利用现有的甚至创造自己的关系渠道，扩展交际圈，所以姻缘关系、拟亲缘关系、业缘关系以及经济因素也逐渐成为构成“差序格局”的新的重要因素。

在市场经济下，农民仍是农村社会的主体，他们除了日常生活外，在我国转型过程中的新形势下，其人际交往的范围和关系网络的建立都逐渐向外延伸展，在现有网络中进行各种交往活动的同时，也在不断地建构新的关系网络，这也是在农村地区，人们经常处在人情和利益的两难处境而无法选择的原因所在。在传统农村，血缘、亲缘和地缘关系当然是人际关系建立的首要选择，但随着新的组织的出现，新的成员加入现有关系网络，新的行为规范和价值理念的产生，原有的传统农村社会人际关系也相应发生了变化。组织有自身的规范和目标要求，组织内的成员必须在遵守规则的基础上实现组织的目标，注重效率的提高和成本的降低，所以情感的因素要不断地弱化，理性和利益性的因素要不断增强，组织中人们在相互依赖的交往互动中，往往伴随着不同程度上利益的相互满足。

第三节　农村人际关系变迁的影响因素分析

在我国传统农业社会中，农业生产依靠人力、畜力，人与人之间更多地依靠农业生产过程中的“互帮互助”以及日常生活中的“人情面子”联系在一起。而农业产业化的实施，使“合作社”、“龙头企业”、“产业园区”等新型农业经营主体融入人们的生活中，改变着农村的生产和生活。在农业产业化的实施过程中，利益的联结与分歧已经成为决定各个主体间合作与否的关键因素，传统农村社会的“乡土情结”伴随着现代农村社会的发展而逐渐式微。造成这种变化的要素是什么？农业产业化与农村人际关系是如何关联起来的？本节将对此进行详细探讨。

一、生产方式变革

生产方式是人们运用生产资料进行生产以保证自己生活的方式。马克思指出：“随着生产力的获得，人们改变自己的生产方式，随着生产方式即保证自己生活的方式的改变，人们也就改变自己的一切社会关系。”[①] 国内外学

① 《马克思恩格斯选集》（第1卷），人民出版社1995年版，第142页。

者们关于农业生产方式的内涵和外延界定有很多，主要分为两种：一种认为生产方式即广义上的生产关系，包括直接生产过程中狭义的生产关系和直接生产过程之外的交换关系与分配关系；另一种观点认为生产方式是生产力与生产关系的统一。

我国传统的农业生产方式是小规模家庭生产与自然经济相结合而形成的小农自然经济生产方式。这种传统生产方式以家庭为主要单位进行生产，主要依靠纯手工劳动精耕细作，所使用的生产工具也比较简单，生产力、生产技术低下，农业生产方式比较落后，仅能满足自身需求。这种小农的生产脆弱且规模狭小，一般只有家庭内部的简单分工或性别分工，很难扩大再生产，仅能在较低的水平上实现社会分工和交换，谈不上专业化、产业化发展。小农生产方式在中国封建社会的形成和发展过程中发挥了特定作用，到近代以后，虽然商品经济有所发展，这种小农自然经济难以吸收新的生产力要素，已不能适应社会生产力发展的需要，一定程度上成为阻碍生产发展的因素。人民公社体制彻底改变了传统的小农生产方式，取而代之的是社会主义性质的集体生产生活方式。农业集体化、合作化是国家为了提高农村的生产力，为工业发展提供基本原料和原始资金，解决落后的农业生产与工业化建设需求之间的矛盾。但工业化的缓慢发展限制了农业机械化的发展，这一时期的农业生产技术和生产工具没有发生根本性的变化。虽然我国当时已经意识到合作化、专业化生产的重要性，走上了合作化的道路，但是大而全的自然经济生产方式不符合农业生产特点，农民缺乏热情、生产效率低等造成生产力水平仍然没有得到很大的提高，说明主观的进行产业化发展“跑步进入共产主义”不符合我国当时的生产力发展状况。

改革开放以来，农村实行了家庭联产承包责任制，家庭成为农业生产的主体，由于确立了家庭经营自主权，充分调动了农民发展农业生产的积极性和经营热情，真正提高了农业生产水平。在家庭联产承包责任制初期，家庭经营的优势得到充分发挥，增加了农民收入，提升了生活质量。这一过程是农民自愿、主动的过程，这一时期的生产方式在一定程度上实现了生产力和生产关系的统一，农民自愿、主动、积极地在农业中引进和融入了新的、现代化的生产要素，商品生产也有了较大发展，客观上将农业生产力水平的提高与农村商品经济的发展有效地统一起来。家庭联产承包时期农业生产方式也发生了较大变化，但是大多数家庭经营仍是小规模的、非企业经营的生产方式，难以适应市场化的商品需求。农业生产仍然主要依靠家庭成员的手工劳动，分散的、零碎的耕地难以进行大规模的机械化种植，各个家庭除自家需求外，能用来交换的商品量依然有限。由于小规模家庭经营生产效率低、收益低、自我发展能力不足，小生产与大市场的矛盾日渐突出，难以适应现代市场经济的发展。新旧两种生产方式的交织存在，使我国农业现代化以及发展方式的转变既受到传统小农自然经济生产方式的约束，也受到现代农业生产要素的拉动。

城镇化的发展引起农产品商品需求量增加，为了适应农产品商品量市场扩大的需求，农业生产必须采取专业化的方式，专业化的生产使规模经济越来越大，生产成本越来越小。那些非专业生产的农户的生产变为不合算的行为，分散的、小规模的传统农业生产方式已不适应现代农业的要求。现代农业的产业化发展促使农业生产方式发生了革命性的变革，逐渐向更有效率和效益的集约化、规模化和标准化的大生产转变。随着农业技术水平的不断提高，机械化生产的出现和普及，规模化和集约化经营模式的实行，农村的人际交往模式也在悄然发生改变，在机械化水平较低时期，人们需要借助亲朋好友和邻里的帮助才能完成生产活动，

村民之间联系紧密、互帮互助和频繁交流是为常态。机械化的发展基本上消除了对人力的过度需求，生产链的建立使得人们从种植、收获到出售的各个环节都基本可以在家庭内部实现。这些生产方式的变化使当地农民在日常生产和生活中逐渐摆脱了血缘、亲缘和地缘关系网的制约和限制，趋向业缘关系网的互动，传统农村社会的劳作方式发生改变，依靠劳动互助维系的交往方式也逐渐被打破，人与人之间的交往频度、深度也因此下降，表面化、功利化、淡漠化的现代社会人际交往特征开始显现。

二、交换方式变迁

在传统社会，小农自然经济生产方式在农村中处于统治地位。农村之间的交换仍以“物物交换”为主。繁重的农业生产活动主要是依靠人力和畜力，农业生产工具比较落后，基本不可能在家庭内部完成，在农忙时，当家中因劳动力不足而无法应付繁忙的农活时，亲戚朋友之间的“帮工”、“换工”现象就会经常发生，村民之间的人际关系也得以维系。亲戚、邻里甚至朋友之间都会互相帮助，而主家在农活基本结束之后或者在农活进行过程中，都会用一些在农村看起来比较稀缺和珍贵的东西来招待这些“帮工”，一般不会用金钱来清算彼此之间的劳务付出，“换工”也是农民在农业生产过程中选择的一种互助形式。人际交换以礼物交换为主，且礼物主要是一种表达性工具，用于满足村民在互动过程中的情感性需要。在日常丧葬礼仪活动中，邻里和朋友间守望相助；在日常生活中，村民间存在互助式交换，如农业生产活动、房屋修葺等。

传统的农村人际交往更多的是一种人情交往，村民间的交往主要是一种感性行为，是为了彼此之间情感上的需要，而现在的人际交往中，理性逐渐占上风，交往趋向于形式化、表面化。村民对参加婚丧嫁娶等礼仪性活动的热情度不断降低，大多数村民仅仅是为了上礼或还礼，传统村庄里的“帮忙”已由专业组织或团队负责。交换方式由表意性的礼物交换过渡到以货币为媒介的“利益”交换。同时，随着农业技术水平的不断提高，基地化的建设以及现代机械的投入，人们不再依靠传统的人力和畜力进行农业生产，规模化和集约化经营模式的实行，农业产业化的快速发展使人们的交换方式也由传统的“帮工”、“换工”等社会交换转向现代的以“金钱”作为主要交换媒介的商品交换。自农业产业化不断发展以来，农村传统的互帮互助形式已经逐渐衰落甚至消失，代替它的是雇工这种市场化、契约化和注重等价交换的新型生产模式，亲戚、朋友和邻里之间的互助逐渐让位于理性化色彩更浓厚的新型合作关系。经历农业产业化之后，农村人际交换方式开始由情感性交换转向工具性交换，人际互动要经过理性计算和评估，逐渐进入市场经济的商品交换中，决定邻里间或是家庭成员之间人际交换方式的因素都不再是纯粹的感情因素，而是融入了利益得失的平衡。社会交换开展的基础不再完全基于血缘、亲缘和地缘关系中的相互熟悉和身份认同，而夹杂了对各自利益的理性思考以及对契约关系的重视。

三、组织方式创新

组织方式是指人们在生产过程中所处的地位及其相互关系，不同农业生产方式会产生不同的组织形式，从而形成不同的人际关系。传统乡村社会的封闭性和内聚性决定了血缘和地缘是人们交往的核心，乡绅、宗族在维持地方秩序方面发挥着重要作用。近代以来，现代商品经济活动打破了村落的封闭性，国家政权建设破坏了基层共同体的内聚性，村庄内部不断分化，宗族和村政缺乏强有力的聚合作用。美国学者杜赞奇从国家政权建设的角度探讨了随着国家政权力量的渗入对宗族的影响，认为“随着国家政权的深入，捐税增加，村务扩大，这使宗族之间的争斗更为激烈”。① 当时的村公职不再是由有领导才华和受尊敬的人担任，而是由追求实利的营利型经纪人担任。当国家政权为了获得行政费用而建构村庄行政组织后，宗族关系日益恶化，村社内部关系处于日趋紧张的状态。黄宗智等也探讨了 20 世纪 20 年代国家政权与村庄共同体关系的剧变，使地方上的土豪和恶霸有了滥用政权蹂躏村庄的机会，导致了旧的国家、士绅和村庄的三角关系转变成了一套新的国家与社会关系，在农村，新的社会政治结构出现了。② 于建嵘也指出民国的族权更多的是一种经济强制，村民自愿服从的乡绅变为与地方官府勾结的恶势

① ［美］杜赞奇：《文化、权力与国家：1900—1942 年的华北农村》，王福明译，江苏人民出版社 2008 年版。

② 参见黄宗智、彭玉生：《三大历史性变迁的交汇与中国小规模农业的前景》，《中国社会科学》2007 年第 4 期。

力，不再是稳定乡村经济、维护乡村安全、巩固乡村秩序的组织者。因此，村民没有了依附的对象，一步步走向分散化。村庄内部不断分化，宗族和村政缺乏强有力的聚合作用。① 而土地改革摧毁了我国的封建土地制度，地主阶级被消灭，广大农民翻身成为土地的主人，在国家宏观政策引导下，顺利完成了土地改革运动，建立并实行了“农民土地所有制＋农户家庭经营”的农业基本经营制度，进一步巩固了工农联盟和人民民主专政。人民公社政社合一体制使农民之间及农民与组织之间关系具有行政化色彩，由公社、生产大队和生产队协调农民集体劳动，进行调配和管理，这一时期国家及其代理人垄断了农村社会的全部权力，控制了农村的一切资源。

改革开放后，农村实行了家庭联产承包责任制，基层政权组织形式由人民公社变为乡镇政府，“村委会”这种新的村民自治组织建立，国家对农村行政控制减弱了，农村社会在经济生活、社会结构、政治文化形态等诸方面都发生了前所未有的变化，尤其是改变了农村集体生产组织形式，村民自治委员会和村民小组管理农村日常的生产和生活。然而，农村受行政权约束减弱后，农户之间以“庇护关系和原子化”为基础，先赋性与契约性并存成为农村人际交往的特征。家庭联产承包责任制后，集体对农户的生存与安全保障弱化后，分散的家庭试图寻求家族的庇护，以保障其在政治参与、资源分配和利益表达中的权益，同时，对个人利益的追求使各户之间的联系逐渐弱化。庇护关系和原子化之间保持着互相融合的关系，这意味着个人在与他人发生种种社会联系中追求自己的利益。

我国农村地区当前正处于快速转型期，产业化的发展推动农村社会各方面发生了一系列变迁，农村的经济、文化和社会生活等方面均出现了一些新的特点，农民不再是具有很高同质性的群体，在其内部也出现了分化，农民的需求结构和层次也出现了变化。农村社会中农民之间社会交往的深度和广度都有所变化，交往的范围也在不断变迁。在社会转型期前，农民们的生活范围和生

① 参见于建嵘：《当前农民维权活动的一个解释框架》，《社会学研究》2004 年第 2 期。

活水平都受到一定的限制，作为生于斯长于斯的本地人，其日常人际交往的对象的范围、圈子是有限的，村民们总是倾向于和固定的亲缘、地缘关系中的人们交往，且关系具有稳定性和长期性。随着社会的转型，农业产业化的飞速发展，农村人口流动现象增多，一部分外来人口开始进入农村地区，村民中外出打工人员数量也占据较大的比重，村民们面对的不再是简单的熟人社会，而更多的是市场经济中追求利益最大化的人，农民之间的交往更倾向于经济性的互惠合作，人际关系具有短暂性和多变性，对于利益的追逐多过对于情感的需求。由此，农村社区中的人际交往的结构已经发生了改变。

在农业产业化背景下，农村的组织结构也发生了巨大变化。原来是村民自治委员会和村民小组管理农村日常的生产和生活。伴随农业产业化的实施，农村中兴起大批合作社、龙头企业、产业园区等，这些组织在日常管理运作中有相当一部分都是借鉴西方农业产业化的经验，并且遵循市场经济理性化、规模化、专业化的逻辑。新型农业经营组织的出现，引发农村人际交往方式、人际交往场域的变迁。合作社、龙头企业、产业园区等组织方式的建立与发展，使农民从过去的单个分散经营开始参与到“产供销”、“种养加”、“贸工农”这一生产链条中，人际交往的场域也相应地从传统的“农田、婚丧嫁娶、街头小巷”等场所转移到现代的“合作社、龙头企业、产业园区”。这些新兴组织的出现在不同程度上带来人员流动的频繁、阶层互动的增多，使得村民的人际交往突破血缘、地缘等传统关系网，而更多进入多层次复杂的人际关系网络中，导致农村社会中人际交往不断趋于理性化。如龙头企业在村庄的建立吸引了多数村庄闲散劳动力，很多农户开始步入到企业务工，人们进行社会交往的场所也由农田转向企业。以“科层制”为主要组织架构的新型组织有自身的规范和目标要求，组织内的成员必须在遵守规则的基础上实现组织的目标，注重效率的提高和成本的降低，所以情感的因素要不断地弱化，理性和利益性的因素要不断增强，组织中人们在相互依赖的交往互动中，往往伴随着不同程度上利益的相互满足，在这种以利益为主的价值观影响下，人与人之间靠关系维持的信任也难免发生变化和断裂。

四、资源配置优化

资源配置是指人们在生产资料的占有和生产成果分配上的社会关系，不同的生产方式决定不同的生产资料所有制和不同的分配方式与分配制度，进而影响人际交往形式。新中国成立前，我国农村社会生产力水平整体低下，加上人们土地资源的占有不均衡，分配制度不公平，因而农村社会内部各要素无法优化组合，农村社会发展缓慢。社会资源总量的匮乏使生存困难的个体只能依靠家族来获取生存物资，家族社会的凝聚力和亲和力使人们形成了互信互守，遵守道德伦理的交往原则。新中国成立后的土地改革使乡村社会阶级构成发生了变化，土地改革的“分田到户”政策使广大农民获得了土地的所有权和使用，免去了村民向地主交租的压力，掀起了生产热潮，农村地区的农业生产得到了逐步恢复和发展。这一时期打破了农村地方精英传统权利的合法性基础，人际交往呈现了无阶级化。人民公社时期实行“组织军事化、生活集体化、行动战斗化”，集政治、经济、文化于一体的人民公社垄断了生产资料、生活资料以及各种发展资源，统一种植，统购统销，国家政治控制资源分配。平均主义的“大锅饭”的分配制度使农民缺乏直接的动力，出现了“出工一窝蜂，干活磨洋工”、“只出工不出力”的情况，这一时期人际关系重伦理道德、重思想情操、轻利薄情。在这种思想指导下社会资源的配置没有考虑体力、技能、脑力等的差别而是趋于均衡。这种均衡配置又造成了人际的差别缩小和冲突的消除。计划经济通过计划进行资源配置，这就消除了竞争，没有优胜劣汰、效率观念。人际关系基本上是平稳的同时也消除了权钱交易、钱钱交易、人情互换的机缘，而付出的代价却是限制了生产力的发展。

家庭联产承包时期，中共中央对包产到户的形式予以肯定，提出“交足国家的、留足集体的、剩余的都是个人的”，从根本上打破了农业生产经营和分配上的“大锅饭”，农民有了自主权，实现了家庭部分生产资料和全部生活资料所有权的回归，家庭利益的主体性日益显现。党的十四大确立了我国的社会主义市场经济体制，市场经济强调发挥市场在资源配置中的决定性作用，强调生产要以市场为导向进行合理的生产，使经济活动遵循价值规律的要求，适应供求关系的变化。因此，农业要想取得更好更快的发展就必须对农业资源进行优化配置，必须优化农业、工业的组织形式，使资源在农业、工业之间可以得到有效的配置。农业产业化的发展正是基于市场导向进行的，它以国内外市场为导向，使农户、企业可以合理利用各种资源，既节约人力、财力、物力，也使农产品资源可以最大限度地发挥其效力。

农业产业化的发展促进生产方式的变革，加速交换方式的变迁，推动组织方式的创新，优化资源配置的过程，进而影响农村人际关系。农业产业化的发展要求建立与之相适应的新型人际关系，是农村人际关系形成的前提和基础，同时，和谐人际关系是促进经济发展的内在动力，是构建和谐社会的重要基石，是推动农业产业化发展的重要推力。

第四节　农业产业化与农村人际关系的关联性分析

一、农业产业化是农业生产方式变革的推动力

社会生产力是人改造自然以获取物质生活资料的力量，由劳动者、劳动资料、劳动对象等要素按照一定的方式结合而成，生产力的发展要求与生产方式相适应。在现阶段，所谓先进的社会生产力，就是智能化的生产力，社会化的生产力，市场化的生产力。从我国农业发展的历史来看，自然经济和小农经济适应封建社会的发展，分散的一家一户经营谈不上专业化，更谈不上产业化。人民公社时期，我国已经意识到合作化、专业化生产的重要性，但是主观的进行产业化发展“跑步进入共产主义”不符合当时的生产力发展状况。改革开放以来，农村实行了家庭联产承包责任制，极大地促进了农村经济的发展。但是随着农村生产力的发展，分散的、小规模的传统农业生产方式已不适应现代农

业的要求，向集约经营的农业产业化发展已成为生产力发展的客观要求。

随着我国农业的快速发展，农业生产方式正处于快速转变的过程中。一方面，传统的以家庭为规模的小农生产方式仅能解决温饱问题，要提升生活质量，增加收入，就需要改变传统生产方式，扩大生产，延长产业链，提高收益。另一方面，城镇化的发展使我国非农业人口逐渐增加，由此引起农产品商品需求量增加，为了适应农产品商品量市场扩大的需求，农业生产必须采取专业化的方式才能降低生产成本，实现规模效益。在此意义上，农业产业化是我国转变小农自然经济生产方式的前提和必要过程，是解决“三农”问题、实现乡村振兴的重要途径，是与社会主义市场经济发展相适应，实现我国农业现代化的必然过程。农业产业化发展是提高和改进我国农业经营方式，提高农业生产水平的有效途径，有利于缓解家庭联产承包责任制中“统分结合”经营体制的问题，有利于解决农户分散经营而出现的小生产与大市场的矛盾，有利于优化生产要素组合，合理利用各种资源，实现资源的优化配置，是实现农民由形式理性化到实质理性化转变的最佳方式。农业产业化是在市场经济条件下适应生产力发展要求的生产经营方式和产业组织形式。

二、农业产业化是新型农村人际关系的构建基础

小农经济时期，商品经济不发达，农民以家庭为单位耕种，从生产到销售的合作较少，人际交往主要在生活领域，生产领域的交往不多。人民公社时期，虽然是一种合作经济，但是建立在落后低下的农业生产力之上，压抑了农业生产力的再发展，这一时期提倡的集体主义和平均主义对调整人际关系起到了一定积极作用，但是，平均主义、消除竞争又影响了生产力的进步。实行家庭联产承包责任制后，家庭主体性的回归和传统人际关系又实现了短暂的回归，在农业生产领域发挥了一定的作用。随着分工的专业化、生产一体化的发展要求，传统的建立在血缘、地缘基础上的“帮工”、“换工”已无法满足经济发展的需要。农业产业化的发展要求建立与之相适应的新型

人际关系，农业产业化发展是新型农村人际关系构建的基础和前提。

在推进农业产业化的过程中，必然要求与之相适应的生产关系，从农村农业发展的主体来看，主要是农村人与人之间的关系。因为在农产品的生产、加工到销售的全过程中，农牧渔与加工流通环节的职工之间形成了一种利害相联的密切关系，与服务体系之间也形成了相得益彰的互助互利关系；在农工贸一体化的经济活动中，从事生产和销售活动的所有人同所属各类资产也形成了直接占有或间接享有的新关系。所有这些在生产和流通过程中出现的崭新的人与人、人与物之间的新关系，建构了农村新型的生产关系。

三、新型农村人际关系促进农业产业化的发展

农业产业化发展和农村和谐人际交往相辅相成，不合理的人际交往会阻碍农业产业化的发展，良好和谐的人际关系不仅是实现农业产业化和农村城镇化的基础，也是促使其稳步发展的助推器。因此，透过经济活动来观察农村社会关系的变动，是了解农村社会的重要渠道，是认识农村社会性质和结构变化趋势的重要视角，是推进农业产业化发展的核心力量。构建农村和谐人际交往机制，有利于认识我国农村社会结构的变动，有利于制定正确的农业经济与社会发展战略的政策，有利于建立和发展体现社会主义精神文明的新型社会关系。

中国人历来重视人与人之间关系的建立和维系，在农村地区，“人情”也一直是建构和维系人际关系最为重要的纽带，从当前农业生产活动中的交往来看，亲缘关系在生产中发挥的作用和影响已经在逐渐弱化，人与人之间的交往受利益因素的影响，相对于过去稳定的关系结构来说，农民的人际交往已经呈现出“非稳态”的特点。在血缘、亲缘和地缘关系的基础上，人们之间的契约关系已凸显出来，但是在经济活动中仍然受到人情、面子等因素的制约，人际交往呈现出“重叠性关系网”的趋势。因此，探讨如何建立与农业产业化发展相适应的新型和谐农村人际关系对实现乡村振兴战略有着重要的理论意义和现实意义。

第三章　山西省经济发展概况及农业产业化实施

第一节　我国及山西省经济发展概况

一、我国经济发展特点

（一）GDP 平稳增长，增速有所回落

据国家统计局统计公布显示（见图 3.1），2013 年至 2017 年，我国国内生产总值逐年增加，从 595244 亿元增加到 827122 亿元，GDP 增速从 2011 年首次下降到两位数以下（从 2010 年的 10.6% 下降到 9.5%）后，逐渐趋于稳定。这表明从 2011 年开始，我国经济在经历了 30 多年的高速增长后，开始进入中高速增长期，呈现结构趋于优化、物价涨幅趋于适度、新增就业趋于稳定、经济增速趋向潜在水平的“经济新常态”。经济增速的逐渐下滑主要是全球经济复苏缓慢导致我国外需不足以及政府主动调控投资领域、推进产业结构升级等多方面因素引起的。在过去 30 年，我国经济主要依靠高投资、高污染、廉价出口的经济增长模式拉动经济高速发展，由于成本上升、需求萎缩，所以近几年，政府正大力推进经济结构调整和经济再平衡，使经济增长由投资驱动型转向消费驱动型，从过去以投资、出口拉动为主转向消费、投资、出口协调拉动，使增长速率维持在 7%—8% 之间，实现经济的

可持续发展。

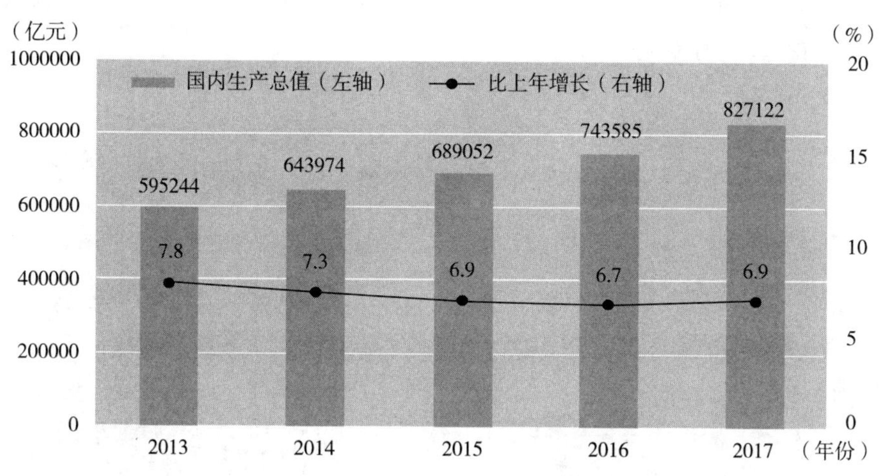

图 3.1　2013—2017 年国内生产总值及增长速度[①]

（二）居民收入保持较快增长

2013 年，全国居民人均可支配收入 18311 元，扣除价格因素，实际增长 8.1%。其中，城镇居民人均可支配收入 26955 元，比上年增长 9.7%，扣除价格因素，实际增长 7.0%；农村居民人均纯收入[②]8896 元，比上年增长 12.4%，扣除价格因素，实际增长 9.3%。2017 年全年全国居民人均可支配收入 25974 元，[③]比上年增长 9.0%，扣除价格因素，实际增长 7.3%。其中，城镇居民人均可支配收入 36396 元，比上年增长 8.3%，扣除价格因素，实

① 国家统计局：《中华人民共和国 2017 年国民经济和社会发展统计公报》，2018 年 2 月 28 日，见 http://www.stats.gov.cn/tjsj/zxfb/201802/t20180228_1585631.html。

② “农村居民人均纯收入”指的是按农村人口平均的“农民纯收入”，反映的是一个国家或地区农村居民收入的平均水平。纯收入主要用于再生产投入和当年生活消费支出，也可用于储蓄和各种非义务性支出。农村居民人均纯收入 =（农村居民家庭总收入 − 家庭经营费用支出 − 生产性固定资产折旧 − 税金和上交承包费用 − 调查补贴）/ 农村居民家庭常住人口。

③ 全国居民收入增速快于城乡居民收入增速的原因是：在城镇化过程中，一部分在农村收入较高的人口进入城镇地区，但在城镇属于较低收入人群，他们的迁移对城乡居民收入均有拉低作用，但无论在城镇还是农村，其收入增长效应都会体现在全体居民收入增长中。

际增长 6.5%；农村居民人均可支配收入 13432 元，[①] 比上年增长 8.6%，扣除价格因素，实际增长 7.3%。从图 3.2 可以看出 2013 年至 2017 年，我国居民收入保持持续增长。

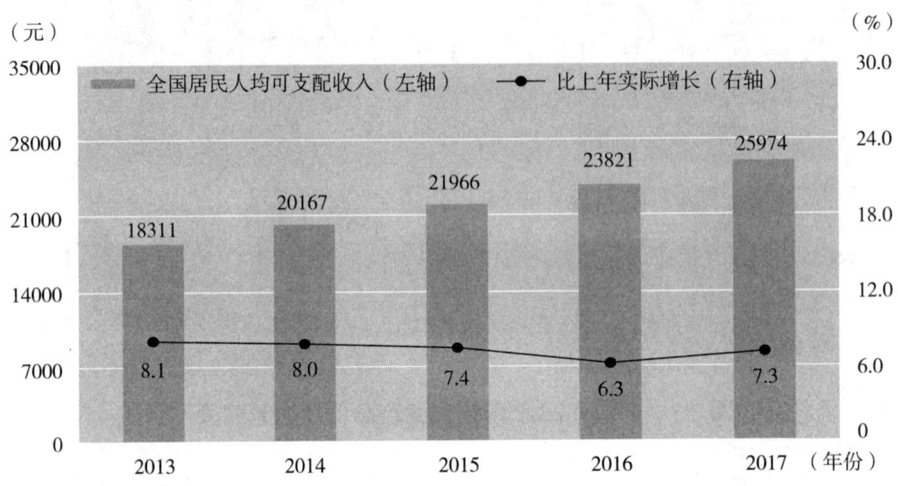

图 3.2　2013—2017 年全国居民人均可支配收入及其增长速度[②]

二、山西省经济发展特点

（一）GDP 平稳增长，增速降幅较大

2013 年全年全省生产总值 12602.2 亿元，比上年增长 8.9%。其中，第一产业增加值 773.8 亿元，增长 4.5%，占生产总值的比重为 6.1%；第二产业增加值 6792.7 亿元，增长 10.2%，占生产总值的比重为 53.9%；第三产

① “农村居民人均可支配收入”是按照家庭常住人口计算的一个平均指标，是指家庭中所有成员的平均收入，而不仅是工资收入以及退休人员的退休工资等。家庭成员既包括有工作和收入的人员，也包括家庭中没有收入的其他成员（如老人和未成年子女等），这些没有收入的家庭成员同样分摊到数值相同的人均可支配收入。农村常住居民人均可支配收入 =（农村居民总收入 − 家庭经营费用支出 − 税费支出 − 生产性固定资产折旧 − 财产性支出 − 转移性支出）/ 家庭常住人口。

② 国家统计局：《中华人民共和国 2017 年国民经济和社会发展统计公报》，2018 年 2 月 28 日，见 http://www.stats.gov.cn/tjsj/zxfb/201802/t20180228_1585631.html。

业增加值 5035.8 亿元，增长 7.5%，占生产总值的比重为 40%。①2017 年全年全省生产总值 14973.5 亿元，比上年增长 7.0%。其中，第一产业增加值 777.9 亿元，增长 3.0%，占生产总值的比重为 5.2%；第二产业增加值 6181.8 亿元，增长 6.5%，占生产总值的比重为 41.3%；第三产业增加值 8013.9 亿元，增长 7.8%，占生产总值的比重为 53.5%。如图 3.3 所示。

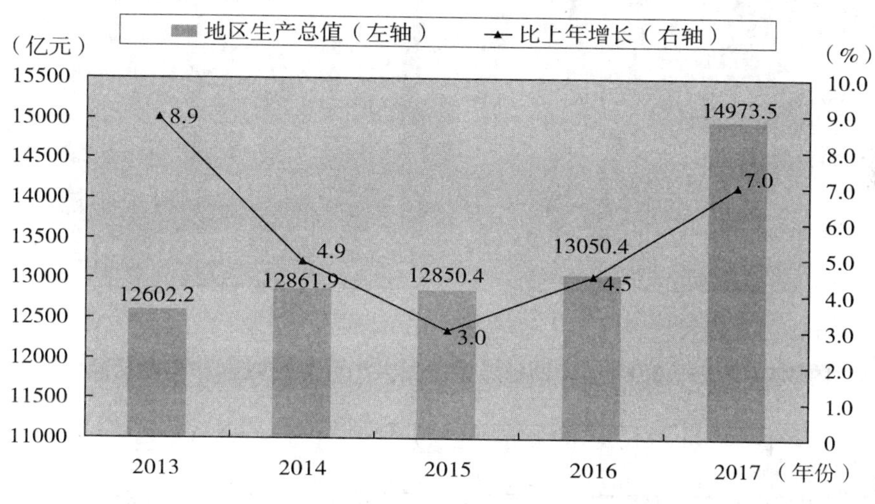

图 3.3　2013—2017 年山西省生产总值及增长速度②

（二）居民收入持续增长

2013 年全年城镇居民人均可支配收入 22456 元，比上年增长 10.0%，城镇居民人均消费性支出 13166 元，增长 7.8%；农村居民人均纯收入 7154 元，增长 12.5%，农村居民人均生活消费支出 6017 元，增长 8.1%。城镇居民家庭恩格尔系数 27.9%，农村居民家庭恩格尔系数 33.0%。2017 年全年城镇居

① 山西省统计局：《山西省 2013 年国民经济和社会发展统计公报》，2014 年 2 月 25 日，见 http://sx.people.com.cn/n/2014/0228/c192648-20672744.html。

② 山西省统计局：《山西省 2017 年国民经济和社会发展统计公报》，2018 年 3 月 2 日，见 http://www.shanxigov.cn/sj/tjgb/201803/t20180312_400994.shtml。

民人均可支配收入29132元，增长6.5%，城镇居民人均消费支出18404元，增长8.3%；农村居民人均可支配收入10788元，增长7.0%，农村居民人均

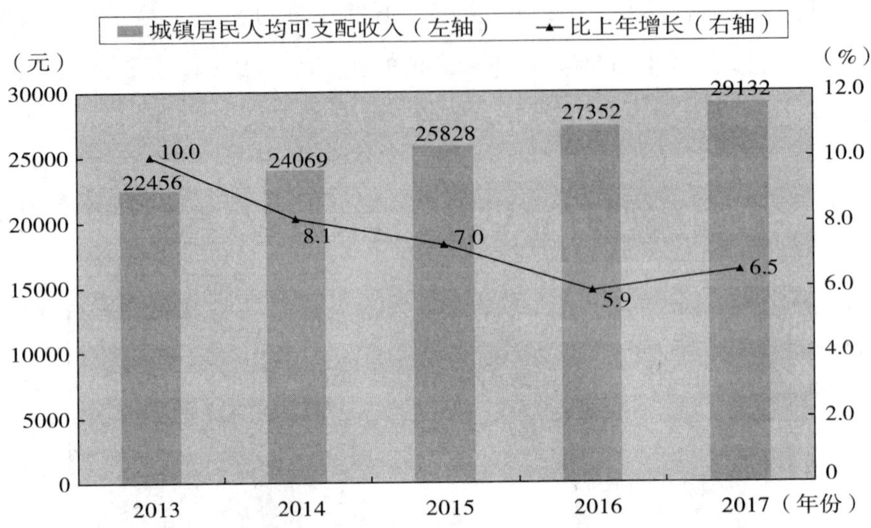

图3.4　2013—2017年山西省城镇居民人均可支配收入及其增长速度①

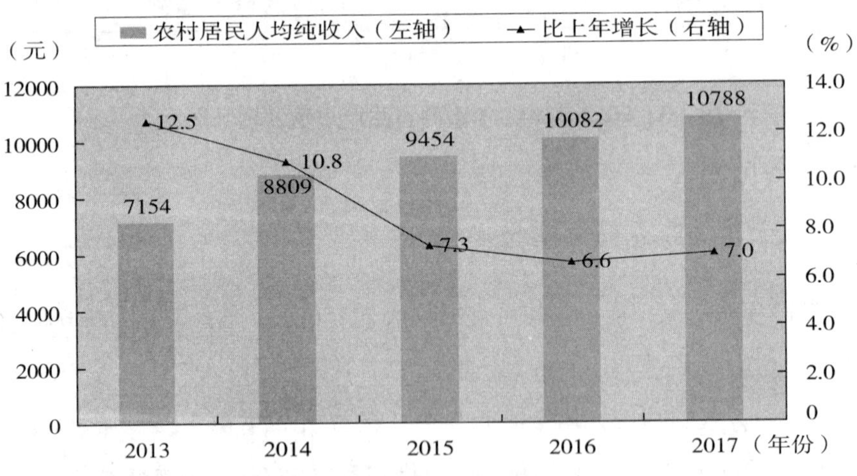

图3.5　2013—2017年山西省农村居民人均纯收入及增长速度②

① 山西省统计局:《山西省2017年国民经济和社会发展统计公报》，2018年3月2日，见http://www.shanxigov.cn/sj/tjgb/201803/t20180312_400994.shtml。

② 山西省统计局:《山西省2017年国民经济和社会发展统计公报》，2018年3月2日，见http://www.shanxigov.cn/sj/tjgb/201803/t20180312_400994.shtml。

消费支出 8424 元，增长 4.9%。城镇居民家庭恩格尔系数 23.1%，农村居民家庭恩格尔系数 27.4%，整体处于富裕状态。如图 3.4、图 3.5 所示。

（三）在全国经济体系中处于落后位置

尽管进入 21 世纪以来山西经济发展呈现出高速增长的态势，但山西省经济从整体上讲，与全国平均水平相比仍有较大差距，山西省仍属于经济发展水平落后的省份。当前山西省人均GDP低于全国平均水平约10个百分点，在全国排名表上看（见表 3.1—表 3.4），山西省 GDP 总量排名不容乐观，从2014 年和 2015 年的第 24 位下降到 2016 年的第 28 位，2017 年回升到第 24 位。GDP 增速也大幅下降，2015 年山西省全年经济增速仅有 3.1%，位居倒数第二，2017 年有所改观，增速为 7.0%，上升到第 21 位。[①]

由此导致山西省居民人均可支配收入排名靠后。2014 年山西省居民人均可支配收入为 16538 元，比上年增长 9.4%，在全国 31 个省（自治区、直辖市）中，山西省居民人均可支配收入绝对量居第 23 位。2015 年，山西省全体居民人均可支配收入为 17854 元，比上年增长 8%，在全国 31 个省（自治区、直辖市）中，山西省居民人均可支配收入绝对量居第 20 位，增长速度居第 28 位。2016 年人均可支配收入绝对量继续保持第 20 位，山西省的城乡居民收入、人均消费水平等都远不及全国平均水平，所以，在今后一段较长时期内，保持较高的经济增长速度，缩小与全国平均水平的差距仍将是山西省经济发展的首要问题。

表 3.1　2014 年各省（自治区、直辖市）GDP 总量与实际 GDP 增速[②]

排　名	地　区	GDP 总量（亿元）	GDP 增速（%）
1	广东	67792.24	7.8
2	江苏	65088.32	8.7

① 中国经济网：《2017 年全国各省市区 GDP 增速排名》，2018 年 1 月 31 日，见 http://district.ce.cn/zg/201801/31/t20180131_27988345.shtml。

② 参见网易财经：《2014 年中国 31 个省市 GDP 和财力排名》，2015 年 3 月 10 日，见 http://money.163.com/15/0310/10/AKBE29DI00253B0H.html。

续表

排　名	地　区	GDP总量（亿元）	GDP增速（%）
3	山东	59426.60	8.7
4	浙江	40153.50	7.8
5	河南	34939.38	8.9
6	河北	29421.20	6.5
7	辽宁	28626.58	5.8
8	四川	28536.70	8.5
9	湖北	27367.04	9.7
10	湖南	27048.50	9.5
11	福建	24055.76	9.9
12	上海	23560.94	7.0
13	北京	21330.80	7.3
14	安徽	20848.80	9.2
15	内蒙古	17769.50	7.8
16	陕西	17689.94	9.7
17	天津	15722.47	10.0
18	江西	15708.60	9.7
19	广西	15672.97	8.5
20	黑龙江	15039.40	5.6
21	重庆	14265.40	10.9
22	吉林	13803.81	6.5
23	云南	12814.59	8.1
24	山西	12759.44	4.9
25	新疆	9264.10	10.0
26	贵州	9251.01	10.8
27	甘肃	6835.27	8.9
28	海南	3500.72	8.5
29	宁夏	2752.10	8.0
30	青海	2301.12	9.2
31	西藏	920.80	10.8

表 3.2　2015 年各省（自治区、直辖市）GDP 总量与实际 GDP 增速①

排　名	地　区	GDP 总量（亿元）	GDP 增速（%）
1	广东	72812.55	8.0
2	江苏	70116.38	8.5
3	山东	63002.33	8.0
4	浙江	42886.49	8.0
5	河南	37002.16	8.3
6	四川	30053.10	7.9
7	河北	29806.11	6.8
8	湖北	29550.19	8.9
9	湖南	28902.21	8.6
10	辽宁	28669.02	3.0
11	福建	25979.82	9.0
12	上海	25123.45	6.9
13	北京	23014.59	6.9
14	安徽	22005.63	8.7
15	陕西	18021.86	8.0
16	内蒙古	17831.51	7.7
17	广西	16803.12	8.1
18	江西	16723.78	9.1
19	天津	16538.19	9.3
20	重庆	15717.27	11.0
21	黑龙江	15083.67	5.7
22	吉林	14063.13	6.5
23	云南	13619.17	8.7
24	山西	12766.49	3.1
25	贵州	10502.56	10.7

① 参见新华网：《2015 年各省市区 GDP 总量与实际 GDP 增速》，2016 年 1 月 29 日，见 http://www.xinhuanet.com/city/2016-01/29/c_128679200.htm。

续表

排　名	地　区	GDP 总量（亿元）	GDP 增速（%）
26	新疆	9324.80	8.6
27	甘肃	6790.32	8.1
28	海南	3702.76	7.8
29	宁夏	2911.77	8.0
30	青海	2417.05	8.2
31	西藏	1026.39	11.0

表 3.3　2016 年各省（自治区、直辖市）GDP 总量与实际 GDP 增速①

排　名	地　区	GDP 总量（亿元）	GDP 增速（%）
1	广东	79512.05	7.5
2	江苏	76086.20	7.8
3	山东	67008.20	7.6
4	浙江	46485.00	7.5
5	河南	40160.01	8.1
6	四川	32680.50	7.7
7	湖北	32297.90	8.1
8	河北	31827.90	6.8
9	湖南	31244.70	7.9
10	福建	28519.15	8.4
11	上海	27466.15	6.8
12	北京	24899.30	6.7
13	安徽	24117.90	8.7
14	陕西	19165.39	7.6
15	内蒙古	18632.60	7.2
16	江西	18364.40	9.0
17	广西	18245.07	7.3

① 参见新浪财经：《2016 年各省市区 GDP 总量及 GDP 增速》，2017 年 2 月 7 日，见 http://finance.sina.com.cn/roll/2017-02-07/doc-ifyaexzn9201500.shtml?_t_t_t=0.13746435355609443。

续表

排　名	地　区	GDP 总量（亿元）	GDP 增速（%）
18	天津	17885.39	9.0
19	重庆	17558.76	10.7
20	云南	14869.95	8.7
21	贵州	11734.43	10.5
22	新疆	9550.00	7.6
23	甘肃	7152.04	7.6
24	海南	4044.51	7.5
25	宁夏	3150.06	8.1
26	青海	2572.49	8.0
27	西藏	1148.00	11.5
28	山西	未公布	4.5
29	辽宁	未公布	未公布
30	吉林	未公布	6.9
31	黑龙江	未公布	6.1

表 3.4　2017 年各省（自治区、直辖市）GDP 总量与实际 GDP 增速①

排　名	地　区	GDP 总量（亿元）	GDP 增速（%）
1	广东	89879.23	7.5
2	江苏	85900.94	7.2
3	山东	72678.18	7.4
4	浙江	51768.26	7.8
5	河南	44988.16	7.8
6	四川	36980.22	8.1
7	湖北	36522.95	7.8
8	河北	35964.00	6.7
9	湖南	34590.56	8.0

① 参见中国经济网：《2017 年全国各省市区 GDP 增速排名》，2018 年 1 月 31 日，见 http://district.ce.cn/zg/201801/31/t20180131_27988345.shtml。

续表

排　名	地　区	GDP 总量（亿元）	GDP 增速（%）
10	福建	32298.28	8.1
11	上海	30133.86	6.9
12	北京	28000.35	6.7
13	安徽	27518.67	8.5
14	辽宁	23942.00	4.2
15	陕西	21898.81	8.0
16	江西	20818.50	8.9
17	广西	20396.25	7.3
18	重庆	19500.27	9.3
19	天津	18595.38	3.6
20	云南	16531.34	9.5
21	黑龙江	16199.88	6.4
22	内蒙古	16103.17	4.0
23	吉林	15288.94	5.3
24	山西	14973.51	7.0
25	贵州	13540.83	10.2
26	新疆	10920.09	7.6
27	甘肃	7677.00	3.6
28	海南	4462.54	7.0
29	宁夏	3453.93	7.8
30	青海	2642.80	7.3
31	西藏	1310.63	10.0

以上数据显示，山西省经济发展仍处于困难时期，原因主要有两方面：其一，山西省为煤炭资源大省，煤炭储量约占全国的三分之一，在过去的经济发展中过多的依靠煤炭以及与煤炭资源相关的焦炭和冶金，而随着近些年我国煤炭产能过剩以及全国对煤炭资源需求量下降，过多依赖煤炭出口的山西省难免受到冲击，造成 GDP 总量及增速不断下降；其二，山西省产业结

构单一，过多依赖第二产业，而第一产业和第三产业发展相对不充分，2017年第一产业的增加值占全省生产总值的比重仅为5.2%。而要想实现山西省经济的逐步发展，就要不断调整产业结构，改变过去单一的煤炭产业，适度地提高第一和第三产业的增加值，不断发展农产品加工产业，变初级产品为深加工产品，向产业链要利益。因此，发展农业产业化，调整产业结构，增加农业对经济增长的贡献值是山西省发展经济的迫切选择。

第二节　山西省农业产业化发展概况

一、山西省发展农业产业化的必然性

（一）客观条件

山西省地处华北西部，黄土高原东翼，东有太行山，与河北省为邻；西有吕梁山，隔黄河与陕西省相望；北倚长城，与内蒙古自治区相接；南隔黄河，与河南省相望。山西省地形地貌复杂多样，地形以山地、丘陵为主，海拔一般在1000米左右，山区面积约占全省总面积的80%以上，地表多覆盖有深厚的黄土，耕地总面积为383.378万公顷，约占土地总面积的24.5%，这种山多川少的地形特点为种子生长创造了良好的自然隔离条件。[①] 山西省南北横跨六个纬度，气候条件独特，光热资源丰富，四季分明，昼夜温差大，有利于农作物的生长，这样的自然资源特点使山西省发展特色农业成为一种优势。如运城市临猗县地处世界苹果种植的黄金纬度，农耕文明历史悠久，有利于鲜果种植，同时，气候适宜、光照充足使得果品含糖量高、品质

① 参见山西省农调队阎海旺：《特色农业：山西农业发展的必然选择》，《前进》2002年第4期。

好，目前当地鲜果业发展形成一定规模，成为其支柱产业。

（二）内在要求

1. 发展农业产业化是向现代农业跨越的必然要求

我国农业要实现现代化，就必须从农村各地实际情况出发，着眼于农业经营方式的创新和整体规模效益的提高。对于山西省来说，随着农村经营体制的改革和农村经济的发展，农产品产出率和商品率都有了很大的提高，农村经济有了一定程度的发展。然而，农村经济发展中的深层次矛盾和问题也显露出来，小生产和大市场的矛盾、社会化服务体系不健全与农村商品化生产的矛盾、农业生产结构与市场需求结构不适应的矛盾等，这些问题都制约着农村农业现代化的发展。实践证明，现代农业的发展必须依靠农业产业化。农业产业化不仅实现了农业生产的规模效益，而且通过系列化服务、一体化种植和养殖，使广大农户能够采用现代科技，学习最先进的种植和养殖技术，提高农业生产的专业化、商品化和现代化水平。以合作社、龙头企业和产业园区为依托的农业产业化经营，通过农产品生产、加工和销售的结合，在农户和这类组织之间形成风险共担、利益共享的机制，扩大了农户经营的规模，拓宽了销售渠道，实现了整体的规模效应，有利于农村地区由传统农业向现代农业的转型。

2. 发展农业产业化是农村产业结构调整的内在要求

农业产业化经营以市场为导向，依托各类合作社、龙头企业以及产业园区，将生产、加工、销售紧密结合起来，实现了一体化经营。这种发展方式有效地解决了个体农户分散经营和社会化大市场的矛盾，促进了产销一体化和农业产业结构的调整。农村产业结构的调整，既是对农产品种类、质量以及布局的调整，也是对农业科技创新、劳动力素质的提高以及农业增长方式的调整。要想实现农村产业结构的调整，真正提高农村经济发展的质量和效益，就必须从市场对农产品多样化、优质化的需求出发，以效益和质量为目标，发展农村特色产业、优势产业和农业的深加工，形成规模化效应，最终促进农村特色经济的发展和农民收入的提高。①

3. 发展农业产业化是山西省委、省政府工作的重中之重

近年来，山西省委、省政府坚持把解决“三农”问题作为转型跨越发展的重中之重，为改变“小而弱”的传统农业形态，山西省委、省政府以“一村一品、一县一业”政策为指引，大力推动农业产业化发展，以不断提升农产品聚集度和产业化水平。②在推动农业产业化的具体政策中，一方面大力支持农业合作化经营，重点扶持产业特色明晰、管理规范、制度健全、辐射带动能力较强、组织化程度较高的示范合作社，发展规模化、标准化“种养加”生产基地，推进农业合作化生产。另一方面大力支持农业产业化发展，紧紧围绕山西省粮食、杂粮、畜牧、设施农业、果业、中药材等产业，按照“一村一品、一县一业”、“513 龙头企业”的发展规划，做大做强做优主导产业，促进形成优势农产品产业带，促进农民增收。第三方面积极支持现代农业示范园区建设，重点支持和引导农村优质农产品生产，实现产品标准化和经营产业化，实现园区农产品加工的高效化和市场化。同时，自 2013 年我国精准扶贫攻坚战打响以来，“通过发展生产脱贫一批”已成为山西省推动精准扶贫的重要举措，农民专业合作社、龙头企业与贫困户的合作成为一种趋势。农业产业化助推精准扶贫不仅可以增加贫困户收入，带动贫困户脱贫，也间接带动贫困地区农业产业化的发展：一是将扶贫开发资金折股量化作为贫困户入社股金的方式，可以将扶贫资金直接投入到合作社发展中，缓解合作社资金短缺的困难，使合作社可以有充足的资金在大棚修护、平整土地、引水灌溉等基础设施方面进行投资；二是鼓励贫困户将土地纳入到合作社，可以减少合作社发展中土地流转难度大的问题，并且可以使农户与合作社之间形成一种利益联结机制，减少农业产业化发展过程中利益冲突。

---

① 参见山西省农调队阎海旺：《特色农业：山西农业发展的必然选择》，《前进》2002 年第 4 期。

② 参见网易新闻：《山西省大力推动农业产业化发展》，2014 年 10 月 8 日，见 http://news.163.com/14/1008/09/A819I75S00014JB5.html。

科技创新的投入对于促进农业产业化发展至关重要。山西省政府为了加大科技在农业发展中的投入，一方面积极推进现代农业机械设备在农业发展中的投入，重点支持果品采摘的标准化和畜牧养殖的智能化；另一方面加大农业科技人才队伍的培养，精心培育一批有技术、会经营、善种植的农民企业家、职业经纪人和新型职业农民，提升农业企业竞争力。在农产品销售方面，山西省致力于实现“互联网＋农业产业化”，发展农业农村大数据，积极引导合作社、龙头企业、产业园区等新型农业经营主体对接各类涉农电子商务平台，开设特色农产品销售专区、网店和地方特色馆等，形成线上线下协同发展模式。除此之外，临猗“果品文化节”、临县“枣儿红了”红枣旅游文化节等活动的举办，有利于打造特色农产品品牌建设，提升产品知名度。

为了使农业产业化的政策措施落于实处，山西省政府不断加大财政资金投入，确保农业产业化发展有充足的资金支持。2013 年，全省农业综合开发部门共投入财政资金 6700 万元，分类开展扶持农业综合开发现代农业园区、龙头企业带动产业发展、“一县一业”产业发展试点，支持建设规模化、标准化、机械化、科技化、信息化、专业化、集约化、社会化服务水平高的现代农业园区，培育带动能力强、与农民建立紧密利益联结机制的重点产业化龙头企业，形成运作规范、组织带动力强的股份合作组织和农民专业合作社。其中，投入财政资金 1500 万元用以建设现代农业园区，如运城市盐湖区现代农业示范园区的建立；投入 3000 万元用以扶持龙头企业的发展，如支持山阴县古城乳业开展奶牛养殖基地和山西裕源公司建设核桃种植基地的建设。①2014 年，全省投入资金 11.17 亿元，支持 142 个带动能力强、与农民利益联结紧密的产业化经营项目，并投入资金 16252.22 万元，用以扶持“畜禽良种繁育”、“秸秆养畜示范”和“新型合作示范”项目建设。②2015 年，

① 参见山西省财政厅：《加大财政投入，推动农业产业化发展》，2013 年 11 月 17 日，见 http://www.sxscz.gov.cn/www/2014-02-07/201402071044178904.html。

② 参见山西省财政厅：《农业综合开发突出开发重点，推进现代农业发展》，2015 年 3 月 3 日，见 http://www.sxscz.gov.cn/www/2015-03-03/201503031720169057.html。

山西省政府在继续执行现行强农惠农富农政策基础上新实施一系列关于促进农业产业化的富农政策。安排资金 1 亿元建立省级农业产业化发展基金，重点对农业产业化龙头项目进行贷款担保和股权投资；新增资金 1000 万元，对红枣重点县枣树搭雨棚防裂果技术示范给予补助，实施面积 6660 亩，每亩补助 1500 元；安排资金 1500 万元，对引进奶牛优良品种、推广奶牛发情自动监测项圈给予补助，配发奶牛发情检测项圈（腕套）1 万个，引进优良种子奶牛和良种胚胎 500 头（枚）。①2016 年，山西省下达农机购置补贴资金 3.45 亿元，主要用于补贴直接从事农业生产经营的个人和农业生产经营组织，并且安排资金 1 亿元，通过增加政策性担保机构注册资本，对普通农户和专业大户、家庭农场和农民合作社、农业产业化企业等新型农业产业化经营主体的贷款提供担保和再担保。② 这些政策对于促进山西省特色区域产业的发展具有非常重要的作用。

二、山西省农业产业化的发展特征

自 1993 年农业产业化作为一种尝试在山东省潍坊市率先实施后，农业产业化在较发达的东部沿海地区开始实践，进而在全国各地得到推广，山西省也不例外。山西省农业产业化的快速发展是从 1997 年山西省委、省政府作出《关于进一步推进农业产业化经营的实施意见》后开始的，全省按照“工业化理念、产业化运作”的思路，围绕畜牧、杂粮、蔬菜、干鲜果、中药材等重点产业，依托龙头企业，强力推进农业产业化工作。特别是 2000 年山西省委、省政府出台《关于山西省农业结构调整的若干意见》和《关于解决山西省农业产业化经营中几个重要问题的意见》后，全省各地都以市场需求

① 参见山西经济日报：《省政府出台十项强农惠农措施》，2015 年 3 月 24 日，见 http://www.sxjjb.cn/szb/sxjjrb/http_192.168.100.9/sxjjrb/html/2015-03/24/content_97327.htm。

② 参见山西省农机网：《山西省投入农机购置补贴 3.45 亿元》，2016 年 5 月 31 日，见 http://www.nongji1688.com/news/201605/31/5508425.html。

为导向，结合当地资源禀赋，大力发展优势产业，积极兴办龙头企业，扶持产业化经营大户，建设农村市场体系，创新经营和投资机制，逐渐形成了中南部无公害果菜园艺经济区、太行吕梁两山干果杂粮生态经济区和雁门关生态畜牧经济区三大特色区域，农业产业化进入重点突破、规模推进、注重效益、稳步发展的新阶段。截止到2016年，全省共有农业产业化国家级重点龙头企业32家、省级重点龙头企业413家，全省农产品加工企业销售收入达到1520亿元，年均增长20%左右。2017年全省农产品加工企业销售收入达到1740亿元以上。①

经过山西省政府以及各地方政府在政策和财政方面的长期支持，全省农业产业化呈现出以下发展特征。

（一）区域特色经济初步形成

山西省各地区的农业产业化分别根据各自的地域特点、资源禀赋和优势产业形成了不同的产业区域。以运城市临猗县为中心的水果种植加工区、以吕梁市临县为中心的红枣经济区、以朔州市山阴县为中心的雁门关生态牧区等均是通过合作社、龙头企业以及产业园区来带动基地农户发展特色种植和养殖产业，逐步形成了中南部无公害果菜园艺经济区、太行吕梁两山干果杂粮生态经济区和雁门关生态畜牧经济区三大独具地方特色的优势区域格局。这些区域内的特色经济不仅能有效地带动农业以及畜牧业的发展，而且还可以促进农村劳动力的合理配置，有利于运输业、修理业、服务业及其他乡镇企业的结构调整和发展壮大，加快了农村劳动力向非农产业转移以及农村小城镇建设的步伐。如山阴县著名龙头企业G乳业利用农牧业发展优势，在发展乳制品加工和销售的过程中，带动奶牛养殖户实现专业化、规模化养殖，并且吸纳一部分附近村子的劳动力进入企业从事非农工作，不仅促进了当地农牧业的发展，而且解决了一部分劳动力的就业问题。

① 参见地方领导留言版：《以农产品加工为例，浅谈山西省产业转型发展》，2017年2月17日，见 http://liuyan.people.com.cn/threads/content?tid=4283896。

（二）利益联结机制渐趋完善

山西省在农业产业化发展过程中，逐渐改变了传统分散的家庭式经营，呈现出合作社、龙头企业、产业园区以及农户之间的一体化和规模化经营，各个主体之间的利益联结方式也渐趋成熟，各类产业化组织与农户的联结方式主要有合同方式、口头协定以及股份合作方式。近年来，随着合作社、龙头企业等与农户之间的联系更为紧密，其合作方式日益多元化，由传统的以熟人社会之间的口头约定为主向契约式、股份合作式转变。相比于口头约定中对双方权利义务规定的不确定性，签订合同以及股份合作的方式更能适应农业产业化的发展要求，更符合现代农业的发展趋势。农业产业化发展过程中，各利益主体之间的联结以市场经济的利益最大化为原则，双方的合作机制渐趋完善。

（三）中介组织的桥梁和纽带作用逐渐增强

中介组织是农业产业化发展过程中联结普通农户和市场的桥梁和纽带，是农户获取市场信息的重要来源，在调节龙头企业与农户的利益关系以及推广先进的种植、养殖技术方面发挥着不可替代的作用。目前，山西省的农民专业合作社和农村经纪人队伍在不断壮大，使得农业最新科技得到推广和应用，农产品销售渠道得到扩展，最终调整了农业产业结构，提高了农产品的质量，有效地推进了农业产业化发展步伐。除此之外，农业产业化发展的过程中还涌现出一批行业协会，如山阴县乳业协会以及清徐老陈醋协会，行业协会为农民的专业生产提供了技术支持和规范指导，在市场准入以及行业自律方面发挥着重要作用。同时，有些行业协会还与政府关系密切，如山阴县乳业协会，可以有效地沟通农户与政府的关系，及时方便农户获得政府的各项资金补助和技术指导，将政府、市场以及农户有机地联系起来。当前，全省农村的各类中介组织发展迅猛，尤其是农民专业合作社已达到六万家之多，合作社规模不大，以中小型为主，但覆盖范围广且产品涉及农业各个领域，基本上已经覆盖全省所有乡镇，形成了“一镇一园，一村一品”的格局。农村的中介组织和经纪人把技术、加工、市场有机结合起来，运用到某一个产业，促进了农业的规模化、一体化和市场化发展。其中临猗县的梨枣合作协会，在采用高新技术提高梨枣品质的基础上，做好营销工作，使梨枣畅销国内十几个省市，并远销日本、新加坡等国家。

（四）农业产业化经营的产业链条不断拉长

在传统农业发展过程中，农产品通常由中间商直接收购或只经过简单的初加工就进入市场，从地间到终端市场的产业链条很短，农民能够获得的收益较少。近些年来，山西省各地的农业产业化迅速发展，龙头企业为了增强产品的市场竞争力，提高自身经济效益，主动为农户提供产前信息、生产资料供应、资金和技术支持、机械作业指导、病虫害防治以及产后的深加工、运输、贮藏、销售等系列化服务，在一定程度上拉长了农业产业链条。如临县农民成立的红枣龙头企业依托当地附近农村的红枣种植园区，聘请红枣专家，指导农民按照市场需求进行科学的红枣种植和深加工，红枣产业链不断延伸，逐步开发出红枣果脯、枣夹核桃、红枣酒以及红枣饮品等受市场欢迎的新型产品。这改变了当地以往将大批红枣直接作为原材料出售的状况，极大地提高了红枣产品的市场竞争力，增加了龙头企业的经济效益和广大农民的收益。同时，合作社以入股和分红等多样化的入社方式吸引农民进入合作社，将分散种植或养殖的农民集中到一起，在合作社园区内进行一体化管理，从获取市场供求信息、合理安排专业化的养殖和种植、进行初级产品的深加工、制定销售网络等方面建立起统一的产业链条。如山阴县 Y 奶牛专业合作社实行股份制经营，吸引农户入股，对园区内的奶牛进行科学化、专业化养殖，产品统一销售到蒙牛、伊利、古城等大型乳制品企业，从养殖到销售形成一体化的完善的产业链条，有效避免了单个农户经营的风险，在当地起到一定的带头作用。

三、农业产业化发展带来农村社会的变化——以调研县为例

（一）农业生产实现机械化

1. 山西省机械化概况

近些年，由于山西省经济发展以及农业产业化实施，农业机械化水平和规模不断提高，据调查显示，2014 年年末，全省农业机械总动力 3286.2 万千瓦，增长 3.2%；机械耕地面积 268.31 万公顷，增长 2.8%；机械播种面积 262.23 万公顷，机械收获面积 181.07 万公顷，分别增长 4.2% 和 6.3%；农机化经营总收入 131.1 亿元，增长 7.6%。2015 年年末，全省农业机械总动力 3351.6 万千瓦，增长 2.0%；机械耕地面积 273.70 万公顷，增长 2.0%；机械播种面积 264.66 万公顷，增长 0.9%；机械收获面积 182.48 万公顷，增长 0.8%；农机化经营总收入 133.5 亿元，增长 1.8%。2016 年年末，全省农业机械总动力 1744.3 万千瓦，增长 2.5%；机械耕地面积 271.57 万公顷，下降 0.8%；机械播种面积 260.63 万公顷，下降 1.5%；机械收获面积 182.90 万公顷，增长 0.2%；农机化经营总收入 91.1 亿元。2017 年年末，全省机械耕地面积 273.32 万公顷，增长 0.7%；机械播种面积 261.70 万公顷，增长 0.4%；机械收获面积 185.46 万公顷，增长 1.4%；农机化经营总收入 90.6 亿元。①

2. 调研县机械化概况

临猗县结合本地区独特的自然条件和资源优势开展“一村一品，一县一业”工作，形成了独具特色的苹果、葡萄、鲜枣等优势产业。独具特色的“一村一品”工作的开展也带动了临猗县现代农业的发展，促进了当地农民专业合作社的建立，截止到 2018 年 6 月，全县累计发展合作社 2097 家。与此同时，临猗县的大型农业器械也在全县得到推广和普及，据调查资料显示，临猗县现代农业机械（拖拉机）从 2013 年的 15606 台上升到 2015 年的 17110 台，

① 参见山西省统计局：《山西省 2017 年国民经济和社会发展统计公报》，2018 年 3 月 2 日，见 http://www.shanxigov.cn/sj/tjgb/201803/t20180312_400994.shtml。

农用排灌动力机械数量从 2013 年的 3931 台增加到 2015 年的 3935 台，农用运输车 2015 年与 2013 年数量持平。①

临县的红枣产业近年以来由于龙头企业和现代红枣示范园区的建立，也逐渐摆脱了传统社会以人力为主的红枣种植和销售，走向现代化红枣生产道路。如 T 龙头企业是一家以红枣系列产品的种植、加工、销售为一体的现代股份制企业，该企业以“万亩有机枣园”结合高科技为主体，坚持红枣生产、加工过程的全流程规范化操作，实现红枣产业的现代化发展；W 红枣业有限公司是一家集红枣科技种植示范园区、冷藏保鲜、加工销售为一体的综合型现代化农产品加工企业，与多家红枣食品加工科研机构建立技术合作关系，以科技为依托，致力于安全、健康的食品研发生产。

山阴县全力推进畜牧业机械化、现代化发展，通过联营、股份合作、加盟经营等发展畜牧业机械，严格考察农机销售企业和修造企业，初步建立起畜牧业机械化体系，包括耕地方面的推土机、大型和小型拖拉机等，农用机械工具从 2013 年的 6479 台增加到 2015 年的 6867 台，种植方面采用现代割草机和打捆机等，养殖方面运用饲料粉碎机和机械化挤奶等，全县建有现代化奶站 202 个，机械化挤奶覆盖率达 80% 以上。为了保证奶源质量，山阴县畜牧局大力推动实施了奶牛电子档案，挤奶车间每一头奶牛耳朵上都贴有电子二维码，同时在每个挤奶间安装了生鲜乳远程监控系统，对生鲜乳收购站的挤奶、贮存和运输环节进行 24 小时不间断实时监控，全面掌握生鲜乳收购站的收购情况。此外，每个生鲜乳运输车辆都安装 GPS 定位仪，彻底消除生鲜乳质量安全监管的盲区，真正实现生鲜乳从生产、贮存到运输环节质量安全监管的全程对接。② 如 G 乳业在牛奶加工方面已完成了年产 15 万吨液态奶生产线、年产 20 万吨奶牛配方饲料生产线的建设；Y 乳业日加工

① 参见山西省统计局：《山西统计年鉴 2016》，见 http://www.stats-sx.gov.cn/tjsj/tjnj/nj2016/indexch.htm。

② 参见新浪新闻：《“牛模”风波下的山阴奶牛业》，2012 年 9 月 21 日，见 http://news.sina.com.cn/o/2012-09-21/052025222172.shtml。

鲜奶120吨，拥有7条液态奶生产线；M乳业现有现代化鲜奶生产线4条。

（二）农村劳动力的非农转移

1.山西省非农转移概况

村庄劳动力的非农转移是农村经济发展的一个重要标志，表明由于农业现代化发展，多数农民逐渐从传统以耕地为主的小农生活中转移出来，农村乡镇企业的成立、农业产供销链条式发展为农民提供更多就业渠道。据统计资料显示，2014年，全省城镇新增就业51.4万人，转移农村劳动力37.7万人，年末城镇登记失业率3.4%。2015年，全省城镇新增就业51.5万人，转移农村劳动力37.7万人，年末城镇登记失业率3.5%。2016年，全省城镇新增就业46.46万人，转移农村劳动力34.36万人，年末城镇登记失业率3.52%。2017年，全省城镇新增就业51.8万人，转移农村劳动力40.2万人，年末城镇登记失业率3.4%。[①]

2.调研县非农转移概况

农业产业化的实施与合作社的建立为农村劳动力转移搭建了重要平台。临猗县Z苹果种植专业合作社的发展吸纳了全村205户农户的参与，X鲜桃种植专业合作社的成立解决了全村600余人的就业。临县A枣业食品有限公司自2002年建立以来给当地劳动力转移提供了很大平台，红枣加工旺季有员工约110—170人，淡季约有员工60—70人；T枣业有限公司有120名固定员工；H食品有限公司员工由长期工和季节工组成，员工多为县城附近村民。山阴县G乳业已发展成为现代化民营企业，员工1200多人。除了一定程度上解决农村劳动力就业问题之外，合作社、龙头企业等农业产业化组织也带动了当地个体私营企业、产品包装业、交通运输业、餐饮服务业的发展。

访问者：现在村民除了种地外，还从事什么职业？

---

① 参见山西省统计局：《山西省2017年国民经济和社会发展统计公报》，2018年3月2日，见http://www.shanxigov.cn/sj/tjgb/201803/t20180312_400994.shtml。

被访者：各种都有。年轻人一般在龙头企业、合作社上班，也有自己开饭店的、开门面、组建红白喜事一条龙服务团队的，还有的在附近的包装厂干小时工。现在很多人都把土地流转给企业或者合作社，所以想再找点儿活干。

访问者：咱们村加入 X 鲜桃专业合作社的有多少人？

被访者：在合作社大概有 600 人，咱们村基本都在那个合作社。因为合作社规模比较大，流转了不少土地，很多人将土地流转出去以后就选择在合作社的带领下统一进行鲜桃种植和采摘，合作社从树苗、种植技术、科学管理方面都比较成熟，大家为了图省事就都流转给合作社，在合作社的指挥下进行生产。

以上合作社、龙头企业对当地劳动力的吸纳仅是调研县农业产业化发展过程中所涌现出的典型代表，而在全县范围内乃至全省范围内的劳动非农转移则更具有普遍性。农村劳动力之所以实现非农转移，不仅是因为农业产业化发展中技术化和机械化的投入使人们从农业生产的田间地头中解脱出来，有时间和精力去从事其他工作，更因为合作社、龙头企业、产业园区等组织的建立对劳动力需求增大，其在发展过程中带动当地加工、包装、运输等产业的发展，产业链的延长对农村劳动力的吸纳则更加普遍。

第三节　农业产业化发展的典型模式

一、我国农业产业化的主要模式

农业产业化组织模式是将参与农业产业化的各个利益主体和经营主体联结起来，以共同利益为纽带，将农业经营中产前、产中和产后各个环节的活动协调组织起来，形成一个密不可分、风险共担的多元化利益共同体，促进各主体间的交流合作。[①]农业产业化发展过程中的各个主体相互支持、相互协调，推动资金和技术向农业投入，加速生产要素在农村地区的流动和重组，有效地促进农业产业化的发展。根据各经营主体之间的利益联结关系可将农业产业化的主要模式分为以下三种类型。

（一）合作经济组织带动型——“合作经济组织＋农户”

1. 合作经济组织带动模式的内涵

合作经济组织带动型模式是以专业合作社、专业协会或科技协会为依托，提供统一的生产、加工和销售服务，形成农业生产规划、产品收购与加工、联系客户和贮运销售的一体化经营模式。其主要特征是由种植或养殖大户与一部分农户按照一定的规章制度联合起来，建立各种形式的专业合作社或专业协会，在统一的组织框架下，从事农牧产品的养殖和销售。这一模式是以专业合作社和专业协会为依托，提供统一的生产、加工和销售服务。

2. 合作经济组织与农户间的关系

当合作经济组织作为龙头企业与农户间的中介者时，其与二者间的关系体现在两个方面。一是扮演代理人的角色，合作经济组织同时成为龙头企业与农户的代理人，一方面合作组织按照龙头企业的意愿规范农户的种植行为，按照企业要求决定生产规模、生产品种，用以满足企业的需求，建立龙头企业长期的原材料生产基地，使农户与企业之间形成长期的供应关系，从而减少龙头企业的收购成本；另一方面合作组织也作为农户的代言人，根据农户在种植中以及农产品收购价格等方面的需求，积极与龙头企业进行协商沟通，协助二者建立长期的合作关系。二是扮演制约者的角色，龙头企业与农户之间的收购对接主要是签订收购合同来完成，而收购合同规定依据农产品等级来确定收购价格，然而在实际执行中，农产品的等级鉴定存在很大的

① 参见戴媛媛：《中国特色农业产业化经营模式研究》，硕士学位论文，复旦大学，2009年。

主观性，并无统一标准，往往导致收购价格不能一致，另外，双方在“签订合同价格”与“实际收购价格”存在时间差，在此期间，农产品质量会因为降水、虫害等自然因素以及施肥、浇灌等人为因素而与预期目标有所出入，进而导致双方毁约现象层出不穷，加之农户小农思想严重，较多注重眼前利益，在市场行情好时往往将农产品直接销售于市场。这种情况下，合作经济组织便扮演着制约者的角色，对农户与企业的行为进行监督，制约二者的机会主义行为。

3. 合作经济组织带动模式的评价

合作经济组织带动模式的优势主要有：第一，专业合作社将生产同类产品的个体分散的农户集中到一起，并为他们提供销售渠道，有的还与龙头企业建立合作关系，签订收购协议，有利于产品的规模化、标准化生产；第二，合作社利用自身优势，市场灵敏度高，能有效整合资源，及时为农户提供信息，规避市场风险，保障广大农户的利益；第三，这种模式下的利益主体主要是合作社及农户，双方按照一定的规章，通过签订合同，规定权利义务，建立利益联结机制，真正将各市场主体联结起来；第四，以科技协会为依托，科技协会在农产品生产方面提供新品种新技术，有利于生产效率的提高和生产质量的保证。随着市场经济的不断发展，此种模式也逐渐演变出新型的股份合作模式，通过农户入股、召开股东大会、定期分红的方式实现了合作社管理的科学化和民主化，一定程度上改变了传统合作社利益分配不均的弊端，增加了个体农户的经济收益，发展壮大了合作社的整体效益。

此种模式也存在不足：首先，合作经济组织的稳定性比较差，社员间只能共享利益，很难共担风险；其次，合作经济组织以一个法人实体注册，但由于农户资金积累有限，因此在合作经济组织上的投入通常不多，导致合作经济组织资金积累缓慢，难以成长；再次，现阶段的合作经济组织多以技术交流为主，普遍存在规模不大、覆盖面小、实力薄弱、管理制度不健全、产业链条延伸不够等问题，难以取得让农户满意的效果。

（二）龙头企业带动模式——“企业＋农户”

1. 龙头企业带动模式的内涵

龙头企业带动模式主要是以龙头企业为主导，围绕一种特色农产品的生产和加工，将分散的个体农户通过购销合同或协议组织起来的规模化经营。农户以及园区负责提供原料，龙头企业负责产品的加工和销售，改变了传统农户个体分散经营的模式，降低了生产过程中的风险，将农产品从生产到销售的各个环节紧密联系起来，实现规模化发展，提高了经济效益。这种模式主要包括“公司＋农户”、“公司＋基地＋农户”和“骨干龙头企业＋中小企业＋基地＋农户”三种形式，共同特征是以农产品加工、储藏、运销企业为龙头，围绕一项产业或几种产品的生产、加工和销售，与生产基地和农户实行有机的联合，进行一体化经营。

2. 龙头企业与农户间的关系

龙头企业是我国农业产业化发展过程中出现的一类特殊的利益群体，它立足农业领域，将生产、加工、销售有机结合，实施一体化经营，以追求利润最大化为目的，具有引导生产、深化加工、开拓市场等综合功能，客观上起到带动农户增收、促进地区发展的作用。根据龙头企业与农户间联系方式的差异，可以把龙头企业带动型组织模式具体划分为以下三种。一是松散型，龙头企业与农户的联系较为松散，市场是联系它们的主要桥梁，龙头企业对农户生产的农产品进行直接收购，双方不签订合同，自由买卖，价格随行就市。除此之外，农户与龙头企业之间没有任何经济联系和经济约束，企业与农户之间的产品交易是纯粹的市场交易行为。二是半紧密型，企业与农户在自愿、平等互利的前提下签订具有法律效力的契约合同，明确双方的权责利，以契约关系为纽带进入市场，参与市场竞争。企业以合同价收购农户的农产品，该价格由双方根据平均生产成本加平均利润协商确定。这种契约联结方式能够比较均衡地兼顾企业和农户的利益，交易关系比较稳定。三是紧密型，龙头企业和农户结成统一的利益共同体，具有一定经营规模的农户以资金、土地、设备、技术等要素入股，成为加工、流通企业的有机组成部分，形成“资金共筹、利益共享、积累共有、风险共担”的利益共同体，参与企业的经营决策和利润分成；或是农业生产完全实行企业化经营，企业与农户的外部交易关系转化为企业内部的经营管理关系，生产原料的农户和进行加工的企业能够共同分享整个产业链的平均利润。①

3. 龙头企业带动模式的评价

龙头企业带动模式的优势主要体现在以下五个方面：第一，龙头企业作为市场参与的主体，对市场信息具有较高的把握，农户在龙头企业带动下可以获得更多的关于生产和销售的信息，改变过去与市场隔离的局面，避免盲目生产而出现的“买难”和“卖难”的情况；第二，龙头企业提供农户先进的生产技术和生产设备，保证了企业原料的质量；第三，龙头企业与农户通过签订规范化的购销合同来取代临时性的市场交易，二者形成了一定的利润共享和风险分担机制；第四，这种模式下的利益主体主要是龙头企业和农户，龙头企业作为中介，通过订单建立与外部市场的联系，农户通过合同或协议建立与龙头企业的联系，将个体农户与外部市场联系起来，实现了特色农业的产业化发展；第五，龙头企业吸纳一部分当地村民从事农产品的深加工，解决了部分劳动力的就业问题。

龙头企业带动模式也存在不足，主要表现为：相对于农户而言，企业在资金、技术、社会关系网络等方面具有优势，而农户资金薄弱，对企业具有一定的依赖性，在生产中处于弱势地位，这种地位的不对等往往会导致龙头企业在收购农副产品时压价而农户只能被动接受的情况，造成农户利益受损；② 当龙头企业与农户处于一种松散关系时，双方利益关联度较小，关系不稳定，交易活动易受市场影响。

---

① 参见牟大鹏：《我国农业产业化的运行机制与发展路径研究》，硕士学位论文，吉林大学，2010 年。

② 参见高启杰、蔡志强：《农业产业化经营组织模式分析与制度创新——兼用农村承包土地使用权的流转》，《中国农业科技导报》2002 年第 2 期。

（三）专业市场带动模式——“专业市场＋农户”

1. 专业市场带动模式的内涵

专业市场带动模式既联结生产基地和农户，又联结消费中心，以专业市场或批发交易中心为依托，通过为买卖、运销各方提供交易服务，带动区域性专业化生产，达到扩大生产规模、节约交易成本和提高经济效益的目的。① 专业市场带动型农业产业化组织模式主要有生产基地批发市场型、消费地批发市场型和消费地零售超市型三种形式。

2. 专业市场与农户间的关系

在专业市场带动农户的模式中，市场与农户的关系较为松散，缺乏契约的约束。专业市场作为连接农户与农户、农户与市场组织间的纽带，一方面农户之间可以利用批发市场互通有无，另一方面批发市场也为农户与批发商之间建立桥梁，农户可以面对多家批发商，实现自由交易，增加交易机会。而在专业市场中，并无其他中间商和经济体的干预，批发市场仅仅提供了农户与批发商之间的交易场所，因此买卖较为自由，关系也较为松散，是一种完全分散的组织模式。②

3. 专业市场带动模式的评价

专业市场带动型的优势主要有：其一，专业市场带动模式降低了农户进入市场交易的门槛，为农户的农产品销售提供了平台，使农户直接面向市场，从而调动了农户生产的积极性；其二，专业市场作为农户交易产品的场所，在一定程度上也为农户提供了市场交易信息，使农户生产适销对路的农产品，对农户生产种类和规模具有导向作用。

此种模式的不足主要表现为：首先，专业市场带动型具有市场经济的自发性、盲目性、滞后性，因此通过专业市场的价格信号来对农户传递的信息

① 参见熊晓晖：《农业产业化龙头企业资金支持模式研究——以江西省为例》，硕士学位论文，南昌大学，2009 年。

② 参见张绍丽：《我国农业产业组织的主要模式与绩效分析》，《新东方》2006 年第 6 期。

有一定缺陷，农户承受的市场风险较大；其次，专业市场中的农户是分散单独交易，缺乏组织性，因此交易费用较高；再次，专业市场对农产品质量没有严格的限制，农产品生产过程缺乏标准化和统一化，因此专业市场带动下不利于当地农业产业化的发展。

二、山西省农业产业化的发展模式

山西省自1995年在阳泉小康建设现场会上正式提出推进农业产业化发展以来，相继推出了一系列具体政策措施，调整农业生产结构和农村经济结构，积极促进龙头企业发展，加强农产品市场建设，逐渐涌现出合作社、龙头企业以及产业园区等新型农业经济组织，在农业生产的各个环节形成紧密联系，有效地推动了农业一体化和规模化经营。同时，山西省大力发展地方特色农业，基于不同地区独具特色的畜牧、杂粮、蔬菜、干鲜果、中药材等重点产业大力发展农业产业化，并在此基础上形成了中南部无公害果菜园艺经济区、太行吕梁两山干果杂粮生态经济区和雁门关生态畜牧经济区三大区域。纵观近些年来山西省各地农业产业化的发展历程，农村地区已经逐渐形成各自独具特色的产业化模式。根据各地区农业产业化发展特点以及参与者主体结构的标准，山西省农业产业化发展模式主要包括三种类型：合作经济组织带动型、龙头企业带动型以及产业园区带动型。

（一）合作经济组织带动型——以山西省临猗县为例

在中南部无公害果菜园艺经济区发展中，运城市形成了以“永济禽业，新绛、夏县蔬菜，万荣、芮城、平陆、临猗苹果”为代表的健康产业基地，其中临猗县最具代表性。临猗县的自然气候条件使其在发展果业方面具有独特的优势，随着“万保”牌苹果荣获国际金奖、“中华果都 · 山西临猗”的称号享誉全国，临猗成为山西省最大的优质水果生产基地，步入全国水果十强县行列。在果业发展中，临猗县积极响应山西省“一村一品，一县一业”

的战略方针要求，不断加大调整农业产业结构的步伐，加快农民利用合作社发展现代农业的速度，这使临猗县的农业生产面貌、生产方式、生产质量等都取得了长足发展。截止到 2018 年 6 月，全县累计发展合作社 2097 个，成员农户数 4.22 万户，占全县农户总数的 33%，[①] 合作社发展呈现出速度快、覆盖广、服务强、发挥作用明显等特点，在促进农业规模化经营、提高农业效益、增加农民收入方面发挥了示范带动作用，逐渐形成本地独具特色的“专业合作社＋农户”的果业发展模式。

“专业合作社＋农户”的方式将同类生产经营农户组织起来，形成利益联结体，共同进入市场。合作社在生产前负责安排农户种植的品种和数量，并统一为农户购买树苗、肥料，对农户进行前期的技术培训。在生产后有组织地收购和销售产品，与当地龙头企业、超市以及电商平台建立联系，形成稳定的销售渠道。[②] 以“专业合作社＋农户”的方式共同抵御自然风险和市场风险，实现了小生产与大市场的有效对接，提高了农户的收入，促进了当地果业的持续健康发展。

（二）龙头企业带动型——以山西省临县为例

在吕梁两山干果杂粮经济区发展中，形成了以“临县、柳林、永和、稷山、石楼”等为主要代表的红枣产业带，红枣是这些地区的第一产业，也是农民收入的主要来源，其中以临县最为有名。临县是全市最大的红枣生产基地县，截止到 2017 年，临县红枣种植面积高达 82 万亩，正常年产量达 1.8 亿公斤，产值突破 6 亿元，占全县农业总产值的 42%，面积和产量均居全国县级之首。[③] 随着临县县委、县政府在山西农博会期间大力举办“临县红

① 参见临猗县人民政府网：《县人大调研农民专业合作社发展情况》，2018 年 6 月 29 日，见 http://www.sxly.gov.cn/zwzx/ztzl/lhzt/rdzt/4794201.html。

② 参见中国农经信息网：《山西省临猗县农民专业合作社发展情况调查报告》，2013 年 3 月 30 日，见 http://www.caein.gov.cn/index.php/Index/Showcontent/index/bh/025/id/87521。

③ 参见搜狐新闻：《临县副县长在省城吆喝卖红枣》，2017 年 10 月 1 日，见 http://www.sohu.com/a/196038254_100008615。

枣”公共品牌发布会、“枣儿红了”红枣旅游文化节活动以及特色农产品进京宣传等活动，临县红枣再次“活”了起来，引起全省乃至全国人民的关注。近年来，临县县委、县政府围绕做大主导产业，做强县域经济，大力实施“红枣产业链延伸、互联网＋红枣销售”工程，全力打造“临县红枣”公共品牌。在红枣的生产加工过程中依靠红枣专业合作社和红枣龙头企业，延伸红枣的产业链，逐渐形成“龙头企业＋农户”的红枣产业发展模式。

龙头企业带动农户主要体现在以下三个方面：在收购方面，企业与枣农签订收购协议，并向农户提供一定的技术支持和服务，按照事先约定的价格和形式向农户收购农产品，使企业获得稳定的原材料供应，而农户在享受企业提供的服务的同时，履行合同义务，为龙头企业提供初级产品，获得一定的报酬；在加工方面，龙头企业积极探索红枣深加工技术，在红枣基础上生产出具有特色的枣酒、枣夹核桃、枣木香菇等新型产品；在销售方面，龙头企业与合作社积极依托“互联网＋”，与苏宁、王小帮等电商平台建立销售联系，实现了红枣生产、加工以及销售的一体化和专业化。

（三）产业园区带动型——以山西省山阴县为例

除种植业外，山西省北部地区大力发展特色养殖业，形成雁门关生态经济畜牧区，其中山阴县最具典型性。山阴县位于山西省北部，地处内长城雁门关外，奶牛养殖业是其主导产业，全县从1974年开始黄牛改良，实行“半农半牧”，将种植玉米和养殖奶牛相结合，经过40多年的发展，逐渐形成粮—牛—奶和蓄—沼—菜的循环发展模式，现已成山西省奶源集散地全国乳品加工示范县、全国产奶排名第15位的奶牛大县。山阴县乳业发展的优势在于自然气候条件适宜奶牛养殖、农户奶牛养殖经验丰富、引进国外先进养殖技术以及政府的资金和政策支持。同时，山阴县以产业园区为依托，探索出以党支部为领导核心的“党支部＋园区＋合作社”和以农牧业产业化龙头企业为引领的“合作社＋园区＋企业”两种典型的园区发展模式。

产业园区模式实行统一建档、统一防疫检疫、统一草料供应、统一养殖技术、统一挤奶销售、统一集中核算，以市场为导向，获取流通和加工服务等领域的利益，提高畜产品质量，实现集约经营与持续增收。产业园区的出现改变了当地传统的养殖方式，真正实现了奶牛养殖的机械化、规模化和专业化，有效地将个体农户与乳制品企业及大市场紧密联系起来，提高了养殖水平，推动了山阴县整体乳品产业的健康发展。

在山西省农业产业化发展过程中，逐渐形成了以临猗县为代表的农民专业合作社带动模式、以临县为代表的龙头企业带动模式和以山阴县为代表的产业园区带动模式。因此，基于三个不同的农业产业化发展模式，本书的第四章、第五章、第六章将从这三个具有典型代表性的县市出发，分析和阐述不同农业产业化发展模式下的农村人际关系变迁。

第四章　农民专业合作社生产模式下的新型农村人际关系

——基于对山西苹果之乡临猗县的调查

临猗县是农业大县、果业强县，全县150万亩耕地，林果面积达110万亩，水果品种有108种，年产各类水果50亿斤，面积和产量均居全国县级之首。[①]2015年，临猗县创建专业合作社1486个、示范社96个、联合社4个；注册51个水果品牌，"万保"牌苹果荣获国际金奖，"万腾"、"老吴"等被认定为山西省著名商标；建设211个"一村一品"专业村，苹果获得国家绿色食品证书、无公害水果产品标志和良好农业规范认证；举办"临猗苹果文化节"，被确定为国家级果品出口安全示范区，"果都临猗"影响力不断扩大。[②]2016年，临猗县着力打造"果品生产加工核心区"，农业现代化水平大幅提升：新发展合作社241个、联合社1个；入社农户4万户，带动非成员农户7万户；培育新型职业农民1188人，带动培训农民9万人次；举办第五届果品文化节、首届鲜枣文化节，苹果获得国家级生态原产地保护产品称号，"中华果都·山西临猗"的品牌享誉全国。[③]2017年，临猗县着力培育新型经营主体，果业提质增效明显，现代农业取得新进展：新发展合作社

---

① 参见临猗县人民政府：《在县委经济工作会议上的讲话》，2018年2月1日，见http://www.sxly.gov.cn。

② 参见临猗县人民政府：《政府工作报告——2016年8月28日在临猗县第十六届人民代表大会第一次会议上》，2016年8月29日，见http://www.sxly.gov.cn。

③ 参见临猗县人民政府：《政府工作报告——2017年3月19日在临猗县第十六届人民代表大会第二次会议上》，2017年3月22日，见http://www.sxly.gov.cn。

226个、家庭农场21个；新发展早中熟苹果1000亩，“万保”牌苹果荣获中国驰名商标；培育新型职业农民1075人，举办第六届果品文化节，致力于打造“国家级百万亩果品博物院”。①

第一节　农业产业化及农民专业合作社

一、农业产业化与农民专业合作社的关系

合作社是指人们自愿联合组成的自治性组织，以通过共同所有和民主控制来满足其经济、社会和文化方面的需求和渴望。1965年和1995年国际合作社联盟代表大会确定的合作基本原则为七项：自愿加入；民主管理，基层社坚持一人一票；资本报酬有限（社员认缴的资本最多只能得到有限的回报）；盈余除必要的提取外，应按社员与合作社之间交易额的比例返还给社员；提供教育、培训和信息；关心社区发展；合作社之间的合作提炼归纳为“自助、自治、自营”三项基本原则。②

2007年我国颁布施行的《中华人民共和国农民专业合作社法》，该法第二条规定：“农民专业合作社是在农村家庭承包经营基础上，同类农产品的生产经营者或者同类农业生产经营服务的提供者、利用者，自愿联合、民主管理的互助性经济组织。农民专业合作社以其成员为主要服务对象，提供农业生产资料的购买，农产品的销售、加工、运输、贮藏以及与农业生产经营有关的技术、信息等服务。”③ 农民专业合作社通过组织“散、小、弱”的单个经营农户，扩

① 参见临猗县人民政府：《政府工作报告——2018年3月22日在临猗县第十六届人民代表大会第三次会议上》，2018年3月24日，见http://www.sxly.gov.cn。

② 参见管爱国、刘惠译：《国际合作社联盟关于合作社定义、价值和原则的详细说明》，《中国供销合作经济》1995年第12期。

③ 《中华人民共和国农民专业合作社法》，法律出版社2006年版。

大经营规模，从而实现农业产前、产中和产后各个环节的联合和延伸。

农业产业化是现代农业的基本经营形式，其作用主要表现在吸收和加工农产品、延长农业产业链等方面，而农民专业合作社是实现农业产业化的组织形式和重要载体。在农业产业化过程中，农民专业合作社的功能主要在于为社员提供服务，并将合作社盈余按交易额返还社员。农民专业合作社利用规模效应，为社员购买性价比较高的农业生产资料，帮助社员统一销售、加工、运输、贮藏农产品，把分散的个体经营农户与整个农产品市场相衔接，一定程度上克服了个体经营农户弱小无助、市场信息不灵、种养殖盲目、加工能力弱小、农产品保鲜和运输不便、受中间商盘剥等一系列问题和困难，进而促进了农业产业化和现代化发展。同时，农民专业合作社是政府提供公共服务的桥梁，可以实施国家支持农业发展和农村经济的建设项目，开展农业生产基础设施建设、农业技术推广与培训、农产品质量标准与认证、市场营销等服务，能够弥补政府在提供有效公共服务方面的不足。

二、农民专业合作社

（一）我国农民专业合作社的发展历程

我国农民专业合作社是在家庭联产承包责任制实行的基础上，顺应农村市场经济发展和经济政治体制改革、国家政策号召和资金支持而产生的新型农业产业组织形式。一般来说，我国农民专业合作社的发展历程与农业商品化和市场化发展进程基本一致。目前，学术界将我国农民专业合作社的发展历程主要划分为四个阶段。[①]

1. 萌芽阶段（1978 年至 1993 年）

20 世纪 70 年代末，伴随着农村家庭承包责任制的实行，农业商品经济

① 参见孙亚范：《农业专业合作社利益机制、成员合作行为与组织绩效研究》，硕士学位论文，南京农业大学，2011 年。

开始发展，逐步形成了粮食生产与多种经营并存的新局面，一部分农村能人凭借专业技术水平、经营管理能力和社会关系网络等率先发家致富。在这些农村能人的影响和带动下，农村社会开始出现以生产技术交流和技术服务为目的的专业性或综合性的技术研究协会，这是我国农民专业合作社的雏形。据中国科协统计，1986 年全国农村地区有 6 万多个专业技术协会，1992 年发展到 12 万多个。

2. 起步阶段（1994 年至 1999 年）

进入 90 年代后，在科协和农业等部门的联合推动下，农民专业技术协会在全国农村地区获得了快速发展。这一时期的发展主要表现在两个方面：其一，农民合作的领域从单一的技术服务向产前、产后扩展，出现了以共同购买农业生产资料或销售农产品为目的的农民专业合作社；其二，除了农村能人和种植经营大户牵头兴办外，基层政府、农业技术推广部门、村集体和供销社等组织也开始领办各类合作经济组织。从总体上来说，这一时期的合作组织虽然在组织规模、活动内容、内部管理和合作方式等方面有了进一步的发展，但绝大多数组织仍然是以技术和信息服务为主的松散型组织。

3. 全面推进和稳定发展阶段（2000 年至 2007 年）

21 世纪以来，尤其在我国正式加入 WTO 后，农产品竞争由国内市场转向全球市场。为了促进农村经济发展、增强农业竞争力和增加农民收入，各级政府和相关部门加大对农民专业合作经济组织的引导和扶持力度，推动了农民专业合作经济组织数量的快速增长和服务功能的不断完善，部分组织内部制度建设逐步规范，合作组织在农村经济社会发展中的作用日益凸显。据农业部统计，截至 2006 年年底，全国入社农户 3486 万户，占全国农户总数的 13.8%，带动非成员农户超过 5000 万户。这一时期的农民专业合作经济组织，主要由农村能人和种植大户等领办，约占 70%；产业分布以种养业为主，约占 73%；活动领域涉及综合服务的约占 44.5%，涉及技术信息服务的约占 20%。总的来说，这一阶段农民专业合作经济组织的发展基础仍然相对薄弱，主要表现为缺乏正式法律法规的支持和保障。

4. 规范和快速发展阶段（2007 年 7 月至今）

《中华人民共和国农民专业合作社法》于 2006 年 10 月 31 日颁布，2007 年 7 月 1 日起正式实施，与《中华人民共和国农民专业合作社法》相配套的《农民专业合作社登记管理条例》、《农民专业合作社示范章程》等也相继发布并实施，同时，国家和地方政府陆续制定了一系列扶持农民专业合作社发展的政策措施。正式法律法规和政策措施的实施，既规范了农民专业合作社的发展，又改善了农民专业合作社发展的宏观环境，使农民专业合作社进入了规范发展的新阶段。2007 年至 2010 年三年内，农民专业合作社数量和入社农户数量分别增长了 12.85 倍和 81.35 倍。这一阶段，农民专业合作社数量快速增长，发展呈现加速态势。据第三次全国农业普查数据表明，全国农民专业合作社总计 90 余万个，农业生产经营单位超过 204 万个，规模农业经营户将近 400 万，农业经营户超过 2 亿。

（二）我国农民专业合作社的基本特征

《中华人民共和国农民专业合作社法》于 2017 年 12 月 27 日修定通过自 2018 年 7 月 1 日起施行，第一章《总则》中第四条规定："农民专业合作社应当遵循下列原则：（一）成员以农民为主体；（二）以服务成员为宗旨，谋求全体成员的共同利益；（三）入社自愿、退社自由；（四）成员地位平等，实行民主管理；（五）盈余主要按照成员与农民专业合作社的交易量（额）比例返还。"① 根据此项规定，我国农民专业合作社的最基本特征是自愿、自治和民主管理。农民专业合作社是基于共同利益联合起来的互助性经济组织，不同于其他经济组织追求利润的最大化，合作社追求的是公平与效益，对内服务，对外营利。

总的来看，我国农民专业合作社的基本特征是：在组织构成上，农民是农民专业合作社的主体，比例至少达到 80%。农民主要是指同类农产品的

① 《中华人民共和国农民专业合作社法（含草案说明）》，中国法制出版社 2018 年版。

生产经营者或者同类农业生产经营服务的提供者和利用者。在所有制结构上，农村家庭联产承包责任制是农民专业合作社的组建基础。在具体收益分配上，实行按交易量（额）分配和按股分红相结合。农民专业合作社对内是一个互助性组织，不以营利为目的，对外是一个经济组织，以营利为目的。在管理机制上，农民专业合作社实行民主管理的制度。民主性主要体现在入社自愿、退社自由，成员地位平等，一人一票制等方面。

（三）我国农民专业合作社的发展模式

当前，我国主要有以农民、龙头企业和政府组织等三个主体为控制者或创办者的农民专业合作社。

1. 农民主体为控制者或创办者的农民专业合作社

在以农民主体为控制者或创办者的农民专业合作社中，农民占据主导地位，主要划分为：农民社员组建的传统型合作社，能人或专业大户牵头组建的股份制合作社，村干部牵头组建的权威性合作社。具体来说，“农民专业合作社＋农户”的模式，社员之间的联系比较紧密，管理比较规范，比较符合合作社原则，存在的问题是真正按照合作社章程运行的很少。“能人或专业大户＋农民专业合作社＋农户”的模式，是指能人或专业大户利用其在生产、技术、经营、管理和销售等方面的优势，联合农户兴办的合作社，合作社的适应能力强，能有效降低成本，但股份相对来说比较集中，弱化了合作社的民主管理性。“村干部＋农民专业合作社＋农户”的模式，村干部有信息来源渠道，容易掌握国家政策，在农村有威信，号召力强，自身也具有一定优势，因此，合作社的凝聚力强，行动力有保障，但易出现权力集中和管理不规范等问题。

2. 龙头企业牵头组建的农民专业合作社

龙头企业牵头组建的农民专业合作社形成一种“龙头企业＋农民专业合作社＋农户”的模式，合作社一般由龙头企业控制和直接管理。在这种模式中，市场等风险主要由龙头企业承担，农户只需认真学习和掌握种养技术，生产出合格的农产品，这在一定程度上减少了农户经营的风险。同时，该模式实行产业化经营，借助品牌包装和产品宣传，营销能力强，销售市场广泛。但这种模式容易导致龙头企业主导农产品市场价格，农户处于被动支配地位，也存在契约的脆弱性和协调的困难性等问题。

3. 依托政府职能部门组建的农民专业合作社

这类农民专业合作社是科协、农业局、林业局、农技推广站等政府职能部门，利用自身资金、人才、技术和设备等优势，吸收有关部门和农民参股组建的。优势在于合作社的发展动力足，资金充裕、人才齐备、技术和设备先进，不足在于容易脱离农村发展实际，难以调动农民的积极性，成为形式化的存在。

第二节　临猗县农民专业合作社的发展

一、临猗县发展农业的条件

临猗县是典型的大陆性气候，气候温和，土壤肥沃，光照充足，灌溉便利，年平均降水量 508.7 毫米，日照 2271.6 小时，无霜期 210 天，农业生产条件得天独厚，每年的商品粮和商品棉曾分别占到全省总量的 1 / 7 和 1 / 8，素有“山西乌克兰”之称。①

（一）自然地理条件

1. 地理位置与地貌

临猗县位于山西省西南部，处于北纬 34° 58′—35° 18′之间，黄河

① 临猗县人民政府：《走进临猗——临猗概况》，见 http://www.sxly.gov.cn。

中游秦晋豫金三角地带，西临黄河，东望太岳，北屏峨嵋岭，南面中条山，地势平坦，无山无矿，是山西省的平川县。临猗的地貌分为黄土台垣和涑水平原两个地貌单元，是典型的地貌构造形态。黄土台垣又叫峨嵋岭，占全县总面积的50.96%，南部边缘海拔500米左右，北部边境海拔约600米左右，地势自北向南倾斜。涑水平原占全县总面积的46.5%，海拔360—400米，地势自东北向西南倾斜。[①] 从地貌上来看，临猗县地势相对平坦，便于开垦和耕种，为农业发展提供了丰富的土地资源，同时也有利于农业的规模化和机械化发展，为实现农业产业化创造了有利条件。

2. 农业发展资源

在气候条件方面，临猗县是暖温带大陆性气候，一年四季分明，冬季雨雪稀少，春季干旱多风，夏季雨量相对集中，但常有不同程度的伏旱，秋季一般多阴雨天气。日照时间充足，全年平均日照时数2271.6小时，总辐射量为123.9千卡/平方厘米。历年平均气温13.5°C，年平均最高气温19.7°C，极端最高气温42.8°C，为全省之冠。年平均降水量508.7毫米，降雨量以冬季最少，春季次之，夏季高度集中，秋季又明显减少。[②] 临猗独特的气候条件，充足的降水量和日照时间，适宜的温度，为其农业的发展提供了得天独厚的条件。

在水资源方面，黄河流经临猗县，河段全长29公里，多年平均流量为19512.2立方米/秒，是临猗县水资源的主要来源。涑水河在该县自东北向西南流过，流经楚候、城关、牛杜、嵋阳、庙上、七级6个乡镇，35个行政村，流域面积985.44平方公里，全长44公里。为了更好地实现农业灌溉，临猗县建成防渗渠道3751公里，管灌1983公里，滴灌、涌泉灌、喷灌等10个节水示范园区，发展高效节水面积30.74万亩，新争取黄灌用水指标1.22亿方(达到2.52亿方)，新增改善黄灌面积43.4万亩，达到110万亩。[③]

---

① 临猗县人民政府:《走进临猗——自然地理》，见 http://www.sxly.gov.cn。
② 临猗县人民政府:《走进临猗——自然地理》，见 http://www.sxly.gov.cn。
③ 临猗县人民政府:《走进临猗——经济发展》，见 http://www.sxly.gov.cn。

临猗县濒临黄河，便于农业灌溉，近年来水利设施的建设更为农业灌溉解决了后顾之忧。

在土地资源方面，临猗县总面积为1339.32平方公里，折合约201万亩，其中耕地150万亩，占总土地的74.63%，临猗县耕地面积约占全县总面积的3/4。①

（二）经济社会条件

1. 经济发展

临猗县辖9镇5乡2区，375个行政村，550个自然村，全县人口约56万。临猗县是传统的农业大县和新兴的工业大县。近年来，临猗县形成了小麦、棉花、林果三大生产基地，苹果、梨枣、石榴三条特色林带，化工、机械、针纺、食品和制药五大支柱产业，以及“两横五纵”的良好道路骨架。

在农业方面，临猗县主要生产小麦、棉花、苹果、葡萄、梨枣、石榴等，其中，酱玉瓜1915年获国际巴拿马博览会银奖，小平菇1990年获全国新技术新产品博览会银奖，红富士苹果1996年获全国名优产品博览会金奖，梨枣、石榴和白水杏获国家绿色食品证书和名牌产品。近年来，临猗县实现了由农业大县向林业大县的跨越，以苹果、葡萄、梨枣、石榴为主的林果业持续快速发展，林果面积突破100万亩，年产量达40亿斤左右，2004年迈入“全国水果十强县”行列。在林业方面，临猗县造林12.6万亩，绿化村庄212个、通道110公里，森林覆盖率达到37.28%，生态环境明显改善，林业防护效能整体提高。②在工业方面，主要生产化肥、三轮车、商用挂车、变压器、汽车、纺织品、果汁、果酱等，获得多项优质产品称号。

2. 文化风俗

我国幅员辽阔，各地有着不同的风俗习惯，这些风俗习惯构成了地方习俗，因此，在我国广大农村地区有着“十里不同风，百里不同俗”的说法。

① 临猗县人民政府：《走进临猗——临猗概况》，见 http://www.sxly.gov.cn。

② 临猗县人民政府：《走进临猗——经济发展》，见 http://www.sxly.gov.cn。

地方习俗是一个地方在历史发展过程中通过沿袭而形成的风尚和习俗，是一种社会习惯势力，反映了地方特色，尤其是当地人们的情感、心理、价值观和行为方式等，是地方文化的一个重要组成部分，也成为观察地方社会的绝佳窗口。[①] 地方习俗作为村庄文化的一个重要组成部分，也陷入了由农村社会转型带来的困境。以前村民对习俗非常重视，基本按照习俗进行活动，而不遵守习俗的村民有可能会成为当地人耻笑的对象。作为一个发展历史时期较长的县市，临猗县所辖的农村社区形成了许多有着自身特色的风俗习惯，使得各地的村庄文化更为丰富多彩。但是改革开放以后，在农村经济发展和人们思想观念转变的影响下，地方习俗的生存空间越来越小，遭受到了很大的冲击，有的风俗逐渐被简化，有的甚至面临被摒弃的危险。

在临猗县农村社会传统的仪式活动中，如婚嫁仪式、丧葬仪式、生命仪式等，礼仪和过程都比较隆重和繁琐，亲朋好友和邻里之间互相帮助，往往是一家办事，全村人义务帮忙。而在临猗县当前农村社会的仪式性活动中，更多的是简化的仪式，不再像过去那样隆重和热闹，同时专业的婚丧嫁娶团队取代了过去的邻里互助。邻里互助体现的是一种礼物性的交换行为，而将礼金多少作为衡量标准，更多的是一种工具性的交换思维。在农村，人们也越来越重视和在意礼金的多少、排场的大小、宾客地位的高低等，至于邻里之间的互帮互助已不再必要和受重视。简化的仪式庆典，人情味越来越淡，逐渐沦为一种变相隐秘的工具性敛财手段以及彰显财富和社会地位的方式，具有金钱和利益相关的属性。原本温情脉脉的邻里互助正在被逐渐侵入农村社会的理性观念所消解，人们之间更多的是一种利益关系，人际关系也逐渐呈现出理性算计的特点。

在非仪式性活动中，如春节、端午、中秋等节庆日，人们之间往往会互相拜访、互送礼物。而现在这种礼物交换和纯粹的情感互动已经逐渐减少了，人们开始用金钱的多少来衡量彼此之间关系的亲疏远近。同时，随着农

① 参见王沪宁：《当代中国村落家族文化——对中国社会现代化的一项探索》，上海人民出版社 1991 年版，第 134、135 页。

业产业化的发展，农村人口的流动速度加快，人口异质性程度提高，楼房居住方式渐渐增多，使得互送礼物和情感交流的行为逐渐减少，邻里间的情感联系变弱，冲突时有发生。在日常生产活动中，过去在春种秋收等劳动强度大的农忙时节，亲朋好友和邻里之间互帮互助，共同完成生产活动。而随着农业科技的发展、机械化和规模化的实现、人们思想观念的变化，村民之间的生产互助行为正在减少，逐渐演变为雇人帮忙和机械化操作，无偿的互帮互助正逐渐被有偿的工资制消解，农村社会的交换方式逐渐由礼物性的情感交换①向工具性的理性交换②过渡。

3.政策支持

近年来，临猗县围绕“精做农业”的思路，通过提高管理水平、市场占有率、深加工能力、组织化程度、农民科技素质和果业的综合效益，不断调整农业结构，优化农产品区域布局，发展壮大特色主导产业，“一村一品，一县一业”初见成效，涌现出了一批特色鲜明、效益较高且具有一定知名度的专业村、专业乡，初步形成了一批优势农产品基地和集中连片的产业区、产业带。

2016年，临猗县以“生产标准化、经营规模化、农民职业化、销售品牌化、基础设施现代化”为抓手，着力打造“果品生产加工核心区”，农业现代化水平大幅提升：举办第五届果品文化节、首届鲜枣文化节，投放宣传推介临猗苹果的广告（主要在中央七台和京沪高铁传媒），“临猗苹果”获得国家级生态原产地保护产品称号；修建各类防渗渠道213公里，新增改善水地面积8.3万亩；启动农田水利设施产权制度改革，稳步推进农村土地承包经营权确权登记颁证等工作；发放农机具补贴资金439.8万元。③

① 情感交换是建立在血缘和地缘等既有关系的基础上，通过日常生活中的人际交往不断发展而来，是一种长久而稳定的社会关系，主要是为了满足情感方面的需要。

② 理性交换是指个人在社会交往中与他人建立关系的目的是获得自身想得到的利益，这种关系被当作一种手段或者工具。

③ 临猗县人民政府：《政府工作报告——2017年3月19日在临猗县第十六届人民代表大会第二次会议上》，2017年3月22日，见http://www.sxly.gov.cn。

2017年，临猗县持续深化农业供给侧结构性改革，加快果业提质增效，现代农业取得新进展：实施果业“三改三减两推广”，开展“科学施肥惠万家”行动；持续推进果品品牌建设，在新疆霍尔果斯口岸、太原、运城等地开展果品推介会，在北京举办了第六届临猗果品文化节，在北京、上海、广州、太原等大中城市设立了10个果品直销窗口，在中央电视台、京沪高铁、大西高铁、太原机场等高端平台宣传临猗果品，全方位推进区域果业品牌建设，“万保”苹果荣获“中国驰名商标”称号；发放农机具补贴资金396万元。①

二、临猗县农业发展状况

（一）农业发展历史

临猗县位于山西省最南端，历史悠久，是中华农耕文明的发祥地，具有精耕细作的农业传统，是发展粮棉产业的优势地区。20世纪中后期，临猗县的商品粮和商品棉分别占到全省总量的1/7和1/8，是山西省的商品粮和商品棉基地。自20世纪80年代以来，临猗县不断进行农业产业结构调整，扶持苹果、葡萄等果业发展，逐步完成了由粮棉大县向果业大县的转型。目前，临猗县已经迈入全国水果十强县行列，苹果、葡萄、鲜枣、石榴等果园面积达到6.67万公顷，其中苹果4.67万公顷，年产水果200万吨，面积和产量居全国之首。② 临猗县农业产业结构呈现“3个70%”的特点：70%的耕地种植果树，70%的农民从事果品生产，农民人均纯收入的70%来自果业。果业已经成为全县的支柱产业和农民发家致富的“摇钱树”。③ 临猗县是农业大县和果业大县，近年来形成了以果业为主导、棉麦为补充的农业产

---

① 临猗县人民政府：《政府工作报告——2018年3月22日在临猗县第十六届人民代表大会第三次会议上》，2018年3月24日，http://www.sxly.gov.cn。

② 临猗县人民政府：《走进临猗——经济发展》，http://www.sxly.gov.cn。

③ 参见杨伟豪：《农业产业结构调整探索与思考——以临猗县为例》，《环球市场》2017年第22期。

业结构，农业内部结构趋于合理，农业逐渐实现稳步发展。

（二）农业发展现状

近年来，为进一步促进农村经济发展，临猗县逐步调整农业产业结构，开始走以果业为支柱、棉麦为补充、多品种共同发展的道路，取得了一定成绩，农业生产水平不断提高，农民经济收入持续增加。

1. 苹果产业发展

临猗县是全国苹果种植和销售大县，全县150万亩耕地中，苹果种植面积约70万亩。在临猗县西郊峨嵋岭台地J①乡，有300余亩苹果示范基地。基地合作社社长W先后两次远赴日本，学习和借鉴先进经验，取长补短。在苹果示范基地里，果树上建有三米宽、几十米甚至上百米长的防雹网，用于防止冰雹打砸和飞鸟叼啄；果园每隔几十米有一盏杀虫灯，生物防治，无公害处理，免去了农药杀虫环节，从根本上解决了果面农药残留问题；果园采用滴管灌溉，实现水资源节约；果园地表面铺满杂草，主要用于隔热和降热，同时增加有机粪，提高地表的促生力。先进的苹果种植技术让临猗县苹果产业能够在激烈的市场竞争中站稳脚跟，稳步发展。

2. 葡萄产业发展

临猗县M镇有一个十几里的葡萄长廊，园子门口挂着“大学生创业基地”、“H葡萄会所”、“葡萄合作社”三块牌子，葡萄庄园的园主是X村三组村民W。X村共有4000余亩土地，用于葡萄种植的有2300亩，品种以红提为主。农户们精耕细作，把土地当车间去经营，耙磨齐整，巧施农家肥，收入多的能达到亩产1.7万余元，收入少的也在8000元左右，2016年全村仅葡萄产业一项收入达2800余万元。②W非常自信地说，“我们的葡萄根本不愁卖，2015年秋季收获旺盛的时候，一天最多有23家客商来收购，

① 为尊重调研地和访谈对象的隐私权，本书对所涉及的具体乡镇和访谈对象等均采取模糊化处理，即以字母代替。

② 数据来源于对葡萄庄园园主W的访谈记录。

大多销往太原、陕西、四川和广州等地，也有 26 吨左右的葡萄出口印度尼西亚等东南亚国家”。

自成立以来，X 村的葡萄合作社一直将创造自主品牌放在首位，非常重视品牌效应，并于 2009 年成功注册了“HQ”商标。在实际运营过程中，合作社经营者始终坚持诚信经营，赢得了客商们的信赖，从而形成了稳定的客户群。同时，合作社经营者进一步挖掘产业文化内涵，延伸葡萄产业链条，发展创意果业、观光果业和采摘果业等新型产业，让“HQ”能够在激烈的市场竞争中占有一席之地，让合作社社员和普通农户的利益得到保障。

（三）农业产业化发展模式的选择——农民专业合作社

如前所述，临猗县农业生产条件非常优越。在农业灌溉方面，全县引黄灌溉和井水灌溉覆盖率很高，耕地有效灌溉面积占耕地总面积的 70.5%，是山西省各县域中水浇地面积最多和比例最高的县。在地形地貌方面，平原和台垣占全县土地总面积的 80.9%，土地平坦，基本形成了田成方、渠成网和路相通的高标准农田区，为农业的规模化发展和产业化经营奠定基础。同时，临猗县光照充足，热量资源丰富，全年无霜期长，植被覆盖度高，水土流失程度较低，满足了农业生产的可持续发展要求。在此意义上，临猗县委、县政府积极发挥和利用自身优势，将农业生产和农业产业化发展放在重要位置，并逐步优化农业产业结构，从粮棉大县转变为果业大县，提高了农业经济效益和农民收入，同时通过政策扶持、资金支持和成立农民专业合作社等方式加快推进全县农业的现代化发展。

目前，临猗县农民专业合作社覆盖农、林、牧等多个优势产业，初步形成了苹果、枣和粮棉三大现代农业示范区，同时县委、县政府积极争取农机国补资金，向购买农机的农户等发放补贴，并在果园种植区大力推广开沟机、施肥机和弥雾机等，使全县机械化率达到 50% 以上，有力地推动了农业现代化发展。截至 2018 年 6 月，临猗县累计发展农民专业合作社 2097 个，成员农户数 4.22 万户，占全县总农户数的 33%，合作社发展呈现出速度快、覆盖广、服务强、发挥作用明显等特点，在促进农业规模化经营、提高农业效益、增加农民收入方面发挥了示范带动作用，通过合作社和市场对接已经成为全县果品产业的一种成功模式。[①] 据临猗县Z苹果种植专业合作社负责人所说，目前合作社已经由单独组织生产发展到帮助社员采购生产资料、防治病虫害、田间管理、产品营销等全方位服务，因此，当地农户大多都已加入合作社，社员生产的苹果实行统一品牌、包装和销售，合作社全年销售苹果在3万吨左右。从一定意义上来说，规模化生产和区域化布局已经成为临猗县农业发展最大的特征，小麦、棉花、玉米、苹果、鲜桃、葡萄等已基本实现集中布局，规模化、组织化和品牌化的生产模式不断促进临猗县农业产业化和现代化发展。

近年来，为保证农民专业合作社更好地带动农业产业化发展，实现优势互补和信息共享，临猗县积极发展联合社，抱团闯果品市场，2015年成立4家联合社，2016年新增1家，合作社数量不断增加，合作社在农村果业发展、促进果农增收中发挥着越来越重要的作用。但在激烈的市场经济中，要提高农产品附加值和增加农民收入，关键是靠深加工和延长产业链，因此，龙头企业是一个重要保障。而临猗县的农产品大多还处在初级加工阶段，合作社以“农民专业合作社+农户”、“能人或专业大户+农民专业合作社+农户”、“村干部+农民专业合作社+农户”等三种模式为主，大型龙头企业较少，辐射面积较窄，层次较低。在此意义上，形成“龙头企业+农民专业合作社+农户”的产业化模式至关重要，这也是临猗县未来农民专业合作社发展的新趋向。

三、临猗县农民专业合作社的发展

2015年，临猗县创建专业合作社1486个、示范社96个、联合社4个，

① 临猗县人民政府办公室：《县人大调研农民专业合作社发展情况》，见http://www.sxly.gov.cn。

注册 51 个水果品牌；2016 年，临猗县着力打造“果品生产加工核心区”，农业现代化水平大幅提升，新发展合作社 241 个、联合社 1 个，入社农户 4 万户，带动非成员农户 7 万户，并培育新型职业农民 1188 人，带动培训农民 9 万人次；2017 年，临猗县着力培育新型经营主体，果业提质增效明显，现代农业取得新进展，新发展合作社 226 个、家庭农场 21 个，“万保”牌苹果荣获中国驰名商标，并培育新型职业农民 1075 人。

（一）农民专业合作社发展的典型代表

在对临猗县农民专业合作社调查的过程中，笔者了解到，临猗县不同合作社在注册成立之初的目的是有差异的，基本上可以分为共同购买生产资料、技术指导和销售农产品等三种类型。但伴随着农民专业合作社的发展成熟，临猗县目前大部分合作社已基本涵盖生产资料购买、技术指导和销售农产品等基本服务内容，并逐步形成了囊括产前、产中和产后各个环节的垂直化一体性服务体系，在推动农业产业化和现代化发展中发挥着重要作用。临猗县是果业大县，果业在农业产业结构中占据主导地位，因此，笔者选取以技术指导为核心的 Z 苹果种植专业合作社和以销售为核心的 X 鲜桃种植专业合作社为典型代表，以此来展现临猗县农民专业合作社发展状况。

1.Z 苹果种植专业合作社

临猗县 Z 苹果种植专业合作社成立于 2008 年 1 月，经过几年的发展，社员由成立时的 7 户发展到 205 户，遍及 6 个乡镇、50 多个村庄。合作社苹果种植总面积共 6000 余亩，种植的品种主要有红富士、新红星、嘎啦等。在发展过程中，合作社形成了一套完整规范的管理制度：在内部组织管理方面，合作社制定了详细章程，健全了组织机构，完善了理事长、理事、监事会成员选举办法，明确规定了社员的出资方式和出资额、权利和义务等；在生产经营方面，合作社坚持标准化生产，品牌化经营，严格实行“五统一”，即统一技术、农资、品牌、包装和销售；在服务内容方面，合作社建有农资供应站、冷库、果农培训中心、田间培训学校、物联网等服务设施，为社员提供多方面、全方位的服务。2013年，合作社向社员提供有机肥500多吨，农药10余吨，纸袋1000万枚；开展技术培训20多次，先后培训社员和果农4000余人次；总结推广了果园间伐（降密度）、重施有机肥、人工加蜜蜂授粉、果园种草（白山叶）、纸膜双套袋、生物防治病虫害、摘叶转果铺设反光膜、生产富硒文化苹果（苹果贴字）等8项技术。目前，合作社培养年轻技术骨干60余名，辐射带动果农1万余户，面积达10万余亩，取得了良好的经济和社会效益。①

作为合作社社长，W先后两次去日本考察学习，一次是学习日本种植苹果的技术，一次是学习日本"一村一品"先进管理经验。W说，"与日本'一村一品'的发起人平松守彦会面后，我个人认为有两方面经验值得我们借鉴：一是去掉中间环节，进行农超对接，实现合作社利润的最大化；二是加快土地流转，推动农业机械化和集约化发展，实现合作社统一管理和销售"。W苹果种植专业合作社是以技术指导为核心在工商部门申请注册的，因此，合作社经营者非常重视对苹果种植先进技术的学习和引进，并通过"ZD"牌商标的注册进一步扩大了合作社的市场占有率和影响力，也实现了合作社发展对农业产业化、农民增收和农村经济的带动作用。

2. X鲜桃种植专业合作社

S村位于临猗县J乡以东，紧邻省道万临线，西吴路穿村而过，交通便利，地理位置优越。全村耕地总面积4960亩，农业主导产业为油桃、苹果和棉花，村民年人均收入达到了1.6万元。2007年，S村被确定为新农村建设重点推进村。在此背景下，S村积极调整农业产业结构，充分利用自身优越条件，以鲜桃为突破口，致力于将鲜桃生产作为本村的特色主导产业。同时，为了解决单个村民种植过程中出现的销售难问题，进一步做大做强鲜桃产业，2010年，村支书D联合村民成立了合作社，对69户社员实施统一苗木供应和对外销售，并聘请专家指导，使社员有了稳定的技术

① 数据来源于对Z苹果种植专业合作社相关资料的整理归纳。

后盾。通过成立合作社，S 村形成了“合作社 + 基地 + 农户”的农业产业化模式，经营者和社员充分发挥合作社的优势，发展经纪人队伍，修建了可容纳 20 余家经纪人的果桃市场和恒温冷库，实现了产、贮、销一条龙服务和产业链的延长。2012 年，合作社投资 400 余万元，新建大型恒温冷库 6 座，贮存鲜桃量达 8000 余吨，延长了鲜桃上市的货架期，提高了鲜桃价格，增加了社员收入。同时，在鲜桃产业的带动下，S 村每年可以提供鲜桃包装、运输等工作，一定程度上解决了当地 600 余名剩余劳动力的就业问题。①

经过多年的不懈努力，S 村现种植高品质油桃 4000 余亩，年产油桃千余万公斤，基地化生产初具雏形。同时，在 S 村的带动下，周边农村纷纷效仿，形成了以 S 村为中心，辐射临晋、东张等十多个农村的油桃产业基地，种植面积达 10 万余亩，具备一定的规模效应。为了真正将 S 村油桃打向市场，在镇党委和镇政府的帮助下，D 尝试了“请名家、建名园、创名牌”的经营之路，定期请相关专家传授生产经验和管理技术，使油桃生产实现了基地化生产和集约化管理。在谈到 S 村发展前景时，社长 D 说：“我们的社员都很有干劲，也很团结，大家在合作社里，除了要遵守必要的规矩，也还是像以前那样互帮互助，只不过无偿的帮助少了，现在的村民多少都会在心里盘算自己的得失。镇里对我们的支持和帮助也很大，让我们可以‘撸起袖子加油干’。当然，作为合作社经营者就更得用心了，面面俱到才能经营好、管理好和发展好合作社。”X 鲜桃种植专业合作社成立之初是为了解决村民“销售难”问题，现已发展成为一个相对成熟且服务活动领域全面深入的农民专业合作经济组织，村支书 D 无疑发挥了重要作用。同时，不同于 Z 苹果种植专业合作社，社长 D 的特殊身份（村支书）让合作社的凝聚力增强，社员对合作社的认同感和归属感也较强，合作社的作用得到了更好的发挥。

① 数据来源于对 X 鲜桃种植专业合作社相关资料的整理归纳。

（二）农民专业合作社发展的积极影响及不足

临猗县农民专业合作社发展对当地经济社会产生了非常显著的积极影响。首先，合作社的成立推动了农业产业化经营，提高了农民的组织化程度；其次，降低了生产成本，一定程度上缓解了农户的资金压力；再次，加快了农业先进技术的推广应用，提高了农业生产效益；最后，为农户提供了统一的销售渠道，提高了农户的抗风险能力。自合作社成立以来，经济和社会效益凸显，促进了临猗县农村地区经济和社会的发展进步。

但同时，由于临猗县农民专业合作社处于发展期，各方面都不太成熟，仍存在一些亟须解决的问题：在体制方面，入社和退社的自由度较大、保障不明显，制度上的规定大多是“应该”，对社员的震慑力不够，规范性不足；在技术力量方面，虽然有科技人员和农民技术员，但仍需要加强合作社社员的技术能力，最重要的是新技术和新产品的引进和运用；在资金来源方面，合作社内部在一定程度上可以解决资金问题，但仍需要政府拨款支持，壮大合作社的力量；在农产品的销售方面，合作社虽有统一的销售渠道，但仍没有能力与市场直接对接，在价格博弈过程中仍然处于劣势地位。农民专业合作社的发展任重道远，需多方努力。

（三）农民专业合作社发展的未来走向

当前，我国农民专业合作社的数量已经达到百万余家，正处于由数量扩张向质量提升转变的关键时期，而实现联合是提升合作社质量的重要方式。联合社作为农业生产领域的新型组织形式，可以避免单个合作社相互间的恶性竞争，降低交易成本和费用，实现信息互通、技术互鉴和市场共享，扩大业务范围和规模效益，促进纵深经营，维持合作社的稳定发展，并对提高农业生产效率和专业化水平具有十分重要的意义。

从临猗县农民专业合作社发展现状来看，同类型单个合作社、一定区域范围内合作社占绝大多数，而同类型或跨区域联合社较少，仅有 5 家，因此，一定程度上弱化了合作社在带动农业发展和组织农民应对市场风险中的作用，合作社规模效益不足，结构尚需优化。临猗县W果品种植销售合作社联合社是运城市第一家果品产业联合社，主要从事各类果品种植销售业务。联合社现有52家果业合作社、农资企业、流通销售企业和科研院所加盟，拥有固定资产2000余万元，服务范围覆盖运城市7县1区3000户果农和优质苹果基地10万亩。① 近年来，联合社采用“互联网+市场”开展果品营销，取得明显成效，效益不断提升。因此，成立联合社成为临猗县未来农民专业合作社的新趋向。

第三节　精英参与下农民专业合作社发展过程中的人际关系分析

按照不同的发展主体可以将我国农民专业合作社划分为农村能人领办型、龙头企业带动型、政府或职能部门依托型等类型，其中，农村能人领办型农民专业合作社是目前较为典型的一种模式。② 农村能人领办型专业合作社是由农村社会中具有一定能力的种植大户、技术能人、农村经纪人③、村干部等牵头，联合周边村民组建的合作社。就临猗县农民专业合作社发展现实状况来看，能人领办型专业合作社居多，如Z苹果种植专业合作社、X鲜桃种植专业合作社等。因此，关注政治、经济、技术和社会等方面的少数

---

① 数据来源于对W果品种植销售合作社联合社相关负责人的访谈记录。

② 参见杨灿君：《“能人治社”中的关系治理研究——基于35家能人领办型合作社的实证研究》，《南京农业大学学报（社会科学版）》2016年第2期。

③ 本书所涉及的农村经纪人，既不是在农村基层自治组织中占据一定地位的村干部，也不指涉农民专业合作社的领办人和负责人等，主要是指那些常年在外从事果品交易，拥有广泛的社会关系网络，熟识果品采购商，能够代为收购和销售农产品，充当中间人角色赚取差价的少数村民。

农村精英在农民专业合作社发展过程中的参与行为，厘清精英和农户等其他参与主体之间的关系，是具有一定研究价值和现实意义的。

一、合作社精英参与过程中的人际关系分析

（一）生产过程中的精英参与

1. 生产资料投资者

生产资料是人们从事生产活动所必需的物质条件，是劳动资料和劳动对象的总和。其中，劳动资料是人们在劳动过程中所运用的物质资料或物质条件，最重要的是生产工具。在农村社会，现代化农业生产设备已经逐渐替代传统农业生产器具，不仅可以有效地提高农业生产效率和农产品质量，而且在一定程度上促进了农业产业化发展。在实地调查中，笔者了解到，为了实现合作社生产方便快捷，在社长带头引领下，临猗县 X 葡萄种植专业合作社统一建设标准化基地，合作社现建有 200 个钢架大棚，80 个竹木结构大棚，葡萄品种多样。同时，合作社社长积极争取国家和上级政府专项资金支持，带领社员，动员村民，在种植园区内修补和新建了多条道路，维修和完善了灌溉系统，不断加强合作社基础设施建设，推动合作社发展实现科技化、现代化。如：合作社建有全省第一家投入使用的自动购肥机，农户买卡后可自主选择所需化肥品种，方便快捷；2013 年，合作社投资建成一座病虫害区域观测场，有效监控和防治了病虫灾害对葡萄种植的影响，也减少了农药使用量，开始向生态无公害产品方向发展；2014 年，合作社投资 20 多万元建成集约化基质育苗棚。合作社社长向我们介绍道：“我们这冬天温度相对较高，建设标准化的基地，能多种一些，大棚里头也都有防虫网、黏虫色板等，病虫较少，还装有喷灌器，灌溉方便多了。之前合作社好多都是木头、竹子大棚，现在这些大棚都慢慢淘汰了，装成新的铁质大棚，更加结实、耐用。而且现在合作社里的机器都是全自

动化的，社员都很省心，两个人就能抵上以前八个人。”在合作社社长带头示范、社员积极配合、村民广泛参与的共同作用下，现代化生产设施投入使用，不仅提高了农业生产效率，也减少了人力使用，节约了劳动力资源。

在农业领域，劳动对象是有生命的动植物，获得的产品是动植物本身。在农业产业化的发展过程中，为了批量、快速获得优质农产品，合作社负责人率先提出和农户实施订单农业。订单农业不仅能满足合作社发展的原材料需要，也能够避免农户盲目生产，对于农业发展具有重大战略意义。临猗县C农副产品专业合作社在全县有30多个水果种植基地，通过和农户签订合同，实施订单农业，保证了果品加工原料的充足供应。C合作社负责人介绍说：“我们跟农户都签书面合同，全县现在有几十个村都是我们的生产基地。我们加工什么果品，需要什么原料，我们就通知农户给我们种什么。把种子给了农户，种好了，我们再统一收回来。这样，我们也不愁没有原料，农户也不用担心种上卖不出去，烂在地里。”

订单农业同时要求农作物必须达到合作社的收购标准。X葡萄种植专业合作社社长表示，集约化基质育苗棚就是由合作社先培育优质种苗，再交由农户种植，这样既保证了农作物种苗的充足供应，也可以保证合作社农产品的统一标准。同时，为保护农户经济利益，社长明确提出，对于新引进的品种，合作社只有通过试验田的成功试种，才能交由农户种植。如合作社于2015年推广新品种（主要是外购），推广面积达500亩，当时就是经过试验才进行推广种植，合作社主要是为了防止农户种植的盲目性和不必要的损失。当然，新品种的试种和推广不会是一帆风顺的，有些新品种的试种和改良就经历了一个漫长的过程。合作社技术人员Y说道：“2015年我们引进了一些新品种，合作社先在育苗棚培育，主要是看新品种适不适合种，待种植技术成熟后再向农户推广种植，以保证农户的产量和收入。有的新品种，种了好几年都不成功。合作社的作用就是自己先试，试好以后，知道怎么管理，如新品种适合哪种土壤，哪种肥料，灌溉量大小、时间、间隔，产量如何等，都得记录在册，然后向农户推广。之后，我们的投入量和产量能达到多少，这些定了以后，才能定价格。”

2. 土地承包与经营者

农村土地承包经营权的转让，是实现农业规模化经营的基础，也是发展农业产业化的必由之路，而合作社及其他经济组织作为拉动农村土地流转的重要载体，在这一过程中必须保证维护农民的权益、促进农业的发展和保持农村的稳定。在农民专业合作社发展过程中，为进一步扩大生产规模，实现规模效益，合作社负责人往往选择借助于土地承包和土地经营权流转。获得农村土地经营权，可以通过多种方式实现，租赁是其中一种。租赁土地不仅可以使合作社开展集约化适度规模经营，有效避免土地荒芜，也能够增加农民财产性收入，使农民享受到土地经营带来的效益，从而实现农村土地的合理有效利用。

获得土地经营权后，合作社除修建厂房外，主要是建设试验田（试验基地），试验田一方面可以试验新品种的适应性、特性等，另一方面可以培育种苗。合作社培育种苗首先保证了产品质量和规格一致，同时降低了农户种植成本。“去年修的这个集约化育苗棚，花了 20 多万元，是我们合作社的主要基地，也是为了给农户提供种苗、好苗。外头买的不放心，自己培育的放心，苗又好又便宜。有时从外头引进的也在棚里先试试，”临猗县 X 葡萄种植专业合作社社长如是说。

3. 生产技术提供者

科学技术是第一生产力。现代农业科学技术的应用，既是促进农业产业化发展的重要动力，也是推动传统农业向现代农业转变的关键，不仅能够引发农业生产的技术革命，也能实现人与自然的协调发展。在农业产业化的发展过程中，农民专业合作社经营者为了实现农业生产的高质量、高产量、高效率，会重视现代农业生产技术的推广和利用。

在利用现代科技的过程中，农民专业合作社经营者首先是聘请技术人员。临猗县 X 葡萄种植专业合作社聘请技术人员 10 名，其中专业科技人员

6 名，农民技术员 4 名。“农民技术员主要是我和会计等几个人担任，我在管理合作社发展的同时，有时也得负责农业科技的培训。”技术人员不仅可以定期向农户培训农业生产技术，指导农业生产，也可以处理生产过程中不断出现的新问题。同时，合作社也通过引进新技术促进自身发展。X 葡萄种植专业合作社通过引进新技术，推广新农药、新化肥，发展生态有机绿色农业。“直接引进已经发展成熟的种植技术，比起自己实验和推广农业种植技术来说，虽然失去了金钱资本，但是却节约了时间成本。”农业生产新技术的推广使用不仅使农业生产操作便捷、产量提高，也有利于形成良性生态循环，促进人和自然协调发展。在学习和引进农业科学技术的前提下，X 葡萄种植专业合作社还广泛地和科研院校、研究所展开合作。合作社与山西省农科院建立了合作关系，省农科院资助合作社建立试验基地，开发加工农产品。最重要的是，合作社负责人也认识到农业技术变革的日新月异："现在这个农业技术变得太快，像我们学会一个新技术，刚跟农民普及了，就又出来新技术，这新技术比刚学的那个产量还高，还得派人去学。种子也是一年一个样，年年不一样。"①

农户是农业生产的直接参与者，农户熟练地掌握农业生产技术，不仅能生产出质量合格的农产品，也能使农业生产更加便捷。因此，在农业产业化的发展过程中，农民专业合作社会经常组织农户培训或者外出学习，使之掌握先进农业生产技术。X 葡萄种植专业合作社从 2014 年开始派社员积极参加由政府主导的“国家十万新型职业农民”培训，至今已有 120 名社员顺利完成培训，领到国家承认的新型职业农民资格证。在 2015 年山西农业大学举办的为期四个月的培训中，合作社还派出年轻社员参加培训。同时，合作社也要求社员在思想上不断进步，提高自身素质，实施标准化生产。为农民群众提供专业的农业生产技术培训，是国家有力提高农民综合素质、推动“农民”由一种身份标签向正规职业转变的一项重要举措。

① 本段引用内容摘自对 X 葡萄种植专业合作社社长的访谈记录。

4.社员、员工管理者

《中华人民共和国农民专业合作社法》(2018年)第十九条明确规定:“具有民事行为能力的公民,以及从事与农民专业合作社业务直接有关的生产经营活动的企业、事业单位或者社会组织,能够利用农民专业合作社提供的服务,承认并遵守农民专业合作社章程,履行章程规定的入社手续的,可以成为农民专业合作社的成员。但是,具有管理公共事务职能的单位不得加入农民专业合作社。农民专业合作社应当置备成员名册,并报登记机关。”临猗县X葡萄种植专业合作社成立于2010年,成立之初社员不到10人,截止到2016年年底,入社备案的农户已达87户。近年来,在合作社负责人的努力下,合作社带动周边十几个村庄300多户农民,其影响力可见一斑。

在农民专业合作社社员管理方面,X葡萄种植专业合作社有一套属于自己的管理办法。如社员资格的准入和退出,合作社会给社员发放社员证,采用贴标签的方法管理社员,农经办的工作人员也会定期来合作社审定和检查社员的准入、退出情况,给社员证加盖印章。除此之外,定期召开社员会议也是管理社员的一种方法,X葡萄种植专业合作社一周内多次召开代表会,每次都会有十几个社员参加,且有详细的会议记录,社员对合作社的认可程度和满意程度非常高。

相比较于X葡萄种植专业合作社对社员的管理方式及管理态度,具有龙头企业性质的临猗县C农副产品专业合作社参照现代企业的方法组织管理员工。在管理员工方面,一般雇用工厂所在村的村民当工人,在工厂内部,配套有相应的工作制度及工作要求,对员工在工厂里和工作时间内的行为都有约束。但是,在具体的操作过程中,工厂是一个熟人社会,管理者和员工之间同处一村,相互熟识,因此,合作社负责人也会因具体情况从而采取适当温和的处理办法,契约关系里也不失人情。“合作社现在有90多个员工,都是我们村的,人员比较固定。社里也都有各种规定、制度和要求,员工得遵守,我(合作社负责人)也遵守那些规定,要不没法管理。但是,我和员工都是一个村的,平常犯了错,也不会太严厉处罚,一般就是私下里说几句

‘要注意、不要再犯’之类的话，否则让人丢了面子，我也挺过意不去的。”

在管理过程中，协调社员和员工之间的人际关系也是农民专业合作社经营者的一项重要内容。人际关系是人为满足生存和发展的需要而在相互交往中形成的全部社会关系的总称，它产生于人们的日常生产和生活之中。① 人际关系对于合作社发展之所以很重要，是因为和谐的人际关系有利于经营者及时了解合作社出现的各种情况，掌握及时、准确、可靠、有效的信息，从而作出正确的应对策略。同时，人际关系的和谐也有利于团结广大企业员工和农户，调动员工和农户的生产积极性，创造出一种宽松愉悦的工作氛围，减少人际关系摩擦造成的“内耗”，从而获得高效率生产。C 农副产品专业合作社负责人介绍：“员工关系都挺好的，毕竟是一个村的，大家乡里乡亲。白天在社里上班，下了班回家还都是邻居，好多人都住的前后院子，有的还是亲戚。大家基本都是上班一起来，下班一起回。”

5. 村两委联系者

农民专业合作社的主要生产经营场所在农村，因此，其日常活动不可避免地会与村两委发生交集。村集体对合作社发展的态度如何、村集体与合作社经营者的关系如何等，都在一定程度上影响着农民专业合作社的生存和发展，村集体的支持是农民专业合作社发展的重要条件。据临猗县 X 葡萄种植专业合作社负责人回忆，“合作社刚成立那两年，运营比较困难，两委会的领导不支持我们，村民也持观望态度，也有一些恶霸势力阻碍合作社运营”。为了改变村集体不支持合作社发展的困难局面，合作社负责人作出了很多努力。后来利用村庄换届选举这一契机，在合作社负责人、社员和受益于合作社发展的村民的合力下，合作社的会计成功当选村支部书记。“在前年村里换届选举，我（合作社负责人）发动社员和一些村民支持 ××× （合作社的会计），而且她是党员，我们就选举她当村里的书记。后来选上了，我们合作社的发展顺利了好多，各方面都基本认可和支持我们。我们会计是

① 参见崔燕改、丁利锐：《从社会学视角看传统人际关系》，《沧桑》2008 年第 3 期。

书记，她在一定程度上也给合作社发展提供便利，主要是上级政府的政策支持、资金扶持，整治村里恶霸势力，向村民宣传合作社等。近两年，政府支持合作社发展，政策也开始倾斜，而且村民在合作社里赚了钱，享受到便利，也纷纷参与和支持合作社发展。”

6. 政府沟通者

国家力量是我国农民专业合作社获得发展的重要驱动力。在农民专业合作社发展过程中，政府及其工作人员与合作社经营者时常发生直接或间接联系，从而决定了合作社经营者必须承担政府沟通者的角色。在政策指导基础上，政府部门作为市场正常运行的维护者以及农业产业化发展的支持者，为掌握地方农业产业化发展的情况，也会主动与农民专业合作社经营者寻求沟通，了解合作社发展情况。临猗县C科技专业合作社负责人说：“我办这个合作社，推广农业知识，中国科协和财政部还给我发奖了，对合作社也是寄予厚望。省里和县里的领导也来合作社视察调研，这也是对我们合作社的一种支持和肯定。”除政策指导和政府领导视察调研外，政府也会采用财政补贴的方式扶持农民专业合作社的发展，如资金补贴，提供农业发展所需的器具、场所等。在访谈过程中，我们了解到，享受国家政策支持，申请财政补贴、税收优惠和专家帮助等，都需要农民专业合作社先立项目，提交申请报告。同时，我国近年来不断完善审批制度，申请程序也更加严格规范。在此意义上，合作社的负责人更应发挥自身的优势，带领合作社向更好、更规范的方向发展。①

（二）流通过程中的精英参与

1. 中间商联系者

中间商是商品交换的媒介，是存在于生产者与购买者之间的经济组织或个人。随着改革开放以来农村经济和政治体制的逐步改革，市场经济逐渐渗

---

① 据后期访谈资料整理，目前临猗县大部分农民专业合作社在申请国家和地方政府资金等支持方面，仍存在一定困难，主要表现为手续多、耗时长、难通过。

透到农村社会，农村传统的自给自足的小农经济逐渐解体，农民和农村被纳入到市场环境。但“小、散、弱”的农民在应对激烈的市场竞争时，其力量对比无异于“以卵击石”，尤其是在市场信息的获取、农产品的价格和销售等方面。在此意义上，中间商在当前农村社会有一定的生存和发展空间，且多数由社会关系网络广泛的农村经纪人担任。具体表现在：第一，农村经纪人可以在农户和采购者之间搭建桥梁，传递信息。农村经纪人从农户手中购买农产品并向采购者销售时，会向农户介绍采购者需求以及相关市场信息，同时也会向采购者介绍农户产品的情况和特点，这就在无形中为农户和采购者架起沟通的桥梁，在增强农户之间竞争的基础上促进了农产品的改良和农产品质量的提高。第二，农村经纪人可以提高销售效率。农村经纪人长期从事果品交易，熟识的农户和采购者较多，社会关系网络广泛，是农户和采购者之间沟通的桥梁。一方面，农村经纪人可以使农户和采购者之间建立联系，降低了采购者寻找农产品的时间成本；另一方面，农村经纪人可以帮助农户将产品销售给采购者，使农户免除后顾之忧，安心生产。第三，农村经纪人可以代为收购和销售农产品，在一定场合中扮演着农产品质量监督检查者的角色。农村经纪人在联系农户时，会提前考察农产品的生产状况、质量标准等，在向采购者销售前，也会对农产品进行筛选和抽检，在一定程度上保证了农产品的质量。

就临猗县农民专业合作社发展状况来看，大部分合作社负责人借助自身在政治、经济和社会关系等方面的优势，扮演着中间商联系者的角色，通过与农村经纪人沟通、协商、合作，进而保证社员的农产品能够以相对合理的价格销售出去，为社员和合作社带来经济利益。最典型的是X鲜桃种植专业合作社，成立之初是村支书为解决村民鲜桃的销售问题，后期逐步发展成为一个涉及农资、技术和销售等环节的农民专业合作社，对本村及周围农村的带动力和影响力很大。其中，村支书D是合作社的领办人，D支书凭借自身的政治权威和社会关系网络等稀缺资源在合作社发展壮大中发挥了关键作用。

X鲜桃种植专业合作社负责人通过搭建交易场所、聘请代理商、签订购销合同等措施，为社员统一销售产品，而在交易完成后，社员需要向合作社缴纳服务费用。合作社负责人之一 W 说明了服务费用的收取方式："以社员卖出的鲜桃总量为准，我们合作社规定每十斤缴纳'3 分'钱，再按照 1∶1∶1 的比例进行分配，即合作社收取'1 分'作为管理服务费用，农户收回'1 分'作为交易返还，中间商收取'1 分'作为报酬。"通过中间商搭桥、合作社统一销售的方式，合作社鲜桃交易量逐年增加，鲜桃的销售渠道趋于稳定，社员和合作社的收益也有了一定保障。但合作社负责人之一 W 也表示："按照 1∶1∶1 的分配方式，社员稍微有点吃亏。也有不少社员来找我们说理，说自己辛辛苦苦一年下来也挣不了多少钱，完了合作社分红还让中间商和自己的份额一样，觉得很不公平。大部分社员认为中间商确实帮了不少忙，但大家都是一个村的，乡里乡亲，稍微分点钱表示一下就行，没必要那么多。"对于绝大部分农民来说，中间商仍是生活在同一地域范围内的本村人，相互之间提供便利和帮助是理所当然，而作为回报应当支付中间商一定报酬，但报酬的多少是要在考虑相互间的人情关系等的前提下计算和支付的，不是各取所需的纯粹意义上的经济交换。完全意义上的理性经济人在当前农村社会依然难以扎根和生存。

2. 销售市场开拓者

对于单个农户来说，在农业生产经营中最关注的是产品的销售问题。农民专业合作社作为新型农业经营主体，应该充分发挥其在开拓农产品销售市场中的重要作用。笔者在对临猗县多个农民专业合作社调研的基础上，通过整理和分析调研资料，将农民专业合作社及其经营者在开拓销售市场中采取的方法概括如下：

第一，提高农产品的质量和知名度，增强农产品的影响力，注重品牌效应。提高农产品品质，实施品牌战略是增强农产品市场竞争力的有效途径，也是经营者开拓销售市场的主要手段。临猗县 X 葡萄种植专业合作社经过多年发展，合作社产品逐渐被消费者和消费市场认可，其葡萄种植基地被评为"葡萄标准园创建单位"，获得了无公害农产品认证和产地认证，正式成为省级葡萄种植基地，并注册了自己的商标，提高了合作社葡萄产品的知名度和影响力，一定程度上开拓了销售市场，畅通了销售渠道。合作社负责人之一Y介绍说："我们这个葡萄种植基地现在也是省级的了，葡萄产品也都有无公害认证。我们和社员、其他农户现在都意识到种植的产品一定要形成'品牌效应'才能拓宽利润空间、增加收入。我们这个品牌的影响力还是可以的，注册也有几年了。现在葡萄装车外销的时候也用塑料筐厂做的葡萄筐进行统一包装，还是挺漂亮的。"

第二，及时了解市场信息，把握市场导向，生产适销对路的农产品。随着市场经济在我国农村的不断发展，尤其是在果品买卖市场上，"顾客至上"已经成为农民专业合作社和普通农户共同的生产理念，"顾客"（特别是采购商[①]和农村经纪人）的需求就是市场的风向标，准确把握风向标的导向，占领销售市场等显得格外重要。临猗县C农副产品专业合作社通过建设标准化基地，搞设施农业和订单农业，并积极引进和实验新品种，创造出很多符合市场需求的产品，极大地迎合了消费者心理，满足了消费市场的需要。该合作社农产品加工方面负责人介绍说："我们刚开始接收日本的订单，但是日本标准太高，合作社的很多制成品达不到人家要求的标准，所以很多产品都浪费了，后来就放弃这方面的订单了。我们也和台湾方便面厂合作过，做方便面的风味包，结果还是不行。最后我们就决定将范围缩小一点，先从咱们的省份做起，了解人们需要什么。现在看来果品的初加工还是很有市场的，相较于果品的直接销售，加工产品存放期长，销售时间和地点等的限制也少了，产业链的延长也使利润空间进一步扩大，合作社、员工和农户的利益也都有了保障。"

第三，实行网络化经营，运用网络平台，拓宽农产品的销售渠道。网络

① 在实地调查过程中笔者了解到，在农产品的收购和销售过程中，采购商的话语权和影响力非常大，收购价格、收购数量、收购标准（主要指农产品的大小、"红色"所占面积、形状规整和损伤程度等）、收购时间等几乎都是"一言堂"，合作社和普通农户一般也是积极迎合采购商的要求，很少联合起来提出自身的需求。

的出现，一定程度上改变了过去面对面的传统交易方式，各种网络交易平台和电商等为农民专业合作社销售农产品提供了一个全新的途径。在临猗县，许多农民专业合作社顺应信息时代发展特色和自身发展需求，建立网络信息平台，推广电子商务，实行网络交易。临猗县X葡萄种植专业合作社为适应市场发展和网络化经营的新要求，适时成立了生产资料专卖店和销售网站，使合作社的葡萄销售渠道得以拓宽。“现在不懂网络不行啊，咱们合作社自己就办了个销售网站，在网上卖葡萄。但是葡萄不能卖得太远，一是别的地方也有卖的，竞争力大，运输成本也高；二是葡萄不像粮食，坏得快，只能在近处卖。另外，合作社花了将近15万元为我们（合作社社员）修了个交易市场，就在合作社自动购肥机旁边，那也能卖，而且不收钱。到葡萄收成的时候，咱们合作社一天的日交易量在3万公斤左右。”合作社Y姓社员如是说。网络在农村社会的推广和普及，为农民专业合作社和普通农户销售农产品提供了全新的方式和途径。在农业生产的各个环节中，人们不再局限于传统的面对面的沟通交流方式，通过网络这一媒介就可以实现市场信息的获取、生产资料的购买、农业种植技术的学习、农产品的销售等，既为农民提供了便利，节约了生产、时间和精力成本，也为农民更加充分地参与农业生产的各个环节提供了可能，改变了先前农民相对落后、封闭和孤立的农业生产活动。

在《日常生活中的自我呈现》一书中，戈夫曼指出，世界是一个大舞台，生活就是演戏，表演者最关心的是留给观众什么样的印象。[①] 农民专业合作社的经营者在农业产业化经营过程中，依靠外在的布景道具和自身的言谈举止，通过在不同场域中面对不同的交往对象，扮演着形象各异的多元角色，从而实现了自身在农民专业合作社发展过程中的积极参与。农民专业合作社经营者在合作社发展过程中占据了重要地位并发挥着关键作用，经营者在农业生产和流通过程中承担着多重角色，他们对不同角色的扮演要求和行为规

① 参见［美］欧文·戈夫曼：《日常生活中的自我呈现》，黄爱华、冯钢译，北京大学出版社2008年版，第242—245页。

范都有清晰明确的认识，并内化于心和外显于日常行为选择中。然而，经营者参与农民专业合作社发展的过程并不是一帆风顺的，会遇到诸如地方政府政策资金支持力度不足、村两委不支持合作社发展以及合作社成立初期的规范性差等困境。因此，处理好不同角色之间、不同角色和农户等其他参与主体之间的关系，实现他人对合作社经营者的角色期待，对农民专业合作社发展和经营者自身至关重要。

二、精英参与合作社发展对农民主体的影响

在临猗县农民专业合作社发展过程中，农民作为参与主体之一，占据着重要地位并发挥着关键作用。同时，农民专业合作社的发展对农民主体也产生一定影响，主要表现在农民经济收入、农民联系密切程度和农民身份转变等三个方面。

（一）农民经济收入提高

脱贫致富一直是农民的梦想，作为农业产业化经营模式之一的农民专业合作社，其最直接的效应就是帮助农户脱贫致富。首先，农民专业合作社的发展一定程度上扩大了生产基地规模、延长了产业链，在保障农产品价格稳定的前提下实施订单农业，既保证了农产品的销路，也增加了农户的收入；其次，农民专业合作社的发展可以增加就业机会，使农民获得工资性收入，最典型的是“龙头企业＋农民专业合作社＋农户”的生产经营模式，农户既是企业生产原料的提供者，也可以成为企业的雇用员工；最后，农民专业合作社经营者投入资金等组织社员参加培训和学习，提高农民的知识文化素养和生产技能，可以有效拓宽农民的就业渠道，带动农民增收。

临猗县X葡萄种植专业合作社2016年葡萄交易量突破2000万斤，社员户均年收入达6万余元，相较于非社员多出2万余元，社员收入最高者达10万余元。“合作社社员现在一年收入平均五六万吧，合作社给了我们（合

作社社员）这个平台，挣多挣少主要还是看自己，种得多挣得就相对较多。其他村的也跟我们一起种，我们这大棚越来越多，农民挣得也越来越多。”通过组织农户走向联合，组建农民专业合作社，发展农业产业化经营，X葡萄种植专业合作社使社员尝到了增收的甜头。“以前就靠种地，一年到头挣不了多少钱，后来农闲时就去城里打工，一年很累也挣得不多。现在我们（合作社社员）加入合作社，基本上就种葡萄，种得好卖得好，一年下来能挣不少钱，人也轻松，不用城里村里来回跑。”

（二）农民相互间联系加强

我国自20世纪80年代农村政治经济体制改革之后，伴随着人民公社体制的瓦解、村民自治制度的建立和家庭联产承包责任制的实施，人民公社、生产大队和生产小组的垂直化基层政治权力组织形式在农村社会逐渐弱化和消解。2006年农村税费改革，各种强制性集资摊派、共同生产费等予以取消，占乡镇政府和村委会收入绝大部分的财政制度外收入几乎全部消失，村委会对村民的组织动员能力逐渐下降，村干部与普通农民之间的联系也随之减少。与此同时，社会的快速发展吸引了大量农村剩余劳动力进城务工。在此背景下，我国农村出现了“兼业小农户”（农忙时从事农业生产，农闲时外出打工），农民相互间联系程度也随之降低。由于“散、小、弱”的农户缺乏自我保护和维权的能力，难以抵挡市场风险的冲击，从而造成我国农业发展停滞不前。在临猗县X葡萄种植专业合作社成立之前，农户遭遇的生产资料价格上涨、葡萄滞销、葡萄收购价格下跌、采购商蓄意压价和中间商拖欠尾款等是最主要的表现。农业生产经营的现实状况说明单个农户难以抵挡来自市场等各个方面的风险，提高农民的组织化程度关乎农业发展全局。

在种植大户、技术能人、农村经纪人和村干部等精英参与农民专业合作社发展之后，各种专业合作社的成立使“散、小、弱”的农户走向联合。临猗县X葡萄种植专业合作社成立之后，采取“生产在家，服务在社”的经营模式，使原来分散经营、个体经营的农户走向联合。合作社平均每周召开一次代表大会，每次会议有十几个社员参加，社员们在会议中畅所欲言，为合作社更好发展提出多项有效意见和建议，且每次会议都有详细的会议记录。同时，合作社成立之后，在产品销售环节，尤其是面对采购商的时候，社员可以联合起来一致对外，增强了社员在谈判议价中的话语权和影响力，更好地维护和实现了社员自身利益，也有利于合作社的进一步发展。“散、小、弱”的农户走向联合，不仅有效地提高了农民的组织化程度，也增强了农户谈判议价和维权的能力，真正实现了农户自身的需求偏好和利益诉求，同时进一步促进农民专业合作社和农业产业化发展。

（三）农民身份发生转变

在我国，“农民”一直是一种身份标签。农民进城务工，为城市建设与发展作出巨大贡献，但却因户籍制度、政策倾斜和社会歧视等原因难以融入城市，成为游离于城乡夹缝中间的边缘群体。同时，农业产业化和农业现代化发展要求农业从业者具备一定的知识文化素养和生产经营能力。因此，逐步消除“农民”这一身份标签，培育新型职业农民，吸收具备现代农业理念的高素质人才成为农业发展的当务之急。

在2012年的中央一号文件中，国家首次提出“大力培育新型职业农民”，这是我国重视“三农”问题，推动农业产业化和现代化发展的新的战略决策，也意味着“农民”已不再是一个身份标签，而是一种职业类型。从严格意义上讲，职业农民不是一个与生俱来的先赋角色，而是一个后天习得的自致角色，具有专业化的特点。在此意义上，农业从业者要发展成为职业农民，不能仅仅依靠单纯的农业生产经验，同时应该学习基本的科学文化知识和现代农业管理办法。在现代农业发展过程中，要实现农业产业化，提升农业竞争力，离不开新型职业农民的支撑，而新型职业农民也只有不断地提高自身知识文化素养和农业管理技能，才能在市场竞争中稳定立足和占据主动。

在农业产业化发展过程中，农民专业合作社投入大量资金学习农业生产技术，并有意识地在员工和农户中普及，不仅可以有效地提高农民的科学文化素养，提升农民的生产劳动水平，拓宽农民的就业空间，也是推动“农民”由身份标签向正规职业转变的重要途径，对于新型职业农民的培育具有十分重要的意义。临猗县 X 葡萄种植专业合作社自 2014 年起陆续选派农户外出学习农业生产技术，参加由政府主导的“国家十万新型职业农民”培训，领到了国家承认的新型职业农民资格证。该合作社负责人 W 提到：“我让社员参加新型职业农民培训，一是想社员学点知识和技能，开阔眼界；二是为了合作社发展，社员有了证书，合作社在申请贷款和项目上也有优惠；三是响应国家号召，多培养新型职业农民，让农民真正‘富’起来。”相较于国家颁发资格证书承认新型职业农民身份，农民在各类培训和学习当中真正掌握科学文化知识和农业生产技术才是更为重要的，这也是培育新型职业农民更为实质性的内容。该合作社社员表示：“合作社之前组织我们参加培训，通过最后考核的还给发了证书，我们都成了有‘从业资格证’的农民了，心里美滋滋的。村里不少人都挺羡慕我们的，眼红我们能学到他们没接触过的东西，有时候还要求我们给讲一讲学习的内容，请教我们种植‘技巧’，不再像以前一样认为加入合作社没用了。我们也跟着合作社沾光了，有了国家颁发的资格证书，在村里‘地位’都不一样了。”

从“散、小、弱”的单个农户到组织化的联合农户，从传统农民到新型职业农民，从单纯的农业生产经验到现代化的农业生产技术，这其中蕴含的变化不仅仅是形式上的联合、身份的转换和技术设备的更新，更重要的是发展理念、文化观念、价值追求的重塑和升级。农村社会中的“互惠”，不再局限于传统的生产生活上的互帮互助，而是在农民专业合作社发展过程中有了新的表现形式：农户从合作社获得了种子、化肥、农药、农机等生产资料和工具，生产成本降低，销售渠道拓宽，出售价格得到保证，一定的利润分红等都增加了农户的经济利益；合作社从农户处获得土地经营权，保证了合作社的生产规模，同时获得一定的收入用于合作社的日常经营和运行，合作社经营者也在与农户的互动交流过程中获得更多的认可和支持，经济社会地位得以提升。

三、精英参与合作社发展对农村社会的影响

在当前农村社会中，精英参与下的农民专业合作社发展对农村原有的政治结构、文化生活、人际关系和农村城镇化进程等产生了深远影响。

（一）挑战农村政治精英的权威

在我国传统农村社会中，农村的直接治理者是村庄的政治精英，政治精英在村庄中拥有绝对的权威。作为地方的委托代理人，政治精英的身份被村民所承认，被承认的身份拥有时间上的延续性和空间上的扩展性，影响着农村社会内部和外部拥有不同身份的个人、群体和组织，从而形成了特定的政治形态和文化氛围。新中国成立后，政治精英作为国家在农村的代理人和直接管理者，积极响应国家政策号召，在农村社会内部完成各项税费的征缴、计划生育政策的落实等事务。

伴随着改革开放和农村税费改革，村民对村集体的依赖程度降低，和村庄治理者的联系减少，村庄政治精英的权威逐渐被削弱。与此同时，在市场经济和农业产业化快速发展、国家政策号召和大力支持的背景下，农村社会中一些善于经营、抵御市场风险能力较强的人利用当地资源，组织农户走向联合，成立农民专业合作社，带领村民共同致富，成为农村社会中的经济精英。当农村社会中的政治精英和经济精英[①]没有形成利益联盟，抑或政治精英和经济精英身份未发生重合时，经济精英和社员、普通农户联系的逐渐增强会使其在村落社会中的影响力越来越大，进而在无形中挑战政治精英的权威。“我们合作社的理事长非常厉害，他自己原先种葡萄种得很好，技术精，规模大，赚了不少钱，子女也都安顿好了，是可以舒心地安度晚年的。但他

① 本书中的政治精英主要指在农村基层党组织和自治组织中占据一定地位，即依赖于正式的农村治理体制而专属于村干部的身份标签，也包括并未被纳入正式体制却因为占有和支配一定资源而分享这一权威身份的人员。经济精英主要指涉自身拥有一定的经济实力和人力资本（主要是经营能力、管理能力和专业技术水平等），并在农村经济发展过程中发挥重要作用的人员，包括种植大户、农业技术人员、农村经纪人等。

那个人坐不住，一闲下来就发慌，所以50多岁的人开始想着办合作社，领着村里人种葡萄，刚开始也不好干，因为村里原来的领导不赞同他办合作社。后来他领着我们挣了钱，社员和村民也都特别佩服他，关于种植的一些问题都去问他。他现在在村里特别受欢迎，大家都围着他转，而且村里的书记还是合作社的会计，也受他‘领导’着。”临猗县X葡萄种植专业合作社社员一脸幸福地说着。

（二）促进农村业缘关系的出现

我国传统农村社会中最重要的社会关系是血缘和地缘关系，但是随着市场经济的发展和城市化进程的加快，村落共同体原有的封闭性、内聚性和自足性逐渐被解构。农民进城打工成为一种趋势，进而出现了大量“兼业小农户”，农村人口向城市的转移一定程度上造成农村社会原有的以血缘和地缘关系为基础的人际关系的断裂。同时，农业产业化的兴起和发展，农民专业合作社的成立和发展模式的多样化，尤其是在农民专业合作社发展基础上出现的龙头企业和产业园区等，实现了农村剩余劳动力的就业转移。在此意义上，业缘关系在农村社会得以出现并迅速发展，成为农村社会新的较为普遍的社会关系类型。

农村业缘关系的出现和发展，对农村社会的生产生活方式、人际关系等产生了重要影响：第一，“长老统治”呈现年轻化趋势。费孝通先生在《乡土中国》中指出，乡土社会是“长老统治”，它本质上是一种教化权力，老辈把生产经验和生活技能传给后代，实现代际传授。[①]然而当今以科学技术为生产发展基础的业缘经济，使接受现代科学技术最为迅速的年轻人成为农村生产生活的主导者。第二，生活方式出现城市化倾向。农村业缘关系的出现和发展，本质上是城市价值观念、思维方式和行为模式等向农村传播并渗透的过程，在这一过程中，农村传统的生活方式逐渐被抛弃，而现代化的生

① 参见费孝通：《乡土中国》，人民出版社2008年版，第64—68页。

活方式开始在农村流行。第三，人际间的信任和沟通交流出现新的表现形式。在农民专业合作社这一新型农业经营主体中，合作社的经营者在维持和实现人际间的信任关系时，虽然仍存在对传统农村社会信任关系（基于“熟人社会”和传统人情建立的信任关系）的利用，但是已经不再局限于传统的血缘和地缘关系，而选择将重点放在合作社形象塑造和优势发挥等方面，通过提高合作社的魅力和影响力来增强农民对合作社的信任感和依赖性。同时，在合作社运营过程中，出现纠纷和矛盾时，非正式规则（如人情关系和传统道德规范等）发挥一定作用，但是也需要业缘关系中涉及的正式规则对社员行为进行规范约束。临猗县C农副产品专业合作社负责人说，“社里有各种规定、制度和要求，90多个员工都得遵守，我也遵守那些规章制度，要不就没法管理。虽然大家是一个村的，也都认识，但合作社毕竟是个正规组织，大家也是同事关系，有些还是得按正式规则办”。

（三）带动农村外出人员的回流

随着农业产业化的快速发展和农民专业合作社的发展完善，农村社会基础设施逐步完善，就业机会也呈现增长趋势，形成了对农村外流人口新的拉力，而新的推力来自城市生活成本的提高和相对剥夺感的出现等。在此背景下，外出务工人员开始部分向农村社会回流。农村外出务工人员的回流，改变了过去农村人口向城市单向流动的局面，有利于解决“农村空心化”引发的相关问题。“很多年轻人外出打工不容易，吃住花销也大，所以挣不下多少钱。咱们合作社现在办得比较好，有些年轻人看咱们种葡萄一年也不少挣，就回来跟着种了。合作社现在就是需要这些年轻人的加入，他们学习能力强，接受新事物快，对合作社发展很有帮助。”临猗县X葡萄种植专业合作社负责人如是说到。

农民专业合作社的发展不仅促进了农业产业化向纵深方向发展，带来农村外出务工人员的回流，也带动了农村交通、建筑、通信等相关领域的共同发展，从而加快了农村城镇化和城乡一体化发展进程，增强了农村发展活力。

第四节　农民专业合作社发展对农村人际关系的影响

随着农民专业合作社在我国的迅速发展，学者们对农民专业合作社的形成进行了全方位和多层次的研究。黄祖辉等认为，农民专业合作社形成的主要动力是资源相对集中所产生的规模经济和专业化分工所带来的高效率。① 楼栋等进一步提出，农民专业合作社的形成还需要国家一系列政策支持和资金扶持，提高农业生产的规模化和集约化水平，如土地经营权流转，土地所有权、承包权和经营权三权分置，法律制度和规范，技术指导和培训，支农补贴，农村金融创新等。② 同时，农民专业合作社的形成还需要处理好与其他事物的关系，如农村新型职业农民和职业化人才的培养，农村社会化服务体系的构建等。总的来说，农民专业合作社的形成和发展是一脉相承和多元因素共同作用的，既有农民主体基于利益诉求的自发联合，农村能人和种植大户等的组织领导，也离不开国家方针政策的引导和支持。本节主要立足于农民专业合作社的经营与参与行为视角，选择合作社内部组织管理和外部关系处理两个具体方面，并结合临猗县具体样本情境对现阶段农民专业合作社的发展进行重点分析，力求从宏观和微观两个层面展现出合作社发展过程中各个经营与参与主体的行为选择以及折射出的农村新型人际关系特征。

一、农民专业合作社的经营与参与行为分析

韦伯曾指出，理解和解释社会行动，必须涉及社会行动的动机、意图和

① 参见黄祖辉、邵科：《农民专业合作社成员参与行为、效果及作用机理》，《西北农林科技大学学报（社会科学版）》2014 年第 6 期。

② 参见楼栋、孔祥智：《新型农业经营主体的多维发展形式和现实观照》，《改革》2013 第 2 期。

目标取向，即行动者所赋予行动的特有意义，因此，理解人的行为选择必须先了解行为背后隐藏的动机。[①]从一定意义上来说，经济利益是主导人们行为选择的根本性力量之一，获取经济利益无疑是成立农民专业合作社的直接动机。在社会主义市场经济里，农业和市场之间存在一定的张力，“小、散、弱”的农业难以抵抗来自大市场竞争的冲击力，生存和发展举步维艰，在此意义上为维护自身利益和实现更好发展，农民自发联合起来成立合作社，同时国家的因势利导和政策资金扶持等又进一步促进合作社的发展壮大和逐步完善。因此，不可否认的是，虽然现在人们理解合作社不一定是以经济理性为终，但合作社的兴起和筹建是以寻求经济利益需求满足为始的。这种认知路径是从市场交换和理性计算的视角理解并解读成立农民专业合作社的经济利益诉求，但我们必须同时意识到，任何事物都是变化发展的，在农民专业合作社兴起、发展和不断完善的过程中，经济利益已经不是农民追求的全部。在这个意义上，如果从农民主体地位的视角分析合作社的成立和发展，经济利益仅是农民各种利益诉求中的一部分，参与合作社、获得社员身份、融入合作互动、实现互惠互利等都可能是农民的利益诉求与偏好。必须说明的是，这种视角并不是试图降低经济利益诉求在促使农民专业合作社形成中的重要地位，而是强调突出农民在专业合作社中的利益诉求与偏好具有多元性、复杂性和发展性，合作社满足的也不仅限于经济利益，进而进一步解读农民在合作社形成和发展过程中的经营和参与行为选择，包括合作和不合作行为。

如前所述，我国主要有以农民、龙头企业和政府组织等三个主体为控制者或创办者的农民专业合作社，临猗县的农民专业合作社主要是以农民为控制者或创办者，表现为“农民专业合作社＋农户”、“能人或专业大户＋农民专业合作社＋农户”和“村干部＋农民专业合作社＋农户”等三种模式，典型代表是Z苹果种植专业合作社和X鲜桃种植专业合作社。

① 参见［德］马克斯·韦伯：《韦伯文集》，林荣远译，中国广播电视出版社2000年版，第108、111、118、127页。

（一）村干部引领农民专业合作社发展中的经营与参与行为

在村委会等农村集体组织主导建立的农民专业合作社中，核心领导成员和其他组织管理者一般都是村干部，这些核心人物[①]在合作社发展和社员利益诉求满足过程中的诸多努力和奉献行为，不仅仅是为了获得和提高自身以及合作社社员的经济收益，他们有时更加看重名声和人心，以维护其在村里的人脉关系、社会声望和日常权威等政治资本。如X鲜桃种植专业合作社，该合作社位于临猗县J乡以东的S村，登记注册时以销售为主打特色。S村的自然条件非常适合种植鲜桃，当时有很多村民都选择种植，为进一步做大做强鲜桃产业，2010年村里支书D联合村民成立了专业合作社，对69户社员实施统一苗木供应和对外销售，并聘请专家指导，使社员有了稳定的技术后盾。通过成立专业合作社，S村形成了“公司+合作社+基地+农户”的农业产业化模式，并修建了可容纳20余家经纪人的果桃市场和恒温冷库，力求实现“产、贮、销”一条龙产业链。在笔者走访S村期间，了解到村支书D最初选择成立合作社的原因：“村里有不少村民种了桃树，收成都不错，但村民最愁的就是卖桃子，很多时候桃子卖不了都烂在地里了。对此村民们意见很大，抱怨我们（村干部）不为他们着想，不管他们死活，甚至在私下里议论说下一届要换村支书和村委会主任。我虽然知道村民只是抱怨发牢骚，但也明白这样不是长久之计。后来赶上国家有政策，我们（村干部）就想着申请成立个合作社，专门负责联系客商，为村民寻找销售渠道，现在合作社发展得挺好，已经超乎我们的预期了。村民对我们的想法也逐渐改变了，大部分都选择加入合作社，我们不仅从合作社里获得一定集体收入，其他方面工作也比以前好做多了。”

村干部引领下成立的农民专业合作社，对村民的吸引力和号召力较大，村民参与意愿较强，入社人数较多，基本覆盖整个村落，有时也会带动周围

① 核心人物主要指为合作社发展投入大量资本、人力和社会资源的能人、种植大户、农村经纪人和村干部等，这些人是合作社成立和经营的中坚力量，对合作社发展举足轻重。

村落和村民加入。在村民看来，一方面村干部自身具有身份和资源优势，既是农村基层自治组织的核心领导人物，拥有政治权威，又在申请和获得国家政策和资金支持等方面享有话语权和影响力，也可能同时具备资金和人脉等经济社会资源，且综合素质较高、能力较强。在实地调研中，笔者了解到，村民积极主动加入合作社，主要是基于村干部具备的各项优势，进而相信村干部能够提升自身经济收入，并为本村农产品生产、销售和加工等提供便利和服务。正如 X 鲜桃种植专业合作社多位社员所说的那样："我们村一开始桃子产量挺大的，大家都很高兴，但丰收虽是好事，可是每年到收桃子时大家都很发愁。因为要么是几乎没有采购商来，大家都得自己找渠道或者到集市上单卖，很多都卖不出去烂在地里了；要么是采购商要的量少，价格又压得低，大家又想把自己的早点卖出去，都没有讨价还价的余地，有时也会因为先收谁家的、收多少等出现纠纷和不愉快。现在这些问题都基本不存在了，我们村支书（兼社长）是个能干的人，认识的人多，渠道广，又在国家政策支持下带着我们成立了合作社，不仅解决了卖桃子问题，还努力打造品牌，发展桃子加工产业，我们都跟着沾光了。"另一方面，村民认为，虽然村干部成立合作社是基于维护自身地位和利益，是为获得国家专项资金支持和完成政绩考核等，但村干部是本村人，会注重维护自身在村民心中的形象，也会在满足自身诉求、实现本村利益、维持乡土人情等方面做好权衡。"平时向我们支书送好处的人不少，有的采购商会为了压低价格等寻求支书的支持。但支书毕竟也是我们合作社的社长，多少也会考虑合作社的长远发展和我们社员的基本利益，所以不会做得太过分和明显，而且我们自己也觉得支书做得挺不错的，至少还没感觉到自身利益受到侵犯。"X 合作社社员如是说到。

（二）能人带动农民专业合作社发展中的经营与参与行为

在农村社会中，一些经济、技术和社会等方面的精英往往愿意带领村民以合作社方式共同发家致富，最典型的就是种植大户、技术能人和农村经纪人等精英领办型农民专业合作社在农村的发展壮大。这些农村精英们在带领村民实现收入逐步增加的同时，通过各种利他行为和互惠行为，社会地位得以提升，受到村民的尊重和信任，身份感和自身价值增强，自我定位和认同发生变化，也获得了地方政府授予的各种先进称号和政策资金扶持等，而除经济利益外的各种社会资本所形成的实际和长远效益，甚至会超过短期经济效益带来的吸引力。如临猗县 Z 苹果种植专业合作社，这是一家以苹果种植技术为核心登记在册的合作社，最初是社长 W 自身学习和掌握了先进技术，村民向其请教，而后在国家政策引导和地方政府扶持下，发展成为了农民专业合作社，并逐渐突破了成立之初单纯的技术指导的阈限，涉及农资、技术、销售、品牌等各个领域，产业链延长，服务范围拓宽。W 作为农村技术能人，在自己发家致富之后选择把技术教授给其他村民，共享先进技术带来的经济成果，不仅增加了当地村民收入、促进了当地农业现代化和产业化发展，而且将自己的技术推广开来，形成了"ZD"牌苹果，产生品牌效应和规模效应，为自身带来更大的经济效益。同时，W 受到村民的一致好评，身份和地位得以提升，也获得了很多表彰和荣誉称号，获益良多。就像 W 自己说的那样："以前我自己的苹果种得好、卖得好，村民都羡慕我，私下里说我是'暴发户'（有钱但没文化、没社会地位），我自己心里挺不平衡的。后来慢慢有村民找我讨要'秘诀'，大家才觉得我也是掌握技术、能说会道的'能人'。合作社的成立更是给我提供了发挥的空间和舞台，我当时没有过多地想合作社能给我带来多少收入，也没有害怕村民学习了我的技术会超过我，就是想在教其他村民的过程中，慢慢改变他们对我的想法，也让我的技术能够推广并获得认可。"

如前所述，农村能人既指涉传统意义上的政治精英，主要为依赖于正式的农村治理体制而专属于村干部的身份标签，也包括在经济、技术和社会关系等方面占据优势的其他精英，主要为拥有一定的经济实力和人力资本，并在农村经济发展过程中发挥重要作用的人员。普通村民对各类精英的"崇拜和追随"，既有经济利益的考量，也是基于信任的选择。不同于传统意义上的政治精英，在农村经济体制改革和市场经济发展过程中形成的经济、技术等精英，因不具备政治身份和权威规则束缚，与普通村民更易亲近，也较易为村民所接受和认同。Z合作社社长W凭借自身的技术优势发家致富，让村民从中看到他所具备的能力，并产生信任向其学习，进而在外力支持和引导下形成合力，成立了合作社。在实地访谈中，W也多次强调，向其他村民传授种植技术并不会让他丧失自身已有的优势，反而让他在技术优势之外收获更多，既成为了村民眼中的新型精英，形象改善，社会地位提升，也获得了更多村民的信任和支持，这种变化也让他在经营合作社过程中更有干劲和力量。同时，村民最初学习种植技术无疑是为提高农产品质量，提升经济利益，但在合作社这一经济组织中获得社员身份，与其他社员合作互动、互惠互利，更让村民有了利益共同体意识，懂得在追求和满足自身诉求的同时不影响和损害他人利益，经济理性逐渐成熟。

因此，我们既要看到农民参与合作社的行为是始于经济利益的诱导，又要意识到农民在参与专业合作社过程中利益诉求与偏好的多样化发展趋向，以及国家在农民专业合作社发展过程中的引导和支持作用，在此基础上我们才能真正理解农民专业合作社这一新型农业经营主体所呈现出的传统与现代、情感与理性、交换与交易、人情与契约、利益与利润等的相互交融和不可分割性。

二、空间维度下农民专业合作社的内部组织管理及外部关系处理

农民专业合作社发展一直备受政府和学者们的重视和关注，合作社内部组织管理和外部关系处理，尤其是主要参与者和利益相关者的关系问题，是研究的重中之重。苏向妮在企业治理结构理论和农业合作社治理结构理论的基础上，运用实地调研的数据资料对农民专业合作社的治理情况进行剖析，

并针对治理过程中存在的问题提出了解决策略。① 宋颖冬在深入了解农民专业合作社内部控制状况后，运用多元逐步回归和一元线性回归两种方法分析影响合作社内部控制的因素。② 林迪提出影响农民专业合作社发展的五个因素，即人力、制度、因素、商誉和关系因素。③ 从现有研究和现实状况来看，农民专业合作社的发展受到多重因素的影响，笔者主要从临猗县合作社现阶段发展状况入手，以果品合作社中的典型代表为例，选择从合作社内部组织管理和外部关系处理两个方面进行分析，以此凸显农民专业合作社发展下农村人际关系特征。

（一）农民专业合作社的内部组织管理

如前所述，临猗县农民专业合作社大多是以农民为控制者或领办人，龙头企业和依托政府部门组建的相对较少。因此，作为合作社的控制人或领办人，具有一定经济实力、经营管理能力、专业技术水平和社会关系资源的农村能人、种植大户、农村经纪人以及村干部等，在临猗县合作社发展过程中的作用至关重要，同时，这些核心人物在合作社内部组织管理和经营过程中也占据关键地位，话语权和影响力较大，对农户的号召力强，突出表现在村干部领办型农民专业合作社中，如 X 鲜桃种植专业合作社。从一定意义上来说，农民专业合作社的建立和发展是嵌入在农村社会的关系网络当中的，因此，关系治理成为合作社内部组织管理的重要机制。

1. 社长和其他核心人物的关系

如前所述，从农民专业合作社控制人或领办人的角度来看，核心人物主要是指在合作社申请成立时发挥重要作用，在合作社经营发展过程中投入大

---

① 参见苏向妮：《安徽省农民专业合作社的治理研究》，硕士学位论文，安徽农业大学，2009 年。

② 参见宋颖冬：《安徽省农民专业合作社内部控制研究》，硕士学位论文，安徽农业大学，2012 年。

③ 参见林迪：《影响农民专业合作社发展的因素分析——以浙江省为例》，硕士学位论文，浙江大学，2009 年。

量资本、人力和社会资源的能人、种植大户、农村经纪人和村干部等。而从农民合作社内部组织管理来看，除了合作社社长作为核心人物外，也包括会计、技术指导人员、生产资料采购者和销售负责人等核心人物。一般来说，这些核心人物同属于一个村落，在合作社外部彼此都是熟人，相互间无上下级等类型划分，基本仍然按照传统农村社会固有的关系性规则互动交流。在访谈过程中，笔者了解到，在X葡萄种植专业合作社中，社长和会计等人关系要好，社长曾发动村民将会计推选为本村的村支书，而会计在当选后，一定程度上为合作社的更好发展扫清障碍，并在争取上级政策和资金支持方面发挥重要作用。因此，在这种交叉管理关系中，凭借掌握部分稀缺资源成为农村少数精英的核心人物在日常生活中都不再过分重视身份地位区分，更多的是因共同利益而联合在一起。但农民专业合作社是依据正规程序成立的基层经济组织，《中华人民共和国农民专业合作社法》也对合作社的制度规章作出了具体规定，在此意义上，合作社内部组织管理中的核心人物必然存在着领导与被领导关系，这是在熟人社会最难以处理和平衡的问题。

2. 社长和社员的关系

合作社社长依赖农村社会中的关系交往法则，利用熟人社会的信任惯习，注重和社员的沟通协调，强调建立合作社和社员之间的互惠机制，在一定意义上，合作社内部仍然存在根据关系性规则进行组织管理的现象。[①] 如在合作社的人际信任建构中，社员对社长的信任在很大程度上会影响其对合作社的信任，因此在合作社形成和发展过程中发挥着重要作用。在临猗县能人领办型合作社内部，社员往往并不清楚合作社的发展理念，而主要是出于对社长的认可和信赖，甚至把对合作社的信任等同于对合作社社长的信任，从而形成了一种以能人社长为核心的信任结构，合作社社长是否具备一定的经营管理和组织领导能力，是否拥有号召力和凝聚力，是否能得到社员的信

① 主要是指在合作社内部组织管理过程中，由于社长等核心人物和社员基本同属一个村，相互间存在着基于血缘和地缘而形成的特殊关系，因此他们并不总是依据正式的规范制度管理社员，有时会运用一些关系性规则来实现组织和管理。

任依赖，对合作社发展至关重要。X鲜桃种植专业合作社的领办人和社长都是村支书D，凭借自身在政治权威、经济实力和经营管理能力等方面的绝对优势地位，D在合作社内部的话语权和影响力无人能及，甚至对非社员农户也形成一定号召力，有力地推动了合作社的发展壮大。而Z苹果种植专业合作社的社长W虽然不是村干部，在号召力和凝聚力上不及D，但是凭借自身掌握的先进种植技术和经验得到社员的信任，影响力也是不容小觑的。当然，要实现合作社的进一步发展，正式规范制度在合作社内部管理中也是极其重要的，关键是要真正实现关系性规则和正式规则的融合和平衡。

3. 社员和社员的关系

在农民专业合作社内部，社员占绝大多数，社员相互间的关系一直备受学者关注。在已有研究和实地观察所获的基础上，笔者发现，在当前农村社会中，既存在着追求自身经济利益的理性化倾向，也有所选择地保留着互惠、信任和人情往来等人际交往原则。在农民专业合作社内部，尤其是龙头企业领办型合作社，社员间存在着依据正式规则建立的关系，为了共同的利益相互间沟通合作，共同行动，不再像以前盲目行动，恶性竞争。而在日常生活和交往过程中，退出合作社的社员间仍然存在着互帮互助，信任建立在熟人关系的基础上，人情往来密切。社员和社员间的关系在不同的场域出现了差异性特征，传统的人际交往惯习不会被完全消解，新型的人际交往规则也逐渐内化于心，外显于行为。临猗县C农副产品专业合作社的员工按照现代企业方法从事日常工作，但工厂也是一个熟人社会，员工相互熟识，互帮互助常见，契约关系里也不失人情。

临猗县农民专业合作社一般是由一个或几个农村能人、种植大户、农村经纪人和村干部等牵头组织建立，这些农村少数精英在合作社组建过程中发挥了关键作用。在农村精英领办型合作社中，以社长为代表的少数核心人物成为实际控制者和最终决策者，控制着合作社运营过程中的生产资料采购、种植技术指导和销售等具体工作，也主导着成员工资、奖金和福利等的具体分配，甚至存在着利用信息优势谋取私利的现象，合作社朝着有利于少数核心人物利益的方向发展。而普通社员由于知识水平、经营管理能力和信息量等有限，从合作社内部获利较少，主要是销售农产品所得，因此在合作社内部事务决策和具体运营监督中缺乏参与的积极性，而将关注点更多投入在自家产品销售上。在此意义上，合作社内部形成了一种特殊的“主导—依附”型成员结构，即少数核心人物主导和多数普通社员依附，这种成员结构是由临猗县特有的农民专业合作社发展模式决定的。

（二）农民专业合作社的外部关系处理

农民专业合作社要实现更好发展，既需要做好内部组织管理工作，也必须处理好与非社员农户、农村经纪人、龙头企业、村级组织以及地方政府等外部参与主体的关系。

1. 与非社员农户的关系

从长远发展来看，农民专业合作社与非社员农户之间应“合作引导”而非“排斥对立”，对非社员农户可以提供生产资料集中采购，种植技术指导，农产品加工、运输和销售等合作社内部服务，以此吸引非社员农户加入合作社。同时，通过限制非社员农户参与合作社内部具体事物和盈利返红等方式，合理合法引导其自愿申请加入合作社，壮大合作社力量，拓宽合作社辐射范围，增强合作社带动力和影响力。X 葡萄种植专业合作社负责人表示：“我们合作社的社员在购买生产资料等农业物资时是可以享受优惠的，技术指导也基本免费，在产品装箱时合作社还免费提供场地，好处是非常多的。当然我们也不排斥其他农户，也可以适当给他们提供便利，但不多，要不社员会心理不平衡。”

2. 与农村经纪人的关系

如前所述，农村经纪人，既不是在农村基层自治组织中占据一定地位的村干部，也不指涉农民专业合作社的领办人和负责人等，主要是指那些常年在外从事果品交易，拥有广泛的社会关系网络，熟识果品采购商，能够代为收购和销售农产品，充当中间人角色赚取差价的少数村民。在临猗县农民专业合作社发展薄弱的农村地区，农村经纪人在农产品销售中发挥关键作用。作为本村人，农村经纪人扮演了中间人角色，一方面，村民为了让产品销路有保障和及时获得买卖所得，往往选择直接卖给经纪人，村民对经纪人的信任是基于熟人关系形成的，他们相信经纪人不会轻易打破这种“成本昂贵”的信任关系；另一方面，农村经纪人拥有较为广泛的社会关系网，能够为村民联系采购商和提供销售渠道，具备一定的协调沟通和组织管理能力，进一步提高了村民对经纪人的信任程度。农村经纪人在合作社发展较好的农村地区也拥有生存空间，“我们（社员）有时会选择把自己的产品卖给那些单个收购者（指农村经纪人），因为他们收完产品就结账给钱，让人比较放心，而且也不像社里还要抽成，能多卖钱是我们最看重的”，X 葡萄种植专业合作社的社员如是说到。

3. 与龙头企业等其他经济组织的关系

农民专业合作社在经营管理过程中主要与两类企业关系密切：其一是生产资料供应商，其二是加工销售代理商。临猗县与龙头企业合作的农民专业合作社数量上相对较少，程度上也基本处于起步阶段。龙头企业，尤其是负责农产品深加工和建立起垂直一体化产业链的企业，在农业产业化和现代化发展中起着关键作用，因此，“龙头企业＋农民专业合作社＋农户”模式应该成为临猗县合作社的重点关注对象，凸显和利用龙头企业在农民专业合作社发展中的特殊作用。

4. 与地方政府的关系

笔者将农民专业合作社定位在临猗县这一县域范围内，以县域合作社的发展为具体情景进行实践分析，强调一定空间范围内地方政府、龙头企业、村级组织和农民等多元主体在不同位置之间存在着某种关系特征，并处于不断变化发展中。在此意义上，必须重视地方政府在农民专业合作社发展过程中的指导、扶持和服务作用，合作社在经营管理活动中要充分利用优惠政策，积极争取资金和政策支持，同时与农技推广部门和科研院所合作，提高农业生产技术含量。但合作社在经营管理过程中也应与地方政府及相关机构保持一定距离，把握好度，保持合作社的独立性，避免出现因政府过多干预合作社内部事务而出现的“官办化”现象。

在农民专业合作社发展过程中，临猗县的农村地区发生了巨大变化：农民收入增加，生活水平提高，生活方式日益现代化；农业生产实现规模化和机械化，产品深加工增多，产业链延长，产品附加值增加，农业产业化不断发展；村容村貌得以改善，环境卫生质量提高，经济社会取得重大进步……伴随着经济条件的不断改善，文化风俗也悄然变化。婚丧嫁娶等仪式性农村传统活动，不再像过去那样复杂繁琐，亲朋好友和邻里间的互帮互助也逐渐被专业化团队的“一条龙”服务取代，人们对仪式性场域的情感性需求不断减少，而关注自身利益满足的理性化需求不断强化。同时，在传统节日等非仪式性活动中，礼物交换和纯粹的情感互动逐渐消失，功利性取向逐渐为人们接受，并内化于心和外显于行。农村文化风俗变迁是历史发展的必然，新型人际关系的出现是文化风俗变迁的具体表现。农村人际关系已经不完全是费孝通笔下描述的那样，即在血缘、亲缘和地缘基础上形成的熟人关系，而是不断被注入利益关系、拟亲缘和业缘关系、契约精神、自利理性等新的要素。新型农村人际关系是传统与现代、情感与理性、人情与契约等的不断碰撞和交融，要在动态发展过程中实现平衡和谐，农村社会既存在以利益为核心的自利理性，也不乏对人情世故的考虑，依然饱含情感。

第五章　龙头企业引领模式下的新型农村人际关系

——基于对山西红枣之乡临县的调查

作为农业产业化经营的关键和主导力量，龙头企业具有资本、技术、人才等优势，在提高农民组织化程度、推动农业转型升级和带动农民就业等方面发挥重要作用。临县自古以来盛产红枣，西周时期，临县黄河沿岸就有大片枣园。近几年来，临县县委、县政府大力实施红枣品牌发展战略，不断提升加工转化能力，将枣树确定为“县树”，设立红枣产业局，创立“临县红枣”公共品牌，出台了支持红枣产业发展的15项优惠政策，初步形成了“生产有基地、加工有龙头、销售有网络、政策有倾斜”的红枣产业发展格局。同时，临县常年举办红枣旅游文化节、红枣电商论坛等专项活动，并参加国内各种博览会、交易会等推介活动，扩大了红枣品牌影响力。目前，临县红枣通过了国家农业部、国家质检总局地理标志保护产品认证，且临县已发展成为全国红枣重点加工销售区，被命名为“中国红枣之乡”、“中国红枣产业龙头县”。截止到2017年，临县有红枣种植面积82万亩，正常年景年产量达2亿千克，有红枣加工企业74个，年加工转化红枣1亿千克，年产值突破6亿元，占全县农业总产值的42%。枣区农民红枣收入占人均纯收入的70%以上，红枣产业成为临县农民增收的一项主导产业。

第一节　农业产业化及龙头企业

一、农业产业化与龙头企业的关系

通常意义上，龙头企业是指依托主导产业和农产品生产基地建立的规模较大、辐射带动作用较强，具有引导生产、深化加工、服务基地和开拓市场等综合功能，与基地农户结成“风险共担、利益同享”的利益共同体，并和生产、加工、销售有机结合，相互促进的农产品加工和流通企业、中介组织或专业批发市场。龙头企业主要有四种类型：一是按照收购合同收购农产品的加工企业；二是代购或收购基地农户的农产品，经分拣、储藏、包装后销售的流通企业；三是以农产品专业批发市场为龙头，以专业协会为纽带，带动基地农户发展专业生产的专业批发市场；四是由专业协会、专业合作社、科技服务组织在组织服务农户开展专业生产的基础上，逐步发展联合加工、销售，发挥龙头带动作用。

从2004年到2018年，中央连续15年发布以“三农”为主题的中央一号文件，在这些文件中，每年都有关于发展农业产业化和龙头企业的政策性意见。如2016年中央一号文件中提到，“积极培育家庭农场、专业大户、农民合作社、农业产业化龙头企业等新型农业经营主体，创新发展订单农业，支持农业产业化龙头企业建设稳定的原料生产基地、为农户提供贷款担保和资助订单农户参加农业保险。鼓励发展股份合作，引导农户自愿以土地经营权等入股龙头企业和农民合作社”；2017年中央一号文件中指出，“建设现代农业产业园，以规模化种养基地为基础，依托农业产业化龙头企业带动，聚集现代生产要素，建设‘生产＋加工＋科技’的现代农业产业园，发挥技术集成、产业融合、创业平台、核心辐射等功能作用”；2018年中央一号文件中阐明，“实施新型农业经营主体培育工程，培育发展家庭农场、合作社、龙头企业、社会化服务组织和农业产业化联合体，发展多种形式适度规模经营”。以“三农”为主题的中央一号文件的发布，无疑都说明国家高度重视发展农村，要通过农业产业化及龙头企业这种形式来带动农村的经济发展。

长期以来，农业发展步履维艰，面临种种困难，解决这一问题的关键是要把“散、小、弱”的农民组织起来，通过传授现代农业生产的技术，树立现代农业理念，依靠现代生产技术和物质设备，不断提高农民在农业产业生产经营活动中的组织化程度，发挥“1+1 ＞ 2”的效应。作为农业产业化生产经营活动中的生产技术提供者、生产力组织者、销售市场开拓者、政府沟通者的龙头企业，在组织农民推进农业产业化发展方面有着重要的作用。因此，要实现党中央提出的乡村振兴战略，就必须重视引导和发展一批与农民、农村、农业利益紧密相连的龙头企业。

二、龙头企业

（一）我国农业产业化龙头企业的发展历史

我国农业产业化龙头企业经历了一个从无到有、从小到大、从弱到强的发展过程。从改革开放到今天，农业产业化龙头企业发展迅速，已经成为许多区域经济和县域经济的主导产业和支柱产业，是农业产业化经营的“领跑者”和农业现代化建设的“火车头”，随着农业产业化的兴起而兴起，随着农业产业化的发展而发展。1990 年前，我国农产品加工业发展速度比较慢，加工总量也很低，农产品加工企业基本上处于起步阶段，没有和农户之间形成紧密而稳定的利益联结关系。1990 年到 1996 年，随着我国改革开放的不断深入，沿海地区由于地理区位的优势及外来文化的影响成为农业产业化龙头企业发展速度最快的地区，但在发展过程中发现企业与农户只是单一的买卖关系难以满足企业发展的需要，于是“公司+农户”的经营模式开始出现。而此时政府对农业产业化龙头企业的发展还缺乏广泛的认可，我国农业产业化的发展还处于摸索阶段。1996年开始，农业产业化龙头企业的发展逐步得到政府的认可。党的十五届三中全会指出："发展农业产业化经营，关键是培育具有市场开拓能力、能进行农产品深度加工、为农民提供服务和带动农户发展商品生产的'龙头企业'。"得到政府的认可之后，我国农业产业化龙头企业的发展进入快车道，农业产业化的基本经营方式也已经成熟。进入21世纪后，我国农业产业化龙头企业迎来了全面发展时期：2000年，国家正式出台了相关的政策措施和管理办法用以扶持农业产业化龙头企业的发展，并指出，"扶持农业产业化就是扶持农业，扶持龙头企业就是扶持农民"；2002年，在新修订的《中华人民共和国农业法》中明确规定："国家引导和支持从事农产品生产、加工、流通服务的企业、科研单位和其他组织，通过与农民或者专业合作组织订立合同或者建立各类企业等形式，形成利益共享、风险共担的利益共同体，推动农业产业化，带动农业发展。"在国家和各地方政府的支持鼓励下，我国农业产业化龙头企业如雨后春笋般发展起来。

（二）我国农业产业化龙头企业的基本特征

1. 属于涉农经济组织

农业产业化龙头企业是按照一定方式组织生产要素进行生产和经营活动的单位，通过权责分配和相应层次结构构成一个有机整体，其追求的组织目标是利益最大化，且与农业有着十分紧密的联系，从事农业产供销一体化经营，通过吸纳农民入股或签订契约等方式，与农户之间建立起有效的利益分配机制。

2. 采用多元化经营模式

农业产业化龙头企业把农户和农业联结在一起，实现了农产品产前、产中、产后的一体化经营和农工商、经科教、内外贸的综合经营，并按照市场的需要，不断改变品种、规格，生产各种适合消费者需求的农产品及加工制造品。①

3. 具有公益型组织特点

农业产业化龙头企业虽然是从事市场竞争的经济主体，但是其为农民、农业和农村进行社会化服务，为农民和农村增收作出了不可替代的贡献。实践证明，农业产业化龙头企业是目前发展农业、繁荣农村最便捷的一种形式，一定程度上吸收了农村剩余劳动力，客观上有助于解决“村落空心化”、“留守老人”、“留守妇女”以及“留守儿童”等现象所带来的社会问题。

（三）我国农业产业化龙头企业的主要作用

1. 促进农业结构的优化

随着农业产业化的发展进入新的阶段，农产品市场也逐步发生变化，已由卖方市场转为买方市场，在面对多样化、多层次的市场需求时，供需结构矛盾突出。龙头企业的发展，可以有效地延长农业产业链，对农产品进行深加工，增加农产品的附加值，提高农业的整体效益，促进农业结构的调整和优化。

2. 促进农业技术的进步

龙头企业的发展必然推动农业科学技术的进步，这是因为龙头企业的发展会驱使其增加科技人才培养和生产技术创新方面的投入，用以增强农业科学技术的创新能力，创新农业生产技术，加快农业科技的应用和推广，提高了农业生产技术转化为成果的水平。

3. 提供农业发展的资金

首先，龙头企业不断发展壮大带动了相关农户以及周边乡村的发展，其与农户结成利益共同体，会将部分生产销售环节中的利润返还给农户，提高农户对农业的投入。其次，龙头企业推广农业的生产技术，提供相关的农业

① 参见刘爱军：《基于企业角度的农产品物流发展研究》，博士学位论文，南京农业大学，2007年。

生产设备，修建农业生产的基础设施，都会直接增加对农业的投入。再者，龙头企业组织农户学习农业的生产技术，提高了农户的文化水平和整体素质，这也会帮助农户增加收入。最后，龙头企业会提供部分资金用以解决贫困户在农业生产中的困难，如购买化肥、农药、种子等问题。龙头企业的这些举措都直接或间接地弥补了农业发展资金不足的问题，为农业的发展提供强大的动力。

4. 加快农村城镇化步伐

龙头企业的发展，创造了就业岗位，促进了农村剩余劳动力的就地转移，同时也带动了农村交通、通信、建筑、物流等相关方面的发展，吸纳大量农民从事第三产业，带来人口的聚集，带动农村和城镇各方面的建设。小城镇的发展壮大为农村劳动力向小城镇转移进一步提供了现实的渠道和途径，也为小城镇的基础设施建设和各方面功能的形成创造了条件，促进了龙头企业之间、小城镇和农村之间生产要素的有序合理流动，促进了农村剩余劳动力的转移，从而加快了农村城镇化和城乡一体化进程。

5. 推动农业领域的对外开放

在加入世界贸易组织以后，我国农业发展的环境发生了天翻地覆的变化，一方面既要面对国内农产品价格偏低、消费需求不足的难题，另一方面又要同国外农产品进行竞争、接受国外农产品的挑战。大力发展农业产业化龙头企业，是增强我国农业和农产品竞争力的必然要求，这也直接推动了我国农产品质量的提高，进一步促进了我国农业和农产品的市场竞争力，推动我国农业领域的对外开放。

（四）我国农业产业化龙头企业的合作模式

龙头企业与农户签订契约形成的合作模式是农业产业化发展的一项必然选择，而在龙头企业和农户的组织模式中，比较典型的有“龙头企业＋农户”和“龙头企业＋中介组织＋农户”两种模式。这两种不同的组织模式一方面解决了龙头企业生产资料和劳动力的来源问题，另一方面又促进了农民和农业增收，但两种不同的组织模式也都有着各自的优缺点。

1.“龙头企业＋农户”组织模式

“龙头企业＋农户”组织模式是龙头企业和农户之间通过签订具有法律效力的产销合同，事前约定双方交易农产品的数量、价格和质量等问题，以市场为导向，按照事先约定的利益联结机制，形成农工商一体化的产业链和一定程度的利益共享、风险共担的共同体，在我国，这种组织模式最早出现且应用最为普遍。“龙头企业＋农户”组织模式下的龙头企业与农户从事各自的生产劳动活动，双方的经济利益相对比较独立，且以市场为导向，以契约关系为纽带，实现农副产品从生产到销售的垂直性分工，农户专门负责农产品的生产，在田间从事生产劳动活动并向龙头企业提供农产品，龙头企业向农户提供一些市场信息、生产设备，然后收购农户手中的农产品，并进一步对农产品进行深加工和市场销售，一些龙头企业也向农户提供一些产前和产中的服务。龙头企业和农户通过合理的分工与协作，对生产、加工、销售等环节实行企业化的经营管理，对农户个人难以办到的事情进行统一办理，利用农业产业化组织的优势替代农户进入市场。

“龙头企业＋农户”模式在纵向上实行生产、加工和销售的一体化，延长了农产品生产的链条，将农产品从初级产品加工到次级产品，通过生产要素的优化配置来提高农产品附加值，并通过组织分散的小农户以实现农业产业的规模效益；横向上则实现了技术、资金、人才、生产设备的继承经营，拓宽了农产品销售渠道，促进了农产品流通，稳定了农产品销售价格，提高了农户抵抗市场风险的能力。在这种组织模式中，龙头企业和农户处于相对自由的状态，相对于“龙头企业＋中介组织＋农户”的组织模式，双方的交易关系仍然比较松散，这也是准一体化组织的典型特征。①

2.“龙头企业＋中介组织＋农户”组织模式

如前所述，“龙头企业＋农户”的模式从表面上看是“风险共担、利

① 参见武志勇、霍晓姝、刘家顺：《“农户＋龙头企业”模式契约稳定性》，《河北理工大学学报（社会科学版）》2010年第6期。

益共享”的，但事实上，作为市场经济主体的龙头企业和农户都是理性经纪人，都以追求利益最大化为目的，处于强势地位的龙头企业就会在“有意”或“无意”中剥夺农户的权益，为了更好地维系双方的合作关系，中介组织应运而生。与“龙头企业＋农户”模式相比而言，“龙头企业＋中介组织＋农户”的模式无需龙头企业与农户直接打交道，某种程度上解决了企业与农户之间、买方与卖方之间的利益矛盾。“龙头企业＋中介组织＋农户”的产业化经营模式是在农户自愿的基础上，有一个组织者将分散的小农户组织起来，按统一标准进行生产，统一要求组织销售。中介组织作为龙头企业与农户双方共同的代理人，一方面代表农户监督和防范龙头企业的违约行为和可能出现对农户利益的侵害，并在价格协调、利益分配、农产品质量认证等方面发挥专业优势和组织优势；另一方面代表龙头企业联系农户、规范农户的机会主义行为和可能出现的道德风险。对农户而言，这种模式下的合作显示出集体力量，提高了分散的小农户在龙头企业和市场面前谈判和维权的能力，形成农户利益的自我保护机制；对龙头企业而言，无须在谈判中面对分散的小农户，只需要和小农户的代表“中介者”进行谈判，也可以通过合作社进行生产资料的发放、农产品收购和农业生产技术的培训等，管理成本降低，产品质量更有保证。

龙头企业与农户之间有了中介组织后，农户在中介组织的指导下，可以放心地进行农产品的生产种植；龙头企业则会腾出更多的精力专注于销售市场开拓，提升企业的竞争能力。这种合作伙伴关系虽然仍是市场合约关系，但由于建立在互利互惠的合作关系之上，确保了合作各方在竞争中的多赢，因此比一般的市场关系要牢固得多。作为理性经济人的龙头企业和农户在“公司＋农户”组织模式下，面对市场信息不对称、契约不完全、正式惩罚机制难以实施的弊端，难以从根本上规避机会主义行为和可能出现的道德风险，中介组织的介入能在一定程度上缓解这种现象，且降低了“公司＋农户”组织模式下的高昂市场交易成本，提高了农业产业链纵向关系的契约稳定性，对龙头企业和农户有着不可替代的作用。①

第二节　临县及临县红枣产业

一、临县发展红枣产业的条件

（一）自然地理条件

临县是一个典型的山区县，在黄土高原西部，为黄山丘陵沟壑区，是吕梁山地向黄河峡谷的延伸。地势大致是由东北向西南倾斜，最高点海拔1923米，最低点海拔673.6米，海拔大部分在600—1200米之间。境内山峦起伏、墚峁连绵、沟壑纵横，地质比例大致是“五山四沟一分平”。其地貌特征，从现今留下来的地名（如沟、峁、山、岭、湾、坡、洼、坪、凹等）、村名（如土峨村、龙王山村、北塬上村、后小峪村、郝家湾村、卜家崖村、房家沟村、高家坪村等）可见一斑。② 全县耕地面积163万亩，地处中纬度地区，属温带大陆性气候。春季干旱多风少雨，夏季炎热雨量集中，秋季较为温凉湿润，冬季寒冷干燥少雪。年降水量400—500毫米，气候温和，热量丰富，光照充足，降雨较少，土壤呈弱碱性。当地有谚语——“临县临县，十年九旱，一年不旱，冷雨冰雹打九遍”，说明当地农业生产条件苛刻。在严酷的自然条件下，临县主产谷物杂粮，以粗粮为主。枣树属于暖温带阳性树种，喜光，好干燥气候，耐寒，耐热，又耐旱涝。对土壤要求不高，除沼

① 参见武志勇、霍晓姝、刘家顺：《“农户＋龙头企业”模式契约稳定性》，《河北理工大学学报（社会科学版）》2010年第6期。

② 参见李志国、贾文毓：《吕梁市临县村名的特征分析》，《环球人文地理（评论版）》2016年第4期。

泽地和重碱性土外，平原、沙地、沟谷、山地皆能生长，以肥沃的微碱性或中性砂壤土生长最好。临县的气候和土壤条件较适合枣树的种植和生长。

（二）经济社会条件

1. 经济发展

临县号称“天下红枣第一县”，近年来，坚持红枣兴县战略，红枣产业已成为临县的支柱产业，特别是随着红枣种植面积的增加和红枣产量的增长，红枣的种植、加工与销售逐渐成为临县农民的主要经济来源，红枣产业的发展带动了临县农民经济收入的增加和临县经济的发展，也进一步促进了临县红枣产业的发展，形成了一个良性循环。同时，临县交通条件为其红枣产业发展提供了便利。临县地处偏僻山区，旧时交通闭塞，主要靠水路（水运）、旱道（驼运）与外界发生联系，其中水路主要是黄河，借此水路将当地物产输出到其他地方。如今，当地的交通已大为改善。省道 S50（太佳高速）贯穿东西，西通陕西佳县，东达省会太原；国道 G59（呼北高速）沟连南北，北抵内蒙古，南往吕梁市区，离吕梁机场、吕梁火车站，相距不过 55 公里。此外，晋中南出海通道（瓦日铁路）、太兴铁路、太中银铁路吕临支线三条煤炭资源运输线已相继建成通车营运。

2. 人口和文化

地处山西西部的临县，位于黄河中游晋西黄土高原吕梁山西侧，隶属于山西省吕梁市，东依吕梁山连接方山县，西临黄河与陕西佳县、吴堡县隔河相望，北靠兴县，南接离石区、柳林县。南北长 85 千米，东西长 80 千米，面积达 2979 平方公里。① 临县辖 13 镇 10 乡，631 个行政村、1027 个自然村，是一个典型的汉族内陆地区，少数民族很少，仅有回、藏、满、壮四个少数民族（多为嫁入该县的女性，也有少部分由长期在当地做生意落户下来），人口约 65 万，是国家级贫困县，也是山西省人口大县，居第二位（仅次于

---

① 临县人民政府：《走进临县——自然地理》，见 http://www.linxian.gov.cn/content/2007-06/28/content_17740.htm。

临汾市洪洞县)。[①]

诚实敦厚、勤劳智慧的临县人在当地艰苦恶劣的环境下创造出纯朴、古拙、丰富的地方文化。民间歌舞伞头秧歌是古代春社祭神、迎神赛社活动的遗留与衍变，民间戏曲道情戏是集文学、表演、音乐、舞蹈、美术、戏曲等为一体的“吕梁山上的一枝花”，民间吹打唢呐反映了陕北文化和晋中平川文化在临县的交融，民间说唱三弦书则寄托了民众祛病除恶、祈求丰收的朴素感情。[②]

二、临县红枣产业发展现状

临县种植红枣的历史由来已久。据《临县县志》记载，早在西周时期，临县黄河沿岸就已有红枣种植，并且出现了大片枣园。其后，临县红枣种植的面积逐步扩大。到如今，红枣产业已经成为临县的支柱产业，特别是随着红枣种植面积增加和产量的大幅度增长，通过种植、加工和销售红枣的所得收入已成为当地农民主要的经济来源。临县红枣非常驰名，品种主要有木枣、大姆枣、园林枣、大蜜枣、骏枣、晋枣、梨枣，其中以本地木枣为主，特点是个大、核小、皮薄、肉厚、质细味甘、富含蛋白质和有机酸。经中国科学院生化物理研究所鉴定，开阳红枣含有 18 种氨基酸、10 种维生素和 14 种微量元素，特别是富含抗癌保健作用的环磷腺肝和硒元素，被誉为果中之王，滋补佳品。开阳木枣在山西省林产品展销会上评为全省十大名枣之一。[③]

截止到 2017 年，临县 23 个乡镇都有枣树种植，红枣林面积已突破 80 万亩，覆盖 17 个乡镇、454 个村、99271 户种植户、37.26 万枣农，红枣种植面积约占全省 1/5、吕梁市 1/2，正常年景红枣总产量达 2 亿多公斤，面积

① 参见刘生峰：《心系百姓公仆情——记临县大禹乡党委书记陈绍文》，山西黄河新闻网，2016 年 4 月 5 日，见 http://mt.sohu.com/20160405/n443317124.shtml。

② 2006 年临县道情与晋北道情一同入选我国第一批国家级非物质文化遗产名录。

③ 参见高向东：《山西临县红枣生产的发展与前景》，《吉林农业（C 版）》2010 年第 10 期。

和产量规模均居全国县级之首。年加工转换红枣1亿公斤，产值突破6亿元，占到全县农业总产值的42%；枣区农民红枣收入占人均纯收入的70%以上。临县先后荣获“中国红枣之乡”、“中国红枣产业龙头县”、“中国经济林产业示范县”等称号，成为全国最大的红枣生产基地。全县现有7个大型农副产品交易市场，4个专业红枣交易市场，有红枣加工企业74个，5个大型红枣烘干园区，烘干房2000多间、4万平方米，226个红枣营销加工大户，登记在册的红枣专业合作社115个，全县70%的红枣得到初级加工，3000多位农民经纪人活跃在全国各地，初步形成了“生产有基地、加工有龙头、销售有网络”的红枣产业化发展新格局。

三、临县红枣龙头企业发展现状

在临县红枣产业生产经营过程中，龙头企业在促进农民增收、带领农民走向市场并推进农业产业化发展等方面发挥重要作用。为深入全面了解临县红枣龙头企业的发展状况及其对农村人际关系等的影响，本书主要选取了其中具有代表性的三家龙头企业进行调查研究，即在临县本地农村发展壮大的A枣业食品有限公司、外来投资建厂的T枣业有限公司以及国家级重点扶贫龙头企业H食品有限公司。通过对这三家龙头企业的对比分析，尝试总结归纳出临县红枣企业在发展过程中对农村人际关系的影响以及农村人际关系对本土龙头企业和外来龙头企业影响的差异性。

（一）A枣业食品有限公司

A枣业食品有限公司是一家从临县本土发展壮大起来的红枣龙头企业，其创始人是临县的一位普通农民。公司位于山西省临县Q镇Z村，紧靠黄河岸边，是2002年组建的一家红枣加工企业，厂房面积7500平方米，红枣加工旺季有员工约110—170人、淡季约有员工60—70人，员工大多是附近村民，没有签订劳动合同，均为口头协议约定，工资一月一结，加班另外有奖金。公司具有专业技术职称中级以上6人，初级以上20人，外聘有大学生技术员。在发展过程中取得了“品牌生产+合作化经营”的成功经验，被山西省扶贫办评为“省级扶贫龙头企业”。

（二）T枣业有限公司

T枣业有限公司是外来投资建厂，成立于2008年9月，是一家以红枣系列产品的种植、加工、销售为一体的现代股份制企业，在临县以及新疆都有生产基地，果园达几千亩。公司与多家食品科研机构建立技术合作关系，向农产品的高科技深加工的方向发展，同时注重产品的绿色、保健、安全，且以“万亩有机枣园”结合高科技为主体，坚持红枣生产、加工过程的全流程规范化操作。因山西省红枣市场竞争激烈，进驻费高，公司红枣产品主要销往外省，行销国内各大中型城市，并在30多个大中城市设立了专门营销网点，形成较为完善的销售网络。

（三）H食品有限公司

H食品有限公司是以红枣、核桃等山西特色农产品的种植、生产、研发、销售为主的专业化股份公司，成立于2000年，产品以饮料和蜜饯为主，销往全国200多家超市，有固定客户和完善的销售网络。公司在临县生产基地建有符合标准的食品生产车间5000余平方米，员工多为县城附近的村民，由长期工和季节工组成。H公司以国家农业发展方针和产业化政策为指导，在省、市（地）、县等各级政府的支持下，积极发掘山西丰富的红枣资源。为保证公司的原料市场的稳定和原料的绿色无污染，公司在临县武家洼、枣峁上建立了红枣种植基地，新栽枣苗2000亩，枣草间作2000亩，接穗2000亩。目前公司已经拥有6000亩有机红枣种植基地，成为国家级重点扶贫龙头企业。

通过对以上三个红枣龙头企业的实地调查，可以总结出以下几个共同点：首先，公司都设立于农村的红枣产区，主要原因是生产成本相对较低，具体表现在红枣收购方便、劳动力资源充足且招工方便、农村优惠政策等方面；其次，公司在用人方面都采用“固定工＋季节工”的模式，由于红枣加工有季节性，为了保证在红枣加工淡旺季的正常用工及生产经营，公司与核心员工签订正式劳动合同，与季节工则不签订劳动合同，而选择口头约定的方式，工资按日算，每月一结；最后，在评价当地农民时，公司负责人都表示招聘的本地员工普遍时间观念不强，但爱面子，注重个人形象，以身作则，注重“公平”。

第三节　龙头企业发展带来农村社会的变化

一、打造农村主导产业

从区域经济角度看，在一个地区经济发展初期，大多表现出对本地资源开发具有一定的依赖性，资源优势的开发利用是加快经济发展的重要途径，必须立足区域特色和资源优势，加快农村经济发展。就临县来说，农业人口占全县总人口的80%，是典型的农业大县，因此，临县致力发展特色红枣产业，打造特色农产品加工产业链，积极培育红枣主导产业，开发“拳头”产品，发展区域特色农业经济，形成别具特色的红枣产业基地。在临县红枣龙头企业的带领下，一大批农户脱离贫困，走上致富的道路。伴随着农户收入的增加，红枣龙头企业带领下的村庄经济、区域经济水平和知名度在一定程度上得到提升。与此同时，龙头企业创设的品牌也逐渐为人们所认可，形成品牌效应。在临县，红枣龙头企业产品销售面向全国各省区市，销售收入在2000万元上的红枣龙头企业有10家，销售收入最高者达6800余万元。为适应龙头企业的发展，临县各地建有红枣基地、红枣产业园区，开发引进了多项生产加工技术，解决了万余人的就业问题，并通过“龙头企业＋农户”、“龙头企业＋中介组织＋农户”的运作模式，拉长了农业生产链条，形成红枣产业产前、产中、产后的大农业格局，红枣产业迅速发展成为临县的一大支柱产业，成为区域主导型产业。

二、带动农民脱贫致富

临县是国家级贫困县，龙头企业发展的效应之一是帮助农村和农民脱贫致富。目前临县红枣龙头企业正在走扩大红枣种植基地，延长红枣产业链，增加红枣产品附加值之路。多数企业与农户签订有订单合同，既保证了自身生产所需的红枣原料的充足供应，同时也保证了农民收入的增加。在临县红枣淡季，企业内固定工人数一般有60—70人，而到了红枣收获季节，企业进入生产旺季的时候，为了保证正常的生产运行，会招募上百人的临时工进行生产，为解决当地剩余劳动力就业和增加农民收入提供了帮助。企业在当地招募一线工人，就必须对工人的生产技术予以培训，在国家大力提倡培育新型职业农民并制定相应的鼓励政策之后，临县政府及龙头企业响应国家号召，组织了各种层次的新型职业农民培训。新型职业农民培训，有效地提高了农民的综合素质，对于农民就业渠道的拓展和就业水平的提高无疑有着极大的促进作用。

如A枣业食品有限公司坚持以红枣产业为主导，形成了集中种植、生产加工、营销为一体的产业化发展格局，实现了资源优势向市场商品优势的转换，在公司迅速发展的同时，增强了龙头企业对基地对农户的辐射带动力，促进了农民增收致富，取得了明显的经济效益和社会效益，带动了当地产业结构调整，促进了红枣产业的发展；A公司年红枣生产加工量可达到8000多吨，可带动临县6800余户枣农脱贫致富，农民直接收益2700万元，安置农村闲散劳动力230余人，同时，公司为农户提供优质的种子、农药和技术培训，解决农民的后顾之忧，带动更多的农民种植枣树从而获得优质的原产品；在销售方面，A公司因品牌声誉良好，产品在全国各地连续畅销，从而得以将枣农和终端销售市场联系起来，在自身获益的同时带动更多的农户发展。

三、提高农民组织程度

在农村社会，分散的小农户缺少统一领导，缺乏自我保护、谈判和维权的能力，始终难以抵挡市场风险的冲击，从一定意义上来说，组织化程度低是导致农民成为弱势群体的一个重要因素，也十分不利于我国农业发展。因此，发展现代农业，解决“三农”问题必须提高农民的组织化程度，建立完善的农业产业组织体系，把小农生产和现代市场经济有机地结合起来，使广大农民成为农业产业化的主体力量。龙头企业的发展能够逐渐带动分散的小农户逐渐走向联合。一方面，龙头企业在与提供红枣原料的小农户进行交易时，从最初的直接与小农户进行谈判，进而发展到与小农户的经纪人或者农民专业合作社的代表进行谈判，而农民专业合作社是组织农户、将小农户聚集到一起的重要组织，农户的组织化程度由此得到提高。另一方面，龙头企业在招募工人时，将农民组织到工厂车间进行生产，现代企业组织要求高效的协同合作，使得农民受到有效的教育训练，对其行为方式与观念的转变起到了积极作用。小农户由此有效地组织在了一起走向联合，不仅有效地提高了农民的组织化程度，对于进一步促进我国龙头企业和农业产业化的发展将会产生十分重要的影响。

如T枣业有限公司最初的红枣收购模式是不签订合同，直接和农户收购，T公司员工L对我们说道：“我们去收枣，不签合同，直接收购，谁都可以去收枣，而且红枣没有固定价格，只要农民觉得价格合适他就把枣卖给你。企业与枣农之间的关系只是交易，但是也有不同，比如在和认识的农民收枣的时候他就会把好一点的红枣卖给你。”在这种收购模式下，村民之间的利益关联不大，基本上是各家干各家的，村民卖枣随意性很大。公司与农户之间是一种只有意向而没有契约的买卖关系，公司对农户生产的农产品一次收购，双方不签订合同，自由买卖，价格随行就市。除此之外，双方都是独立的经营者和利益主体，相互之间没有经济约束，收购红枣是通过纯粹的市场活动进行的，由于公司和枣农之间缺乏密切的财产联系，双方利益相左，行为难以约束，交往仅仅停留在买卖关系上。但随着公司的发展，为了获取更多品质优良的原材料，T 公司的收购模式发生了变化，公司与农户签订合同，枣农必须按照公司要求的标准进行种植，定期施肥，集中喷洒农药，收获时公司对红枣进行随机检验。在这种收购模式下村民集中进行种植，一个人的不负责任可能影响到整个村庄的利益，那么就需要一个农村精英来管理和领导农户，以达到村民整体利益的实现。根据对临县农村的调查研究发现，无论是对农村的发展还是稳定，都有农村精英参与其中并发挥了关键性的作用。在农村精英出现以前，村民所置身的权力网络是由家庭、村集体组织所组成的，而在农村精英出现后，农村的权力网络至少有了一个新的节点，部分村民置身于农村精英的经济和管理权力的制约之下，这部分村民将自己一天内某个时间段的行动自由以契约的形式交给了农村精英，并服从他们的生产指令，以期获得更高收入，组织化程度进一步提高。

四、培育新型职业农民

随着龙头企业的发展，大量先进农业科学技术、高效率农业设备设施、现代化经营管理理念越来越多地被引入到农业生产的各个领域，传统的农民已经渐渐不能满足企业的需要，迫切的需要高素质的职业化农民。新型职业农民是指具有科学文化素质，掌握现代农业生产技能、具备一定经营管理能力，以农业生产、经营或服务作为主要职业，以农业收入作为主要生活来源，居住在农村或集镇的农业从业人员。[①] 作为新型职业农民，应当具有主体、创新、法律、诚信的观念，掌握基本的科技、文化素养，具备发展农业

① 参见高扬：《浅谈大力推进新型职业农民培育问题》，《农场经济管理》2016 年第 7 期。

产业化的能力。大力培育新型职业农民也是建设新型农业生产经营体系的战略选择和重点工程，是促进城乡统筹、社会和谐发展的重大制度创新，是转变农业发展方式的有效途径，更是中国特色农民发展道路的现实选择。

山西省是农业部、财政部确定的两个全国新型职业农民培育整省推进试点省之一，而临县作为农业大县，培育新型职业农民是发展现代农业的突破口，是发展壮大农村经济和推动农民持续增收致富的有效手段。以 2015 年为例（见表 5.1），临县为培育新型职业农民，采取了切实可行的实施方案，培育新型职业农民 600 人次，具体由 6 个培训机构承办，按照精准培育、因材施教的原则，依据生产、精英、服务领域及规模的不同，将培育对象划分为生产经营型、专业技能型、社会服务型和引领带动型四种类型，侧重于生产经营型、专业技能型职业农民的培训，每类 200 人次，其中社会服务型 50 人次，引领带动型 150 人次。在培训课程设置上，临县培育新型职业农民的内容十分丰富，如绿色植保服务协会的培训内容包括中央和省政府有关涉农惠农的主要会议、文件精神，新型职业农民资格认定及相关扶持政策，农村第一、二、三产业融合发展，现代农业政策法律法规，农村电子商务以及具体农作物种植技术等。除了课堂上的交流学习，在种植园中实践训练也是临县培育新型职业农民的重要课程。从传统农民到新型职业农民，从单纯的农业生产经验到现代化的农业生产技术，这其中的变化不是简单的技术设备的更新换代，更重要的是文化观念、发展理念、价值追求的重塑和升级。新型职业农民的出现，是一种超越身份标签的划时代改变。

表 5.1　培训任务表

培训机构	培训任务（人）
吕梁晋荣种植专业合作社	100
临县玉坪乡忠信养殖专业合作社	50
临县绿色植保服务协会	200
临县大禹乡人民政府农技站	100

续表

培训机构	培训任务（人）
临县克虎镇人民政府农技站	50
临县农委科教股	100
合计	600

五、改善农村环境状况

虫害一直是影响临县红枣产量和品质的重要危害因素，2008年和2013年两次严重的虫害，给红枣生产造成了极大的损失，导致临县红枣严重减产。为减少病虫害的危害保证红枣的产量，枣农采取播撒农药的方式进行除害，但由于过度喷洒农药，致使枣林的土壤、大气、水体和生态系统又深受农药的危害。具体表现在一些农药性质稳定不易消失，在土壤中可残存较长时间，或者农药施用后，残留农药随水渗入地下水体，从而对水体造成污染。因此，滥用农药对枣林的生态系统造成了严重的污染，在有农药污染的土壤中继续种植会影响未来红枣产量。在实地调研时，就遇到了大片因农药污染不长枣的枣林，临县红枣产业局红枣专家Z告诉我们，“临县有一些地方的土壤已经不适合种植红枣，因为过度的喷洒农药和化肥使用的不规范，已经污染了土壤，即使红枣能长出来也是受到污染的食品，不利于身体健康，也就不适合进行销售；枣农不及时喷洒农药是导致虫害的主要原因，现在已经5月份，有些枣树上已经有了虫子，如果现在不喷洒农药，等再过1个月左右，喷了也没用，虫子已经多起来了，但是现在看这一块还没有喷农药，这枣树今年就恐怕种不出来枣了”。

龙头企业为了保证红枣原料的品质，除了对枣农提供相应的技术指导外，也对红枣来源进行严格的检查检验，这项倒逼机制要求枣农给企业提供红枣原料时，要保证红枣的品质，这也就进一步要求枣农在红枣种植、养护的工作中，严格控制农药的用量，而农药量的使用减少又有益于枣林生态环境的恢复，取得了双赢效果。如T枣业有限公司在与农户合作时，化肥和农药都由公司提供，并与枣农签订合同，要求定时定量地喷洒农药以及施肥，为了防止有村民不按要求进行，公司会在收枣的时候对红枣进行抽查检验，如果一户的红枣不符合合同约定的标准，将不收购整个村庄的红枣，在这种情况下，枣农规范了农药的喷洒，获得了优质原材料的同时，大大减少了对土壤的危害和虫害，形成了一个良性循环。

第四节　龙头企业对农村人际关系的影响分析

如前所述，龙头企业是实现农业产业化的重要组织形式，是市场经济在农村发展的应然结果，在吸收农村剩余劳动力和实现农转非等方面发挥着重要作用，并在一定程度上拓宽了农民的人际交往场域和范围。本节主要立足于龙头企业对农村人际关系的影响，将龙头企业划分为本地和外来两种类型，既从宏观方面分析龙头企业发展对农村人际关系的影响，又具体分析龙头企业内外部人际关系变化，同时分析了龙头企业发展和农村人际关系相互影响和制约的具体表现，以期能够全面深入地展现龙头企业发展过程中农村人际关系的变迁。

一、龙头企业发展过程中农村人际关系的变化

（一）家庭关系的变化

1. 夫妻关系的变化

龙头企业的发展，带动了农村经济的发展。伴随着这一过程，家庭关系中的夫妻关系逐渐开始显现出较为重要的地位。农业生产不单单是依靠男

性，女性在农业生产活动中的贡献越来越多，女性的家庭地位也随之提高，男性女性都进入工厂工作，每个人都在为家庭作着贡献。因此，女性所承担的不仅是传统的相夫教子职能，男性需要女性从事家务以外的工作，共同的劳动提升了夫妻关系的稳定性。夫妻之间对于获得更多的经济收入来改变家庭状况有了更加一致的看法，村民Z说:“现在红枣这一块发展得比较好，村里男女老少都看到好处了，以前男的出去东一下西一下，现在就在村子里面工作，积极性都比较高，女的也参与进来，家里的娃给老人带，都指望着挣钱呢，不过男的还是干得多一些，女的还要带娃和做家务。”当然，虽然女性的地位有了很大的提高，但农村家庭中大多数情况下男性依旧主导着权力，女性大多还是依靠男性。正如村民Z（男性）所说:“一般家里面的事还是我说了算，因为女的有时候想法比较多，不利索。遇到些重要的事，女的一般提点建议，最后还是我来做决定。”夫妻双方在面对矛盾的时候，普遍避免比较严重的冲突，大部分人认为家庭和谐是生活稳定的基础，也是在村内“行走”中的稳定支撑，认为不能“后院着火”，不然就会丢面子，给其他人留下不好的印象，这反映出传统农村人际关系中“三纲五常”的现代性滞留以及在农村社会中“面子”的强大影响力。

2. 亲属关系的变化

亲属关系是农村社会关系的重要一环，连接着多个家庭，是人际互动的重要形式。从传统意义上来讲，亲属关系表现为亲属个体之间的感情连接和依靠，个人从中寻求天然社会关系中的依赖感和持续感。随着经济社会的发展，亲属关系开始在利缘关系中松动，亲属之间的往来没有以前频繁和密切，主要集中于经济往来。如村民L所言:“我和我们的亲戚一般在过年走亲戚和婚丧嫁娶上联系较多，偶尔需要借一些钱也首先向亲戚借，毕竟比和朋友借容易一些，相比过去，我觉得主要变化在于亲戚之间的走动越来越少，见面也越来越少。平常联系主要也是经济帮助方面，其他感情联系相比以前也少了很多。”亲属之间的关系内容明确化，开始出现了情感性关系向工具性关系转向的趋势，交往更多的是以交换形式出现。

3. 代际关系的变化

代际关系主要是指父辈与子女之间的关系，传统意义上农村家庭中最重要的是纵向维度的代际关系，家庭成员同住一个屋檐下，具有共同的社会价值观和文化传统，社会关系非常稳定。随着改革开放、市场经济的发展以及龙头企业在农村地区的增多，一部分人离开农村务工，一部分人进入龙头企业工作，一些人通过社会流动完成了非农化转变，农民的个体意识得到增强，同时由于工作等原因，越来越多的子女不能和父母住在一起，造成了留守老人的增多，农村社会结构发生了变化，社会结构的改变促进了传统的农村社会关系产生了微妙的转变，农村代际关系出现了弱化。临县 B 村 L 村民告诉我们："以前一直觉得儿女要留在身边，以后老了有个照应，就像人们常说的养儿防老，但是现在就觉得只要儿女在外面过得好，在不在身边都行，年轻人还是要出去闯荡的。"同时，随着自我意识的增强，年轻人开始寻求一种平等，在某龙头企业工作的村民 Y 说："我们家里从祖上一直就教着怎么尊重老人，要讲孝道，老人还是很有权威的，长辈说的话大多还是要听，但是毕竟时代不一样了，他们的观念比较保守，所以遇到事情还是要商量，不能完全听他们的，只要我认为我的观点是对的，我就会坚持。"

（二）邻里关系的变化

邻里指农村居民在地域上靠近，并结合友好往来和亲戚朋友关系而逐渐形成的一个守望相助、共同生活的小群体，一般是人们居住的房前屋后、左邻右舍，经久相处和友好往来而逐步形成的。构成农村邻里必须具备三个特征，即共同的需求、地缘的接近性以及无可替代性，这三大特征都体现了农村邻里关系中互相往来以及互相帮助的必要性，因此，邻里往来与互助是研究邻里关系的重要切入点。

第一，在经济互助层面，由于初期原始资本的积累，多数农民企业家在初期都需要向亲朋好友借钱以开始事业。亲戚是首先想到的借钱对象，其次便是关系较好的邻居。A枣业食品有限公司负责人G说道："在我创业的时候需要两万块钱，但是家里面没有那么多钱，我就和周围的邻居朋友借钱，因为以前我们邻居之间经常走动，关系也特别好，有的一些邻居都是从小玩到大的，相互比较信任，他们就愿意把钱借给我，零零碎碎终于把钱凑齐了，正是由于这两万块钱，让我赚到了第一桶金。"第二，在资源互助层面，邻里之间主要是人情互助。如与G同村的村民Z建有一个烘干房，原本计划建好后出租，但却一直无人问津，而G却因红枣水分大易腐烂而发愁，就向村民Z学习烘干技术并以较低租金承租了烘干房，正是因为邻居关系，G租烘干房以及收购红枣才得以顺利。由此可见，在传统的农村社会里，邻里之间经过持续性的亲密互动和相互帮助，彼此信任，从而形成了一个紧密的共同体。同时，邻里间的人情关系通常是无偿和互惠的，在农民日常生活中发挥着重要的作用，是农民之间维系感情的桥梁，维系着农民之间的日常人际关系。但随着农村经济社会的发展，传统的邻里关系遭到了冲击，邻里关系逐渐淡化，互动减少。

（三）村民关系的变化

龙头企业发展前，村民人际交往以血缘、亲缘和地缘为基础，以"己"为核心展开，交往以农业生产和人情往来为主，如收枣及红白喜事中的互帮互助等，人际交往内容具有单一性特点，而龙头企业发展后，村民间人际交往内容呈现出多元化、个性化的特点。龙头企业发展促使农村商品经济发展和社会分工细化，丰富了人际交往内容，村民的交往对象从传统的血缘、亲缘、地缘圈不断向外拓展，开始发展以拟亲缘、业缘、趣缘等关系为基础的人际交往，交往地域范围也不断扩大，从而获取更多的利益。以经济利益为主要诉求的人际圈子开始形成，地域范围也不断扩大，从自然村到行政村再扩大到跨行政村区域，村民间人际关系构建场所也产生重要变化，从单一性向多元化变迁，形成了以企业场域为代表的新场所，村民会根据不同的需要聚集到工厂等空间进行人际沟通。同时，村民间人际交往逻辑发生变迁。传统人际交往的逻辑遵循以家庭、家族、血缘关系、亲缘关系等先赋性关系为起点的原则，血缘、地缘关系的远近直接决定了人际关系的亲疏，龙头企业发展带来职业的多元化和个性化，人际关系逻辑起点开始由家庭利益向个人利益转变。①

（四）从“叫人”到“雇人”的转变

“叫人”是农村社会特有的说法，即请他人帮忙或与他人换工，村民之间是一种互助性关系，这主要发生在农作物种植时期；“雇人”是指支付工钱请他人帮忙从事生产劳动，村民之间是一种平等交换的关系。两者最大区别在于“雇人”是一种金钱上的利益关系，一般不太讲究人情；“叫人”则讲究人情，而对经济利益不是看得太重，用临县当地的说法，“叫得着的人才会叫，叫不着的人是不会叫的”。

1.“叫人”型人际关系

传统农村的人际关系主要依靠家人以及村民，并没有直接的利益往来。村民以家庭为单位组织农业生产，家庭成员基本上可以应付自家田里的日常农活，只是在农忙时节才需要村民间的相互帮助，并且这个农忙期也不太长。每到农忙时节，村民会“叫人”帮忙，相互帮助度过农忙。不过，“叫人”的范围是有限的，必须是叫得着的人才会去叫，如亲戚、邻里、朋友。依照村民的说法，一般会先叫和自己有血缘关系的亲人，之后会叫关系比较好的朋友，最后才会叫邻里帮忙，且只要被叫的人有时间，看在相互的情面上都会去帮忙。在访谈中，村民Y感慨地说道：“以前我们家需要帮忙的时候，叫一下就会来很多村里的人，他们家里需要帮忙了我也就去，互帮互助、礼尚往来嘛。”

可以看出，血缘、情感性因素在生产互助中起到很大作用，大家庭的观念在村民心目中占有重要的位置，即使兄弟间分家单过，在农忙时节首先考

① 参见应南茜：《乡村旅游发展对农村人际关系影响研究——以安吉五鹤村为例》，硕士学位论文，苏州大学，2016年。

虑的还是兄弟间的生产互助，然后扩大到“自家屋”。而朋友、邻里这两者有重合，“朋友是通过邻里关系发展而来的更进一层的关系，很明显只是在邻近居住的几户人家之间”。这个时期，村庄内没有出现过“雇人”的情况，没有人愿意雇人，也没有人愿意受雇于人，这种方式对村民来说在情感上是一种很难接受的行为。总之，这一时期村民间的生产互助还只是局限于小范围内，如亲人和邻里等。村民在生产互助中，血缘和情感是首要考虑的因素，人们也不会用金钱去衡量亲人、朋友、邻里之间的关系，“人情”在村民的生产中占有非常重要的位置，谈钱会让双方都觉得见外。通常村民会在“叫人”帮忙时好烟好酒好菜招待，并在事后送一些自家地里产的东西给对方，送东西就代表着“送人情”，既为了给对方留下个好印象，以便于下次再请人来帮忙，也是为了加深彼此之间的感情。①

2.“雇人”型人际关系

随着政策的支持、红枣企业的增多以及红枣需求量的增加，村民开始大量栽种枣树，各村枣树栽种面积的不断扩大以及枣树的不断成长，劳动量相应加大，对劳动力的需求也增多。平时不紧张的农活，每个家庭可以慢慢完成，但到了每年农忙时节就需要大量劳动力，这是一个长时段的农活，对时间要求比较高，所需劳动力数量也较大，原有的“叫人”方式已不再适用，必须寻找一种能解决这个矛盾的办法，村民因此开始花钱雇人干活。主家所雇请的人大多是村庄内除亲人、朋友及邻里之外的其他人，甚至是村庄以外的人。多数村民都认为雇请自家亲戚和邻里不合适也行不通，原因是如果雇请亲戚邻里来帮忙，他们在收不收工钱、收多少等问题上很难开口。这恰恰反映了村民们在行动策略选择中难以完全摆脱对情感因素的考虑。因为雇人在当地已经是一种比较普遍的现象，虽然一个工多少钱并没有明确的规定，但民间应该有个约定俗成的东西，如果单纯是出于不好意思开口谈价钱或者收不收工钱的考虑，这仅仅是一个表面的托辞，

① 参见仇小玲、屈勇：《从“叫人”到“雇人”：关中农村人际关系的变迁》，《西北农林科技大学学报（社会科学版）》2008 年第 5 期。

更深层次的考虑仍然是人情因素。

雇人的对象是熟识的同村以及附近村庄的村民，因此对村庄原有的人际关系造成了很大的影响，它引导人际关系从对人情的注重向金钱利益的转变。由于金钱利益的驱使，村民更愿意在闲暇时给他人帮工挣工钱，而不再愿意不要工钱纯粹给亲戚邻里帮忙。在这种情况下，主家也觉得“叫人”这一方式对自家农活能否顺利完成没有保障。正是出于主雇双方的考虑，“雇人”开始成为一种大家普遍接受的、公开化的方式。“雇人”比起以前“叫人”虽然人情味更少一些，但更自由一些。由于雇人不是发生在关系亲近的人之间，对相互间的权利义务关系也可以明确表明，而不用觉得有碍于情面难以提要求。再者，村民都这样做，也不会觉得难为情。值得注意的是，“雇人”这种方式的出现也并不表示村民间是一种纯粹的金钱关系，其中也有人情关系存在，“毕竟都是一个村庄的人，总要留点情面”。同在一个村，村民会更关注于维持关系的和谐，避免可能的冲突。对于村庄外的人，由于是通过本村村民以及与主家有亲戚关系的村民介绍认识的，即便是主家对村庄外的人有什么不满意，一般也不会直接提出来，这主要也还是出于一种情面上的考虑。在此意义上，尽管在村庄内出现了按照市场交换原则的人际交往行为，但其中仍然渗透着传统人情和面子因素。①

二、龙头企业内部与外部人际关系变化

（一）龙头企业内部人际关系

A 枣业食品有限公司建立之初，规模小，管理简单，成员大多是由家人、亲戚、熟悉的村民组成，相互熟悉和信任。在初创阶段，公司发展主要依赖某一个或某几个主要成员的个人智慧和威望，依赖其对市场的敏感性、

① 参见仇小玲、屈勇：《从“叫人”到“雇人”：关中农村人际关系的变迁》，《西北农林科技大学学报（社会科学版）》2008 年第 5 期。

对机会的把握能力和对其他成员的凝聚力。从组织结构和管理机制上看，公司管理带有很大的随意性和偶然性，内部的分工也比较模糊，很少或者几乎没有什么规范约束。由于组织的主要成员要么是具有血缘关系的家族成员，要么是关系十分密切的朋友，他们的利益紧密地联系在一起，利益的一体化和成员的家族化，决定了整个企业的运作几乎完全建立在个人信用和个人感情的基础之上。同时，公司组织结构也十分简单，重大决策主要由高层作出(创业者决定权和影响力占据绝对地位)，因此组织显得特别精干灵活，对外部环境的各种变化能够作出迅捷的反应。这样的组织结构与管理模式虽然很不正规，但却非常有效，与组织这一阶段的规模和环境非常吻合，保证了组织的迅速成长与发展。① 同时，在A公司初期阶段，成员对公司有着高度的认同感和统一感，即使发生矛盾冲突，也可以通过内部协商得以解决，彼此之间的信任使得在决策执行时成员之间更容易达成共识。但是这个时候的人际关系也存在着很大弊端，决策权集中在少数人手中，事无巨细管理公司，很容易造成决策上的失误。

随着A公司的发展壮大，管理日渐复杂化、专业化，以前企业内部的人际关系带来的弊端逐步暴露出来，A公司走向了现代公司制企业，科层制管理已然成为现代企业管理的主要模式。同时，现代社会人际关系不再是原来的家族关系，只有用外在冰冷的规章制度来约束人才能使公司正常运转。公司管理者的主要工作就是排除人性化因素而达到一种完全客观的自我运行状态，无论谁来经营、管理和操作，其过程和结果都是一样的。这主要是由于：第一，完备的规章制度让所有人员的所有工作环节都有依据；第二，通过精确计算来消除个人因素带来的随意性，在制定完备的规章制度的同时，公司管理者在购买、生产和销售的各个环节和细节上精打细算，计算各种可能的开支，计算如何减少开支，以最大限度降低成本，在现代企业管理中，这种诉求被认为是合情合理的，但从人文角度看，这种做法总是让人觉得不

① 参见王新驰：《企业发展与科层制组织模式——基于中国民营企业的分析》，《扬州大学学报(人文社会科学版)》2004年第3期。

舒服甚至残酷，人与人之间变成冰冷的契约关系，不需要关心彼此的生存状况，而只需要履行契约上所谓具有法律效力的义务；第三，管理者把整个公司看作一个大型自动运行的机器，员工无非是机器的一部分，机器的运行沿着固定的程序进行，员工的活动也早就被规章制度和精确的计算所固定。① 正如A公司负责人G所说："以前公司规模不大，我一个人还能管得过来，和我一起经营的人大多是亲人和可靠的朋友，但随着公司的发展，公司内部的管理就出现了很多问题，有时候都是些熟人，反而觉得管理起来不方便，所以后来公司招聘专门的人才来管理，这种管理方式下不论是谁都要遵守公司的规章制度，如果违反就要进行相应的处分，在这样的情况下，公司发展得越来越好。"A公司实行现代企业制度，内部配有相应的规章制度，这些严格的规章制度规定了内部员工在工作场所和工作时间的行为规范，如果员工不遵守相应的规章制度，就会受到相应的处罚，而对表现优异的员工，公司会进行褒奖。

（二）龙头企业外部人际关系

1. 与农户的关系

龙头企业和农民的合作是一个共赢的局面。首先，龙头企业的不断发展壮大势必会扩大基地规模，增加投入，以期获得更大的回报。那么就可以在保证农产品价格基本稳定的前提下，在龙头企业获得收益、农业基地农民增产的同时实现农民收入的增加。其次，龙头企业发展壮大，促进农业结构调整，进一步增加投入，在客观上会补充一定量的劳动力，那么就可以吸纳农村的剩余劳动力，增加农村的就业机会，提高农民的工资性收入。再次，龙头企业在发展壮大和吸纳剩余劳动力后，会给新增劳动力进行培训或者定期给工人进行技能培训，培训资金的大量投入会进一步增加农民的技能，提高农民的素质，拓宽农民的就业空间，有效带动农民增收。进而，在龙头企业

① 参见朱忠良：《在科层制与人性化之间——比较两种企业管理模式》，《社科纵横》2016年第2期。

的带动下促进农产品流通，合理规划和建设批发市场及专业市场，疏通流通渠道，提高农产品商品率，也是增加农民收入的有效途径之一。最后，龙头企业会带动相关产业发展，如龙头企业的生产经营势必会带动运输、服务等相关产业的发展，形成了一批为龙头企业服务的经纪人队伍和农村合作经济组织等。

同时，在农民获得的收入达到一定程度后，就会进一步提高农民的生产积极性，从而把自身拥有的各种资源投入到发展农业产业当中，以求获得更多的回报。农民将大量的人力、物力和财力投入到农业产业中，会为龙头企业提供充足的劳动力资源、丰富的原材料和广阔的基地空间，这样对于降低龙头企业的生产成本，就会有极大的帮助，进而推动整个农业产业化的发展。因此，深入研究并正确处理好龙头企业和农户之间的关系，对于进一步强化农业产业化的发展，具有十分重要的理论意义和实践价值。农民增收和龙头企业发展是整个农业产业化生产链中的基础性环节，两者之间关系是否良性互动影响到整个农业产业的长远发展，关系到农村社会的发展进步与全面建成小康社会能否实现。

综上所述，在农业产业化的发展当中，龙头企业与农户在合作的过程中迸发出巨大的能量，促进了双方收益的共同增长。成功往往都是合作的结果，龙头企业和农户之间良性关系的运行必然会带动双方共同进步，并促进农业产业化和农村社会整体进步。

2. 与政府的关系

政府是我国龙头企业获得发展的重要驱动力，在龙头企业的发展过程中，政府及其工作人员会与龙头企业的经营管理者发生直接的沟通和联系，这也决定了龙头企业的经营管理者必须承担政府沟通者的角色。在政府的支持帮助下，我国农业产业化和龙头企业的发展逐渐步入全面发展的新阶段。从 2004 年到 2018 年，我国历年的中央一号文件始终关注“三农”问题，尤其对龙头企业的发展提出颇多具有建设性的指导意见，各级政府也在此政策导向下出台各项方针政策以促进龙头企业的发展。如 2017 年 3 月 7 日临县第十六届人民代表大会第二次会议指出：以林地流转经营为突破口，积极推广“公司＋农户”、“公司＋基地＋农户”、“合作社＋农户”等模式，实施红枣、核桃经济林提质增效28万亩（其中红枣林20万亩，核桃林8万亩），红枣品种改良1万亩；加快推进红枣产业化发展，大力培育一批红枣加工销售企业，逐步建成山西最大的红枣生产加工销售基地；引导龙头企业与合作社、专业大户、贫困户紧密合作，联户经营，“抱团”发展，结成利益共同体，实现互利共赢；探索村村有产业、户户有项目、人人能参与的产业扶贫模式，构建“一村一品，一户一业”产业发展新格局。在此意义上，龙头企业十分重视与政府的沟通交流，希望获得政府的支持信任。在政策指导基础上，政府部门作为维护市场正常运行、鼓励龙头企业和农业产业发展的坚定支持者，为掌握地方基本情况和龙头企业的经营状况，会选择与龙头企业进行主动的沟通和交流。政府也会制定相关法律文件，采取财政补贴，制定优厚的税收条件，提供人才、科技等措施支持龙头企业的发展，政府始终都是龙头企业的发展的重要推动力量。

三、农村人际关系对龙头企业生产经营模式的影响

A枣业食品有限公司在临县创立，公司领导者是本地人，公司与村民之间已经有了相互信任和合作的基础。建立基地需要土地，A公司与村民之间可以通过协商，以较低的价格获得土地，而且可以雇用大量熟识可靠的村民来基地进行生产。与村民发生利益冲突的时候，也容易通过与村民之间的协商得以解决。但是山西T枣业有限公司是外来投资建厂，在临县农村没有人际关系基础，与村民的相互信任度较低，在农村的各方面工作较难开展。Z村村民L说道：“我们这个村子小，各家各户的长辈都认识，像A公司在建立时，我们村子里面都出过力，现在公司也对我们村子很好，肯定是想让我们挣更多的钱，至于T公司，我们打的交道少，对它不放心，万一哪天骗了我们跑了，我们也找不到，和它也不用讲人情，能多要点钱就多要点。”

在临县实地调查中，村民对本地与外来龙头企业信任度的不同，使得企业选择的经营模式也有区别，本地龙头企业大多直接采用“公司＋基地＋农户”的生产经营模式，而外来龙头企业为了能更好地解决与农户之间的利益分配问题，使自身利益最大化，就需要一个中介组织来居中协调，所以采用“公司＋中介组织＋农户”的生产经营模式。

（一）本地龙头企业生产经营模式：“公司＋基地＋农户”

“公司＋基地＋农户”的农业经营模式是大多本地龙头企业所采用的模式，它以公司或集团企业为主导，以农产品加工、销售企业为龙头，重点围绕一种或几种产品的生产、加工、销售，与生产基地和农户实行有机的联合，进行一体化经营，形成“风险共担、利益共享”的经济共同体。这种模式的主要特点是公司与农业产品生产基地和农户结成紧密的贸工农一体化生产体系：公司与生产基地或农户签订产销合同，规定签约双方的责、权、利；公司对基地和农户有明确的扶持政策，提供全过程服务，并保证优先收购；农户按合同规定，定时定量向企业交售优质产品，由企业加工、销售成品。这种模式最重要的是龙头企业与农户需要相互信任，双方共同承担着风险，任何一方的违约都会损害双方的利益。A 枣业食品有限公司负责人 G 表明，“我们公司采用这种模式，主要是因为我们的基地就在村子里面，村里面的大多数人都是认识我的，他们信任我，我能给他们带来利益，他们当然高兴，所以在遇到很多问题的时候，我们都可以通过协商，相互理解，问题能比较容易地得到解决”。当然这种模式也有优势，公司通过与农户签订采购合同，使农户的耕地间接成为企业自身的生产基地，可以保证生产原料价格、数量以及质量的稳定，大大减小了原料采购风险，同时避免了原料采购时与其他企业可能存在的恶性竞争，实现了均衡生产和销售，缓解了分散交易成本高、风险大的矛盾，增强了企业竞争力，有利于企业发展。对于农户来说，签订合同意味着自家的收成可以以基本稳定的价格保证卖出，获得比较稳定的收入，降低了亏本卖出的风险，农户可以通过加工增值和利润再分配增加收入，而公司在基地农户生产过程中垫付的生产资金可以解决农户扩大种植规模的困难。①

（二）外来龙头企业生产经营模式："公司＋中介组织＋农户"

T枣业有限公司以农业局、农技推广中心等作为中介组织，设计出激励机制和制度安排来调动其员工积极性，使其成为联结千家万户的中介组织。T枣业有限公司负责人W介绍道，"我们公司刚刚到这儿建厂的时候，这里的村民大多不信任我们，不愿与我们签订合同，怕我们公司骗他们，同时，合同的约束性不大，也发生过村民不遵守合同的情况，在一定程度上也损害了我们公司的利益，但是有了中介组织之后，我们就比较放心，出了问题让他们协调，我们能够更加全心全意地把精力放在企业的生产经营上"。这一模式的优势在于，能较好地解决利益分配不合理以及合同难兑现的问题。中介组织一般是农民自己组建的，它一方面代表农民的利益，与公司签订合同；另一方面它又充当公司的代表，对农民生产提出要求，公司无须直接面对千家万户，降低了组织运作成本。同时，一旦出现合同纠纷，中介组织可居中协调，达到维护"两头"利益的目的，从而使龙头企业对农村经济发展和增加农民收入的拉动作用发挥得更充分。②

我国的现实国情决定了龙头企业在农村发展中的重要作用，发挥龙头企业在乡村振兴中的产业带动效应是历史和现实的必然选择。龙头企业从出现之日起就与农村发展紧密地联结在一起，龙头企业和农村发展有着天然的血缘、地缘和利益关系，其主要生产经营场所在农村，经营管理者基本上是当地企业家和生产经营者，主要劳动力也大多是当地农民，且农产品也依赖龙头企业实现销售，农民更是依赖于龙头企业实现脱贫致富。伴随着龙头企业

---

① 参见周玉龙、盛喆、周超颖：《"企业＋基地＋农户"农业模式探析——以连城红心地瓜干产业为例》，《企业导报》2011年第3期。

② 参见张海涛：《龙头企业—农户利益联结机制及组织模式研究》，硕士学位论文，北京交通大学，2008年。

的发展，不仅带来了农村经济的发展，同时也改变了村民的日常生活方式，人与人之间的关系亦发生了变化，人际交往中业缘关系的重要性逐渐突出，经济利益交换日趋明显，契约化人际关系冲击着熟人信任的人际关系，农村人际关系变得越来越理性化。

第六章 农业产业园区组织模式下的新型农村人际关系

——基于对山西农牧之乡山阴县的调查

山阴县以奶牛养殖为主，截止到 2015 年年底，全县已建成可存栏奶牛 300 头以上的牧场和园区 130 个，可存栏奶牛 8.5 万头，占全县总存栏奶牛的 91% 以上。其中，5000 头以上的牧场 1 个（古城集团），1000 头以上的牧场 5 个，500 头以上的牧场 23 个。古城乳业集团农牧有限公司牧场、驿泽奶牛专业合作社等已成为全省一流、全国领先的奶牛标准化养殖示范场区。① 规模养殖场区的建设，彻底打破了传统的庭院式、简易棚养殖的落后饲养方式，为持续发展和壮大奶牛养殖这一主导产业，加快推进奶牛现代化养殖进程奠定了基础。其中，农业产业园区是山阴县奶牛饲养管理的基本模式，股份制（股东以奶牛参股）又是最为重要的模式之一，由于在股份制模式下农户之间的合作程度较高，与以前农户零散、分散饲养奶牛相比，股份制很好地利用养殖户之间的利益相关原则，将分散的养殖户进行合理的整合，将以前的分散饲养整合为具备一定规模的饲养场域。此外，由于饲养奶牛形成一定规模，在规模效应下统一分配、统一规划、统一核算，这些举措不仅极大地节约了人力物力，也在品牌宣传、农民收入提高、区域经济有效持续增长等方面实现了重大突破。

① 《山阴县乳品产业发展运行情况》，山阴县乳品产业管理办公室，2016 年 2 月 17 日。

第一节　农业产业化及农业产业园区

一、农业产业化与农业产业园区的关系

由于国内外农业特点、农业产业化发展战略及农业产业园区模式的不同，农业产业园区分类复杂，国内尚无明确定义，在参考相关农业发展规划、农业产业园区案例、我国农业产业化发展历史和特点等基础上，本书把农业产业园区定义为：农业产业园区是依靠当地独特的农业优势，如农业资源优势、农产品加工优势、销售地理位置优势或农业区域地理位置优势等，投入较多资金，投资或引进有规模的、相互有密切关联的农产品生产、加工、销售、研发、金融等企业以及配套服务机构，形成现代化产业体系，有良好的生态环境和较高的经济效益，对当地和周围地区产生重要影响和带动的产业区域。①

在我国农业产业化发展过程中特别注意引导产业化主体结成“风险共担、利益均沾”的经济利益共同体。利益共同体的存在使得农户之间由竞争变为协作，由零散变为规模，由弱小变为强大。②这一点非常重要，因为我国的农业产业化尚处于初级阶段，利益联结紧密的农业产业化经营还不是很多，而松散的结构不能保障农户的利益。农业产业园区有别于传统的农业生产基地，它是在大力推进农业载体园区化、经营规模化、生产标准化、产业特色化、产品品牌化、农业现代化的背景下产生的，是提高农业产业化竞争力的一种高级形式，能够发挥集聚经济效应，在提升当地农业产业整体综合竞争实力、增加农民收入、实现城乡统筹发展等方面具有明显的优势。

① 参见苏永民：《燕山板栗产业化发展研究》，硕士学位论文，中央民族大学，2010年。

② 参见刘旭晔、钟炯城：《兴宁区农业产业化发展存在的问题及对策》，《中国西部科技》2008年第33期。

二、农业产业园区

（一）我国农业产业园区的发展历史

产业园区主要是为促进当地经济发展、实现经济目标，由政府对一定土地进行细分、规划和开发，供多个企业同时使用，以利于企业的地理邻近和共享各种服务、基础设施的经济活动空间。在我国，产业园区一般是政府主导的，很少有自发形成的，类型不仅包括工业园区，还包括农业园区、混合型园区、资源回收园区等，并且国内大多以工业园区为主。我国产业园区有着较长的发展历史，早在 19 世纪末期清朝开始建立近代工业的时候，就出现了产业园区的雏形。20 世纪 90 年代，我国农业现代化的建设中呈现出一种新型的农业发展模式——农业产业园区。农业产业园区以其专业化、规划化、安全化、特色化为解决传统农业向现代农业的转变创造出了一条符合中国特色的途径。我国农业产业园区在经历了急剧膨胀阶段后逐渐进入了规范发展阶段。迄今为止，我国农业产业园区经历了四个发展阶段（见表 6.1）。

表 6.1　我国农业产业园区四个发展阶段

时间	发展阶段	发展情况
1994—1996 年	起步探索阶段	主要标志是示范农场的建成，起到新技术示范的作用
1997—1999 年	急剧膨胀阶段	民营企业、工业企业、乡镇企业开始进入农业领域，采用灵活的融资方式和股份制经营农业产业园区，注重经济效益
2000—2003 年	规范发展阶段	园区经济效益、社会效益和生态效益并重的阶段，强调农业产业园区的多功能性，注重带动作用与科技教育作用

续表

时间	发展阶段	发展情况
2004—2010 年	快速发展阶段	北京、上海、沈阳、杭州、广州、陕西等地建立了管家工厂化农业示范区，1998 年建立了持续高效农业示范区，1999 年建立了农业高新技术示范区

资料来源：何志文、唐文金:《农业科技园区研究综述》；朱学新、张玉军:《农业科技园区与区域经济社会发展互动研究》。

（二）我国农业产业园区的发展特点

关于园区特征研究，许越先等认为农业产业园区有三个特征点：一是我国农业生产力发展新的制高点，二是我国农业现代化建设新的生长点，三是农业科技与农村经济结合的紧密型结合点。① 何志文等提出农业产业园区基本特征是：融科技、生产、市场于一体，产前、产中、产后一条龙，将设施、品种、技术相融合，生物工程、农业工程、农用新材料多学科相结合，高新技术、常规技术、传统技术组装配套，企业化管理，规模化经营，专业化生产，实现周年均衡生产，调剂供应市场，提供高科技含量、高附加值产品，高产、优质、高效的现代化农业发展模式。② 农业产业园区的特点应充分体现现代农业的内涵和基本特征，通过参考各位学者的研究成果，本书总结农业产业园区的特点如下。

第一，现代性。首先，基础设施和设备的现代性。在基础设施建设上达到土地平整、路桥配套、装备合理等标准，现代化农业装备应满足提高生产效率、提高产品质量、保障产品安全的要求。其次，科学技术的现代性。园区注重新技术的推广和利用，充分发挥农业科研积聚优势，积极推进对传统

① 参见许越先:《试用集成创新理论探讨农业科技园区的发展》,《农业技术经济》2004 年第 2 期。

② 参见何志文、唐文金:《农业科技园区研究综述》,《安徽农业科学》2007 年第 24 期。

农业的改造，培养现代农业新的生长点，加强引进、消化。吸收国外先进农业技术，提高实用技术应用水平。再次，管理方式的现代性。园区管理与现代市场经济接轨，按照政府扶持、部门支持、企业运作的思路，构筑市场化运行机制，使资源利用率和产出率及经济效益大为提高，社会效益、经济效益和生态效益高度统一。第二，综合性。园区的设计和运行应体现高起点、高效益运行的基本特色。坚持以经济效益为中心，并与社会、生态效益相统一，在园区内不仅选择有突出优势的农业高新项目，还要选配和组装农业产前、产后的相关项目，以便于形成市场、技术、资源一体化组织的整体优势。第三，聚合性。在园区中注意整合资源，聚合人力、物流、技术和信息，加速其向主导产业汇集，使优势产业实现集群态势，延长园区产业链，丰富相关产业体系，不仅获得较好的经济效益，而且创造产业园区品牌，通过聚合使园区进一步壮大，形成良性循环。第四，"磁场"性。园区具有"磁场效应"，对周边农区和广大农户有着较强的辐射和带动作用。

（三）我国农业产业园区的发展意义

1. 增加农民收入

农业园区的建设促进农业结构的多元化。计划经济时代，我国农业结构单一，主要是种植业，养殖业较少，人们以粮食和蔬菜为主填饱肚子，物质生活水平低，更谈不上农业文化享受。农业结构多元化，是以区域内整体资源优势及特点为基础，围绕市场需求，以科技为先导建立起来的，把经济效益、生态效益和社会效益作为统一体考虑，在发展中求保护。高附加值的产业开发，使农业立足于不断发展、繁荣、兴旺之地，有利于实现农业现代化。农民在园区发展过程中，不再以势单力薄的形象出现在市场，而是以平等贸易伙伴身份参与市场竞争，分享市场交易成果，提高了农业生产效益，保证了农民的稳定收入。

2. 加快产业化和规模化

农业产业园区的建设吸引政府和企业投入，可促使农业产业化、规模化。农业产业化是实现传统农业变为现代农业的过程，是引导分散的农户小生产转变为社会化大生产的组织形式，是多方参与的经济利益共同体，是农业市场的基本经营方式。在农业产业化背景下建立农业产业园区，将生产、加工、贮存、运输、销售等紧密结合在一起，不仅保证产品的有序供应和质量，还组成一个能实现不同群体最大利益的共同体。建立有特色的农业产业园区，既可以大大提高农产品加工深度和延长产业链，又可以进一步集聚农产品加工企业，增强实力，较快地扩大生产经营规模和提升农产品档次，实现农产品的优质化和增值，提高农业的市场化水平。只有发展农业产业园区，实现政府、企业、农民密切合作，才能将地方优势资源统一规划、合理利用和提升，加快实现农业产业化、规模化。

3. 提高科技水平

建设农业产业园区的过程，是实行产、学、研一体化发展的过程，可加快先进的科学技术应用到农业生产实际中，推进农业规范化、标准化、品牌化、信息化。由于园区合理利用本地优势资源，推广先进技术，如标准化生产技术、农业现代化管理信息系统、现代高效持续发展农业模式等，不断增加和更新产业品种，提高产量和效率，改善品质，使得科技对农业的贡献率明显提升。现代农业产业园区有很强的辐射带动作用，可推进当地农业与农村现代化进程，加快区域与农村现代化建设，有利于增强农业竞争力。

4. 建设和谐社会

园区建设不仅带动农业的发展，提高农民收入，改变农村面貌，减少城乡差别，而且为城市居民提供了更为丰富、优质、廉价的农产品以及多种文化享受。政府和公民之间、农民和市民之间、人和自然之间相处和谐，身心愉悦。

（四）我国农业产业园区的发展模式

农业产业园区分类复杂，园区内企业形成方式多样，其发展不能照搬某一类型或某个成功模式，而应结合当地实际情况，因地制宜。农业产业园区主要有如下三种发展模式。

第一，以资源和市场为依托，建设农业产业园区。企业、产业的成功与否最终取决于市场，市场的规律最终可以促成企业、产业的发展，如内蒙古乳都——呼和浩特的蓬勃发展就得益于市场的发展。在内蒙古，奶产业的专业化生产与贸易相得益彰。内蒙古有得天独厚的牧场，奶牛养殖场很多，伊利、蒙牛等龙头企业在此建立养殖基地、奶站等收集优质鲜奶，并在大城市建立销售网点。生产集群和专业化的市场联动发展是乳都发展的显著特点之一，这是特色产业园区的一种可选模式。

第二，依据突出的优势环节，建设农业产业园区。地区特有的经济、技术、社会、文化基础决定了该地区的竞争优势，在产业链上基于优势环节形成的企业集聚是发展农业产业园区的又一可选模式，如以大连雪龙集团为龙头的肉牛产业园区，虽然与五丰福成集团均是立足肉牛产业，并在当地和周边地区建立产业基地，但福成主要来源于整体产业链，大连雪龙则是集中于高档牛肉产业化和规模化生产，在销售渠道、技术创新上采取激励措施。大连雪龙从自身优势出发，合理定位，而不是单纯模仿，其实质是专业化与一体化。

第三，依托优势产业，发展农业产业园区。产业园区建设要优先选择现有的或具有形成优势产业可能的区域，要充分考虑具有支撑产业发展的独特优势的地区，而单纯依靠优惠政策吸引一批龙头企业难以达到产业园区发展的目的。更为重要的是，在经济全球化时代，靠优惠政策构建的优势将会减弱，农业产业化园区的竞争优势只能够建立在具有独特区域优势的产业上。

农业产业园区是实现农业产业化经营的一条重要途径，是农业产业化过程中的一部分，能够形成规模效应，各个企业之间可以共享基础设施，如交通、仓储等，这些都为企业极大地节约了运营成本，并且对于当地农户、政府都有极大的益处，它不仅能够提供大量的工作岗位给当地的农民，同时也能够提高农民和政府的收入。此外，农业产业园区还有利于实现内部规模经济，扩大经营主体的规模，利于实现规模化养殖，集约化经营，科学化管理，而且能够促进关联产业集群，带动区域经济社会发展，是最终踏上农业现代化的必由之路。本章将重点研究山阴县农业产业园区的发展历史和现状及由此对农村人际交往产生的影响。

第二节　山阴县农业产业园区的发展

一、山阴县发展畜牧业的条件

（一）自然地理条件

1. 地理位置与地貌

山阴县隶属于山西省朔州市，地处山西省北部，雁门关生态牧区，总面积 1651 平方公里，全县辖 4 镇 9 乡，257 个行政村，24.1 万人，其中农村人口 16.3 万。全县在东经 112° 25′ —113° 04′ ，北纬 39° 11′ —39° 47′ 之间，南北长 66.7 公里，东西宽 36.5 公里，东邻应县，南毗代县，西交朔城、平鲁二区，北与左云、右玉、怀仁接壤。① 山阴县地处塞北，因位于恒山余脉翠微山之北而得名，曾是汉族和北方少数民族的接壤地区，畜牧业发展历史悠久，放牧经验丰富，有“北方奶都”之称。山阴县境内以山地、丘陵为主，山脉有恒山山脉、洪涛山脉以及黄花岭，南北高，中间低。西北有洪涛山、高汉梁，其中以洪涛山最高，海拔 1947 米。南为恒山支脉翠微山，其主峰馒头山海拔 2426 米，中部为大同盆地的一部分，地势平坦。因为地势起伏较大，气温偏低，不利于种植业发展，因而灌木丛多，牧草低矮，草山草坡面积大。

① 山阴县政府网：《走进山阴》，2016 年 1 月，见 http://www.shanyin.gov.cn/zjsy1/xqgk.htm。

2. 农业资源

气候条件。山阴县地区是以高寒冷凉为主的典型大陆性气候，年平均气温 7.6℃，初霜期为九月下旬，无霜期 130 天，一月 -9℃—10℃，七月 23℃—24℃，气温的日较差和年较差较大；干燥少雨，年降水量 362.4 毫米，分布不均，全年降水量主要集中在夏季 6—8 月份，这三月平均总降水占全年总雨量的 65%；处于高光照地区，常年天气多晴朗，日照时间长，光能资源丰富，全年日照时数在 2600 小时以上。较大的温差及充足的光照满足了植物的光合作用，利于牧草生长，利于提高牧草营养含量。

土地资源。山阴县有耕地 87 万亩，林草地 70 多万亩，盐碱荒滩 7 万多亩，其中有可利用草地 55 万亩，仅草地蓄养量折合羊单位就达 120 万只，属于典型的农牧过渡带。全县位于黄土高原上，黄土颗粒细小，土质松软，土壤含沙量大、养分匮乏，平均气温较低，无霜期短，种植业低效。

水资源。山阴县水源较丰富，总集水面积 1645 平方千米，但分布不均匀，平川区和峪口区地表水、地下水都丰富，山区和丘陵区缺乏。全县境内主要有 4 条较大的河道——桑干河、木瓜河、黄水河、元子河（吴马营大河槽河），中部桑干河、黄水河贯穿其间，渠道密布，灌溉方便，但部分低洼区土壤盐碱化较严重。全县地下水资源 12608 万立方米，允许开采量为 8988 万立方米，主要有基岩裂隙岩溶水区、黄水丘陵孔隙水区、冲洪积扇群孔隙水区、冲洪积倾斜平原孔隙水区，流向为西北、西南、东南向中部山阴城镇，主要分布在山前倾斜平原，水量丰富，水质优良。①

（二）经济社会条件

1. 交通便利，辐射带动能力强

山阴县交通便利，境内有多条省级公路及高速公路，如大运高速、国道 208 及省道主干线岱合线，铁路有北同蒲线，全县柏油路、水泥路、高速路

---

① 山阴县政府网：《走进山阴》，2016 年 1 月，见 http://www.shanyin.gov.cn/zjsy1/xqgk.htm。

通车里程达 1860 多公里，周边连接大同、忻州、呼和浩特和河北奶牛养殖带，实现了农村硬化路全覆盖，形成连接东西、贯通南北的交通枢纽优势，蕴藏三产物流发展潜力。山阴县发展畜牧业，建设产业园区，不仅可以规范管理养殖小区，防控疫病，辐射服务周边大同、忻州、太原等 20 多个市县，而且可以带动雁门关生态畜牧区 28 个县的畜牧业快速发展，进而形成晋冀蒙陕奶牛集散地，打造国际黄金奶源带，使周边 100 万农民走上牵着奶牛奔小康的道路。

2. 政策支持

2015 年，《中共中央、国务院关于加大改革创新力度　加快农业现代化建设的若干意见》要求建设现代农业，深入推进农业结构调整，加大对生猪、奶牛、肉牛、肉羊标准化规模养殖场（小区）建设支持力度，实施畜禽良种工程，加快推进规模化、集约化、标准化畜禽养殖，增强畜牧业竞争力。①2016 年，"十三五"规划对做好新时期农业农村工作作出了重要部署，大力推进农业现代化，积极培育家庭农场、专业大户、农民合作社、农业产业化龙头企业等新型农业经营主体。不仅国家政策大力支持发展现代农业，地方政府也出台一系列政策、措施推进农业产业化，加快农业产业园区建设。2003 年，按照《中共朔州市委、朔州市人民政府关于加快奶源基地建设的意见》（朔发〔2003〕7 号）文件精神，山阴县政府及时出台了《山阴县人民政府关于建设奶源基地和整顿规范奶源市场秩序的意见》（山政发〔2003〕15 号）文件，决定全力建设奶源基地。2009 年，山阴县推动规模健康养殖，新建奶牛养殖人畜分离小区，新增配套设施，健全饲料安全监管体系，筹建山阴县鲜奶质量监测中心，开展鲜奶第三方质量监测。2010 年至 2011 年，山阴县坚持龙头带动、农牧结合，以促进农民收入增长为核心，加快推进农业现代化，并投资 2000 万元扶持建设千头奶牛高标准示范养殖园区，加强鲜奶收购和兽药饲料质量监管，确保畜产品安全，全面扩大饲草

① 《中共中央、国务院关于加大改革创新力度　加快农业现代化建设的若干意见》，2015 年 2 月 2 日，见 http://cpc.people.com.cn/n/2015/0202/c87228-26488263.html。

种植面积。2013年，山阴县以四大农业园区建设为主战场，打响农业升级战役，以奶牛养殖和乳制品加工为主攻方向，全面提升现代农业的发展水平。2014年至2015年，山阴县按照“以农载牧，以牧富民”的要求，以玉米和秸秆全部被畜牧业利用、畜产品全部深加工、牲畜粪便全部生物化处理和资源化利用等“三个全部”为发展方向，以“一村一品，一县一业”为抓手，大力发展现代特色农业，走出了一条农牧一体化发展新道路。

二、山阴县畜牧业发展历史与特点

（一）山阴县畜牧业发展历史

1. 基础发展阶段

基础发展阶段（1974—2002年）具体可划分为三个阶段（见表6.2）。

表6.2　山阴县奶牛养殖业基础发展阶段

发展阶段	时间	发展状况	发展内容
第一阶段	1974—1980年	认识、示范、引导、起步阶段	奶牛从1975年的252头增长到1980年的1859头，净增1607头，每年递增19.1%
第二阶段	1981—1991年	波动式发展阶段	随着养牛效益提高，养牛户不断急剧增加，逐步向专业化、社会化、商品化方向发展
第三阶段	1992—2002年	上规模、上档次、上效益的大发展阶段	引导奶农大养牛、快发展，奶牛养殖逐步向区域化布局、集约化经营、产业化方向发展，形成了以加促养、以牧促农、种养加一条龙、贸农工一体化的农业产业化雏形，成为北方农区奶牛养殖和乳品加工大县，被农业部列为全国奶牛商品基地县

资料来源：山阴县委、县政府：《健全七大服务体系，促进奶业快速发展》，见 http://www.shanyin.gov.cn。

2. 快速建设发展阶段

（1）产业园区建设发展阶段（2003—2008年）

此阶段实行园区集中养殖，分户经营，养殖实现人畜分离，结束了奶牛散养的历史。2001年，山西省正式下发《中共山西省委、山西省人民政府关于建设雁门关生态畜牧经济区的意见》，雁门关生态畜牧工程启动。作为雁门关生态畜牧经济区的“龙头”县，为了适应山西省建设雁门关生态畜牧经济区的新形势和我国加入世界贸易组织后与国际接轨日程的市场变化，山阴县及时转变观念，以做大做强奶业为目标，大力推进生态畜牧经济区建设和经济结构的战略性调整，及时制定了一系列鼓励奶牛养殖业和乳制品加工业发展的优惠政策。主要有：允许农户在自己承包的土地上建奶牛场、饲料加工厂、乳制品加工厂；鼓励机关、事业、企业单位员工在职带薪创办奶牛场、各类加工企业，三年后留去自由；鼓励金融部门对奶牛养殖和乳品加工、饲草料加工企业贷款实施优惠政策等。①

（2）产业园区改革创新发展阶段（2009年至今）

为推动社会主义新农村建设，促进全乡农业、农村、农民面貌的进一步好转，增加农村收入，改善农民生活，山阴县马营庄乡党委采取切实可行的措施，扎实推行“党支部＋园区＋合作社”经营模式，通过党支部指导合作社，合作社带动农民，实现了基层党组织政治领导、政策引导、发动群众等优势与合作社在技术、信息、市场、资金上优势的有机结合，延伸放大了党组织和党员在产业链条上带民致富的效应，进一步提高了农民进入市场的组织化程度，拓宽了农民增收的渠道。

首先，建立党组织，推进园区、合作社跨越发展。最初马营庄乡畜牧业生产发展速度快，但村民收入增长慢，具体原因是养殖品种多，规模化、产业化程度低，生产无序，养殖户抵御市场风险的能力弱。在此情况下，乡党委、乡政府因势利导，大力加强合作社和产业园区建设，具有代表性的是故

① 山西生态畜牧（办字〔2004〕1号）《山阴县生态畜牧经济区领导组办公室文件》。

驿村驿泽奶牛园区。2009年，驿泽奶牛园区以“支部+协会”的模式成立了全县第一个农民专业合作社党支部，把党组织的优势融入到园区发展中，建立了党支部引导园区化管理、合作化经营的“党支部+园区+合作社”的“三位一体”经营模式；推行党员帮带承诺制，设立帮带示范岗，划分帮带责任区，开展“三比活动”，比谁致富效应好、比谁带富能力强、比谁帮扶对象多，引领群众共同致富。在党支部的带领下，园区产出的牛奶数量多、质量好，每斤奶比散养户高出0.4元，吸引会员110户，入园奶牛1160头。2010年12月，在乡党委、乡政府及园区党支部的引导下，合作社又成功转为股份制，成立了驿泽现代养殖股份专业合作社，对管理和养殖模式进行了改革。股份制下，原来的“奶农”变成了“股东”，广大农民形成了利益共享、风险共担的经济共同体；原来的“分户经营”变成了“分群饲养”，集约化经营、牧场化管理等现代奶业管理方法得到充分运用。同时，合作社严格按照《中华人民共和国公司法》有关章程经营管理，实行统一饲草、统一饲养、统一预防、统一管理，基本实现机械化养殖，工人由近百人减少到七人，奶牛饲养也由传统的玉米秸秆、玉米粒、麻饼更换为青贮草和专用饲料。目前，合作社计划流转2000亩土地种植紫花苜蓿等优质牧草，实现牧场化养殖，并筹备建设500立方米大型沼泽气工程，加快牛粪的综合利用，实现绿色循环发展。近年来，山阴县积极探索奶牛养殖的新模式、新路径，初步形成了粮—牛—奶和畜—沼—菜两大农业循环产业链条，促进了多种农业要素的互促互动，也成为农业持续增效，农民稳定增收的“引擎”。①

表6.3　山阴县近年奶牛养殖发展情况

年　份	奶牛存栏数（头）	鲜奶生产量（万吨/年）	奶牛养殖规模（以村为单位）		
			500头以上	1000头以上	5000头以上
2002	51000	18	35	0	0

① 山阴县人民政府网：《2014年山阴县人民政府工作报告》，2014年8月21日，见http://www.shanyin.gov.cn/info/1058/5242.htm。

续表

年　份	奶牛存栏数（头）	鲜奶生产量（万吨 / 年）	奶牛养殖规模（以村为单位）		
			500 头以上	1000 头以上	5000 头以上
2003	68500	19.5	—	0	0
2006	72000	20	1	—	0
2012	85000	26	25	20	0
2015	85410	27.8	23	5	1
2016	72612	23.3	—	—	—

注："—"表示数据缺失；资料来源于山阴县乳产品产业管理办公室《山阴县乳品产业发展运行情况》。

其次，发挥党组织领导核心作用，引导园区、合作社健康发展。坚持党支部领导合作社与合作社独立自主开展活动相结合，注重加强党支部对园区和合作社的领导和指导，认真解决园区和合作社自身难以解决的实际问题。[①] 一是派指导员，抓好制度建设。为更好地发挥合作社党支部作用，乡党委高度重视，召开专题工作会议研究，并成立了工作指导组。如为解决农产品销售难问题，合作社党支部及时召开会议研究决定，确定 7 名销售经验丰富的社员从生产中脱离出来，直接负责向外销售，把销售触角延伸到全国各地，其中 5 名成员是从乡机关、农办、经委、供销社等相关部门挑选的党员，其政治素质好、熟悉党务工作、农村工作经验丰富，专门指导园区和合作社党组织开展工作。同时，产业园区等合作经济组织章程是内部运行的基础，要处理好发展与规范的关系，完善内部运作机制，必须建立章程。为此，党员以组织工作的严谨性帮助其建立严格的章程，引导园区、合作社与社员之间通过签订合同、协议、契约等形式明确双方的权利和义务，规范各自的行为，实现园区、合作社与社员的"双赢"。二是注重科学技术培训和交流。党支部组织党员、技术骨干、养殖大户等组成小组并担任组长，有计

① 参见李自坤：《党支部＋合作社　打造党建富民新模式》，《中国集体经济》2014 年第 33 期。

划地帮助社员和农户了解掌握养殖技术、市场信息、销售渠道等。

再者，党组织积极发扬民主，广泛接受监督。党支部在支部书记的带领下，严格执行民主集中制度，凡涉及人、财、物及关于农村经济社会发展的重大问题，都必须经过党员及村民代表大会讨论通过后方可执行。如在产业园区和合作社生产建设工作中，党支部坚持召开村民代表大会和社员大会进行研究讨论，征求村民和养殖户意见和建议，在基本达成共识后方才实施，且党支部书记不搞一言堂，充分发挥两委班子的集体智慧，从而实现科学决策，支部班子逐步形成了"会前多交流，会中可讨论，会后不扯皮"的工作原则。同时，党支部搭起了党员与群众的交流平台，增强了党组织的活力。党员与群众在园区和合作社中相互交流致富经验，共同分析市场行情，探讨产业发展中的实际问题，达到共同进步、共同致富的目的，党组织的吸引力和凝聚力也明显增强。此外，党支部带头敢于接受监督：一是村务公开，二是财务透明，三是民主评议，四是及时上报。在广大社员及村民监督下，产业园区的建设和畜牧产品的生产透明度相比之前大有提高，合作社的财务收支、盈亏状况也都设有专栏，具体经营情况对社员及村民公开，接受监督。

马营庄乡在"党支部＋园区＋合作社"这一工作模式探索中，充分发挥党组织和党员作用，带领农民创业致富，在合作社发展过程中，积极筹措资金，并给予信息、技术等方面的指导和帮助，切实解决了合作社的实际困难。正是有了党员社员的带头示范，才有了产业园区和专业合作社的蓬勃发展，而同时产业园区和合作社的发展又为党员干部发挥作用提供了平台，开辟了新的工作领域，丰富了其工作内容。在此意义上，山阴县园区发展要进一步解放思想，创新机制，更加扎实推进"党支部＋园区＋合作社"这一模式，助力乡村振兴。目前，山阴全县以奶牛养殖为主的生态畜牧生产基地不断夯实，饲养模式和技术服务体系渐趋完善，奶牛存栏数、单产水平、养殖规模逐年提升（见图 6.1），乳制品加工能力不断增强（见图 6.2），乳业作为一个富民产业已成为山阴县农民增收致富的主要来源，支撑起县域经济的半壁江山。

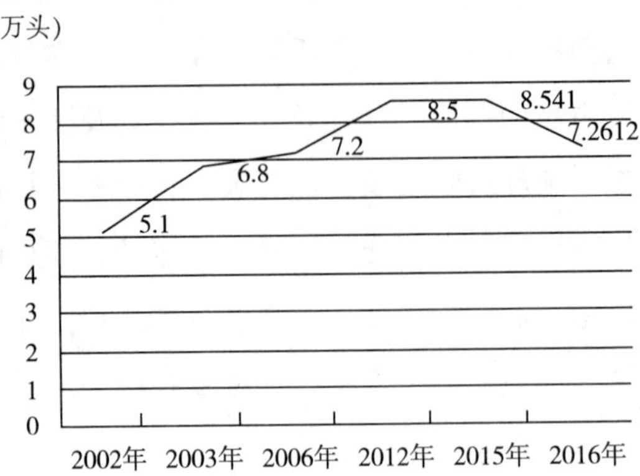

图 6.1　山阴县奶牛存栏数折线图

资料来源：山阴县乳产品产业管理办公室《山阴县乳品产业发展运行情况》及山西省统计局。

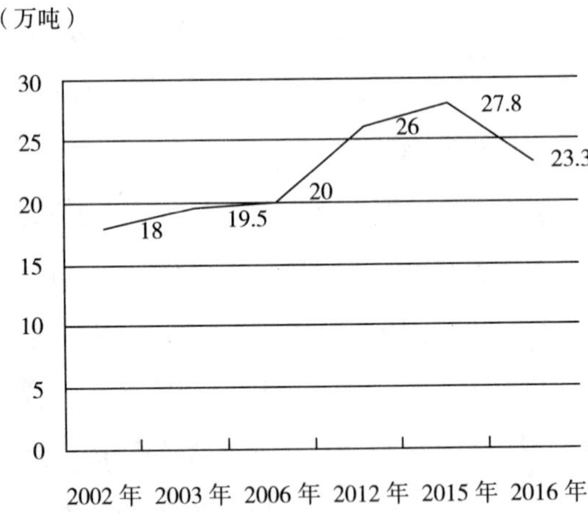

图 6.2　山阴县鲜奶年度生产量折线图

资料来源：山阴县乳产品产业管理办公室《山阴县乳品产业发展运行情况》及山西省统计局。

（二）山阴县畜牧业发展特点

多年来，山阴县委、县政府坚持把发展特色养殖和畜产品加工业放到突出位置，采取有力措施优先扶持和强力推动，实现了山阴县畜牧业的快速发展，主要表现为传统畜牧业改造提升速度快，产业科技应用多。目前，畜牧业发展主要呈现以下四个特点。

1. 奶牛养殖基地建设快速发展

自 2001 年山西省召开发展雁门关畜牧业工作会议以来，山阴县把发展奶业作为发展现代化畜牧业的一个切入点，在资金、用地方面给予政策扶持，推动了全县奶牛养殖业的快速发展。山阴县畜牧局对全县奶牛统一建立电子档案，园区内每头奶牛耳朵上都贴有电子二维码，使它们都有了自己的“身份证”，同时在每个挤奶间安装了生鲜乳远程监控系统，对生鲜乳收购站的挤奶、贮存和运输环节进行 24 小时不间断实时监控，全面掌握生鲜乳收购站的盲区，真正实现生鲜乳从生产、贮存到运输环节质量安全监管的全程对接，为生鲜乳质量上了全保险。据调研资料显示，2003 年年末，山阴县奶牛存栏数达到 68500 头，肉牛出栏达到 8000 头，鲜奶产量达到 19.5 万吨；2006 年年末，奶牛存栏数 7.2 万头，日产鲜奶 500 多吨，500 头以上规模奶牛场 1 座；2012 年年末，奶牛 500 头以上的农村有 25 个，1000 头以上的农村也有 20 多个；2015 年年末，奶牛存栏数 8.54 万头，年生鲜乳产量 27.8 万吨，奶牛存栏增长了 25%，5000 头以上规模奶牛场 1 座。

2. 机械化水平逐步提高

山阴县通过联营、股份合作、加盟经营等方式发展畜牧业机械，严格考察农机销售企业和修造企业，初步建立起畜牧业机械化体系，包括耕地方面的推土机、大型和小型拖拉机等，种植方面的割草机、打捆机等，养殖方面的饲料粉碎机、机械化挤奶机等。据调研资料统计，全县建有现代化奶站 202 个，机械化挤奶覆盖率达 80% 以上。牛奶加工方面，古城乳业已完成了年产 15 万吨液态奶生产线、年产 20 万吨奶牛配方饲料生产线的建设，伊利康喜乳业日加工鲜奶120吨，拥有7条液态奶生产线，蒙牛溶溶乳业有现代化鲜奶生产线4条，日收购加工鲜奶130吨，另有6条鲜奶生产线在筹建中；畜产品加工方面，山西天鹏农牧有限公司引进先进的自动化生猪屠宰线两条和中西式熟肉加工生产线两条，具备年屠宰生猪54万头的生产能力，年生产冷鲜猪肉2.7万吨，年产熟肉制品4万吨及副产品加工1万吨。当前，山阴县仍致力于完善畜牧业机械化市场体系，如配套的牧草种植、收割、加工机械，熟练的操作维修队伍，分布合理的畜牧业机械化作业经纪人队伍(主要是培养乡农机管理员、村农机安全员等)，市场调节的收费价格等。

3. 龙头企业发展强劲，产业链延长，销售市场扩大

2002年伊利和蒙牛乳业进驻后，山阴县乳品龙头企业形成了有效的竞争机制和集群式、全产业链发展格局。作为本地乳品龙头企业，古城乳业现已发展成为一家集奶牛饲养示范和乳制品加工、销售、新品研发于一体的现代化民营企业，员工1200多人，下设11个经营性分支机构，其中6个乳品加工厂日处理原料奶能力达到1200吨，年设计生产系列乳制品32万吨。经过持续不断的带动引导，古城乳业现已形成了覆盖三市(朔州、忻州、晋中)20多个县市区、涉及5万余户奶农、存栏奶牛12万头的稳定奶源供应基地，也是目前山西省规模最大的乳制品专业产销企业和唯一一家同时获得婴幼儿配方乳粉、乳制品、饮料全品项生产许可的企业，其产品销售至全国26省市，销售网点达56个。① 而山西天鹏农牧有限公司是一家集种植（智能温室、苜蓿、育苗、育花)、养殖(猪)、繁育、屠宰(生猪屠宰)、加工(饲料、熟肉制品、生物有机肥)、销售（种猪、肉制品、有机肥)、冷链物流、连锁直销店及社会化服务（公司＋基地＋农户）于一体，集低碳、环保，循环式利用、链条式生产于一身的现代化民营企业。公司围绕生猪养殖，先后建成了年出栏生猪6万头的规模化大型养殖场、5万吨肉制品加工厂、3万吨有机肥加工车间、无抗饲料加工车间、沼气发电站、污水处理厂等，初步形成

① 山西古城乳业集团有限公司网站，2015年5月2日，见 http://www.guchengruye.com/com-content_detail/&i=9&comContentId=9.html。

了以生猪养殖为核心、肉制品深加工为重点的自身闭合与资源再利用两大循环产业体系。①

4. 生态环保工程起步早，实现了物质循环再生产

山阴县紧紧围绕全省“雁门关生态畜牧经济区”建设的目标，重点推进标准化畜牧养殖小区、玉米种植、牧草种植，加速产业融合，延伸产业链条，扩大增收渠道，把推进生态建设、畜牧业发展和农民增收有机结合起来。据调研资料显示，山阴县80%的玉米和秸秆被奶牛全部消化，8.5万头奶牛产生的粪便大部分经大型沼气站发酵处理后，沼渣、沼液用作生物质肥料施于盐碱地、设施大棚以及耕地；集中连片建设了6850座、1.2万亩设施蔬菜大棚，且正与首农集团合作，建设京津地区优质“菜篮子”和特色绿色农产品供应基地；粮食产量达到2.51亿公斤，同比增长24.8%，形成粮—牛—奶和畜—沼—菜两条循环产业链条，农业产业内部的良性循环初步形成，不仅为现代生态畜牧业发展指明了方向，也成为挖掘农业潜力的“利器”。

三、山阴县畜牧业的产业化发展及模式选择

畜牧业产业化经营是畜牧业发展的方向，通过畜牧业产业化经营，可以延伸产业链，提高附加值，增加农牧民收入。畜牧产业化是畜牧产业一体化的简称，所谓畜牧产业一体化是指畜牧业经济再生过程的诸环节（产前、产中、产后）结为一个完整的产业系统，其基本内涵是以市场为导向，以经济效益为中心，以骨干企业为龙头，以千家万户为基础，以合作制等中介组织为纽带，对一个区的畜牧主导产业实行饲料养殖加工、产供销、牧工商、牧科教紧密结合的一条龙生产经营体制，其核心是形成畜产品生产与经营一体化。② 从实践角度看，畜牧产业化表现为生产专业化、布局区域化、经营一

① 数据来源于调研资料统计。

② 参见张玉：《发展内蒙古山羊绒产业化的思考》，《中国畜牧兽医学会2004年学术年会暨第五届全国畜牧兽医青年科技工作者学术研讨会论文集》（上册），2004年9月11日。

体化、服务社会化、管理企业化等综合特征。目前，畜牧业产业化经营有三种类型：一是“松散型”，“龙头”凭其传统信誉为农牧户提供各种服务，联结基地和农户，主要是市场买卖关系，没有其他约束关系，这种类型可谓产业化雏形，有希望向一体化过渡，但实质没有形成一体化经营；二是“半紧密型”，龙头企业与农牧户或基地有契约关系，但不够稳定，属过渡类型；三是“紧密型”，龙头企业与农牧户或基地有较稳定的合同（契约）关系、股份合作关系、股份制关系等，实行一体化经营模式。①

（一）畜牧业的产业化发展

山阴县畜牧业的产业化以实力较强的企业为“龙头”，以畜产品生产为基础，以加工、销售企业为主体，以综合技术服务为保障，把生产、加工、销售、科研和生产资料供应等环节纳入统一经营体内，其发展重点有以下三个。

1. 奶业产业化开发

山阴县加强奶牛生产基地建设，以乳品加工厂为龙头建设高质量的奶源基地，不断增加奶牛养殖数量，走奶业产业化路子，重点是加快良种繁育体系建设，增加良种奶牛数量和奶产量，提高鲜奶及其制品的质量和加工水平，保证城市消毒奶及奶制品的供应，并大力推进学生饮用奶计划。同时，新建或扩建乳品加工企业，加大技术改造力度，重点扶持大型乳品加工骨干企业，通过资产重组，组建企业集团。此外，在产品上逐步降低奶粉生产，重点发展液态奶，其中，奶粉生产重点开发以婴儿和老年人为主要消费对象的花色品种；液态奶制品生产以纯牛奶、风味牛奶、酸乳饮料和强化乳饮料等系列产品为主。

2. 瘦肉型猪产业化开发

生猪是我国肉类生产的主体，也是居民肉食消费的主体，山阴县按照“稳定数量，提高质量，扩大加工，增加效益”的总体思路开展工作。瘦肉型猪产业化开发主要抓住两个环节：一是结合畜禽良种工程，抓好猪的良种

① 参见何世宝：《皖西白鹅生产现状及产业化发展策略》，硕士学位论文，安徽农业大学，2008年。

繁育体系建设，加快品种改良，增加优良“三元杂交”和配套系瘦肉型猪比重；二是抓猪肉的精深加工和肉猪产品的综合开发利用，增强在国内外市场的竞争力。同时，全县抓好优质瘦肉型猪基地建设，与发展规模养殖、建设无规定疫病区结合起来，提高基地的规模化、商品化程度和肉猪的卫生质量标准，并围绕生猪产品开发，新建、扩建和联合组建猪肉综合加工企业，完善内部机制，增强带动能力，抓好猪肉产品的精深加工和皮革加工，增加产品出口创汇能力，推进生猪生产、加工上档次，也注意培育和发展一批容量大、功能全、辐射面广的生猪批发市场和仔猪交易批发市场。

3. 优质肉牛产业化开发

在优质肉牛产业化开发中，山阴县紧紧抓住退耕还草、草地生态治理等有利时机，加快品种改良步伐，增加优质牛肉生产比重，建立区域化和规模化的优质肉牛基地，发展龙头加工企业，开发生产牛肉食品和牛皮制品，推动肉牛产业化快速发展。同时，全县在农牧结合地区逐步建立起第三条肉牛带，通过大力推进牧区肉牛易地育肥，发挥农区与牧区两个优势，重点是在已形成的肉牛带生产区建设优质肉牛育肥基地，在基地内建设适度规模的肉牛育肥场，扶持肉牛育肥专业户，提高肉牛生产水平和产品档次，并在肉牛繁育专业户和育肥场之间形成风险共担、利益共享的纽带关系。①

（二）产业化发展的模式选择——产业园区

产业园区主要是为促进经济发展、实现经济目标，由当地政府对一定土地进行细分规划、开发供多个企业同时使用，以利于企业的地理邻近和共享各种服务、基础设施的经济活动空间。农业产业园区的建设和发展对于带动区域发展、实现农业产业化具有重要的意义。一是带动当地周围镇村基础设施建设和当地农民的就业和增收，促进科技的发展，新技术、新品种的研发和推广；二是为涉农企业提供更优质的发展环境，有助于其发展和壮大，促

① 参见王明利、王济民：《我国畜牧业产业化发展战略和对策》，《农业经济问题》2002 年第 S1 期。

进当地产业结构调整；三是有利于地区特色产业和品牌的形成和发展，一定程度上可以解决园区的产业结构雷同问题，带动和加快区域的全面发展；四是加快粗放型农业生产方式向集约化现代农业生产方式转变的进程，促进农业产业提质增效；五是提高对农用地的利用效率，改变不合理的耕作方式和低效率产出的现状，促进土地资源合理高效利用。①

过去，山阴县主要通过“龙头企业＋农户”的模式实现畜牧业产业化发展，使企业与农户以产业链为基础形成了较为稳定的贸易联盟，既是增加农户收入、减少市场风险、降低生产成本的重要手段，也保证了企业生产原料的供应，有利于企业扩大生产规模，因而是较为普遍的发展模式。但在这种模式下，养殖是以农户为单位分散进行的，企业对相对分散的农户很难进行监控，同时，管理机制和组织形式等方面存在的问题影响了畜产品质量，很难与大市场对接。为了适应市场对食品质量安全的日益关注，实现对生产全过程的有效监控，以生产出安全可靠的食品，山阴县选择以产业园区为依托，探索出两种园区发展模式——以党支部为领导核心的“党支部＋园区＋合作社”模式和以农牧业产业化龙头企业为引领的“合作社＋园区＋企业”模式。

驿泽奶牛养殖园于2009年成立了山阴县第一个农民专业合作社党支部，最早采取“党支部＋园区＋合作社”的园区发展模式，建立了党支部引导、园区化管理、合作化经营的“三位一体”经营模式，园区实行统一建档、统一防疫检疫、统一草料供应、统一养殖技术、统一挤奶销售、统一集中核算，通过运输、仓储和加工等机构延长产业链，以市场为导向，获取流通和加工服务等领域的利益，提高了畜产品质量，实现了集约经营与持续增收。而这一模式也使农户主体地位在某种程度上得以实现，在党支部的引导下，农户以合作社的名义与龙头企业打交道，对于企业的不合理行为，农户可以法律形式保护自身利益，也使交易更加公平。“合作社＋园区＋企业”的园区发展模式由企业牵头，在同一产业链基础上，形成企业、园区、农户为一

① 参见张娜妮：《农业产业园区区域发展带动能力研究——以新苑阳光环京津冀安全农产品产业园为例》，硕士学位论文，河北农业大学，2015年。

体的生产、经营联盟，主要体现园区发展的企业主体性，强调企业在园区运作中的主要决定作用。如山阴古城镇紧紧围绕古城乳业集团这张“王牌”，依托企业带动，挖掘优势资源，引导鼓励农村剩余劳动力创办经济实体，发展多元产业，开创了以农牧业产业化龙头企业为引领的“合作社＋园区＋企业”的发展模式。企业作为组织领导者，利用品牌、营销、技术、管理及产业链方面的优势，规划和组织园区建设，对园区的生产、经营、技术、销售等进行统一化管理，并组织合作社或农户加盟；园区作为养殖环节的生产管理实体，由企业按养殖、安全、环保等要求统一规划并组织建设，投产后按企业规定对园区范围内的养殖生产集中实施标准化管理；合作社或农户作为养殖生产的承担者，经企业审查批准后加盟园区，投产后按企业的技术要求和防疫规程，用统一的饲料和品种，生产标准化的优质畜禽产品。①

（三）产业园区与养殖户的联结

产业园区是市场与农户联结的纽带，是现代农业科技的辐射源，是人才培养和技术培训的基地，对周边地区农业产业升级和农村经济发展起示范与推动作用。产业园区的联结必须以共同的利益为纽带，以政策和合同为保障。据调研资料显示，山阴县产业园区与养殖户形成的经济利益共同体，主要通过以下三方面联结。

1. 以产品联结

首先，产业园区保证养殖户生产符合安全卫生标准的农产品，以较高的保护价为保障，按照市场价全额收购畜产品；其次，产业园区重视对市场潜在需求进行分析，时刻把握产业的发展方向，以产品为中心把产前、产中、产后、加工、销售等环节结合起来形成产业链，既发展畜产品加工企业，创建自己的品牌，利用媒体、网络等进行广泛宣传，实现品牌效应，又建设或引进适合当地实际情况的畜产品加工龙头企业，为其提供满足加工质量和数

① 参见冯光德：《养殖小区成为畜牧业“新宠”：公司＋园区＋农户——安全畜产品产业化模式》，《农村养殖技术》2007 年第 2 期。

量的畜产品，增加畜产品附加值，同时因地制宜发展观光农业，创办高档次的、集旅游休闲观光为一体的现代农业示范园，使产品生产过程发挥最大效益；最后，为保障产品能满足市场需求，园区加强组建营销队伍，建立销售网络，根据农业市场调查和正确预测制定合理的经营策略，避免生产的盲目性，进一步扩大产品销售范围，降低风险损失。

2. 以服务联结

产业园区积极引导和扶持畜牧业合作组织同专业协会与龙头企业对接，建立合理的利益机制，提高农户进入市场的组织化程度，处理好龙头企业和养殖户或合作社农户的关系，真正形成利益共享、风险共担的经济共同体；提供园内交易场地，配套完善的管理服务体系，引进金融、保险、税务、货物代理、广告、法律、会计等中介服务体系，使从农户处收购产品后可直接在产业园区内完成现场交易，避免了运输途中的损耗，增加了交易收益；在各郊县设有服务总站和技术员，通过园区为养殖户提供农作物栽培、病虫害防治、科技推广等系列化服务，将先进的农业科技转化为现实生产力，用科学的方法管理生产，提高产品质量，提升农户养殖技术，推动畜牧业不断向更高层次迈进。①

3. 以契约联结

只有不赢利的产业链环节，没有不赢利的产业，稳定的利益联结机制是农户增收的核心保障：一是契约机制，龙头企业与合作社或农户签订合同，确立畜产品交售数量、质量和价格，并通过预付定金、贴息贷款、赊销种苗、饲料等形式结成利益共同体；二是股份合作制，龙头企业、合作社、农户通过资金、土地、技术、设备、劳力等要素入股，实行股份合作经营和全产业链集团化经营；三是风险补偿机制，龙头企业建立风险保障基金，在农户遭遇自然灾害和市场风险时给予补助。②

---

① 参见刘媛媛：《蔬菜产业化：加工园区带动型模式研究——以嘉鱼县为例》，硕士学位论文，华中农业大学，2009 年。

② 参见蒋小松、何志平：《以畜牧业经营机制创新推进农民稳定增收》，《决策咨询》2014 年第 6 期。

在山阴县，产业园区与养殖户签订交售合同，通过法律形式确定双方的权利和义务，二者之间是一种股份制合作关系，养殖户以牛入股，在产业园区中拥有股份，并且参与企业经营管理和监督，按股份获取红利。这种合作关系不仅有利于产业园区实行统一的养殖和管理，而且以股权稳定了养殖户的承包经营权，以分红保护了农户的利益。通过以上三种方式的联结，很大程度上改变了以前零散的、各自为单位的养殖模式，提高了生产效率，实现了养殖户与企业、产业园区利益勾连，增强了养殖户抵制风险的能力。同时，农户为了获取更多的利益，更加积极主动投入到产业园区建设和发展规划中，提供具有建设性的意见和建议，而企业和产业园区为了能够调动农户的积极性，实现自身产值增加，也在最大程度上保障农户的利益，这种休戚与共的合作互动关系是农业产业化发展中必不可少的。

四、山阴县产业园区发展模式获益分析

我国农业产业化发展特别注重引导产业化主体结成“风险共担，利益均沾”的经济利益共同体。利益机制是产业化模式的核心，是产业化经营发展的基础，其存在使农户之间由竞争变为协作，由零散变为规模，由弱小变为强大，因而需要充分考虑农业产业化发展中各参与主体的切身利益。

（一）企业获益分析

第一，有利于建立安全的产品供应链。在原有模式下，养殖由一家一户分散进行，无法进行统一管理，更谈不上统一的标准和技术，因而产品安全性和质量稳定性无法控制。而消费者越来越关注产品安全问题，更倾向于购买有品牌、有质量、有食品安全认证的产品，政府也逐渐加强了对产品安全方面的管理。在此意义上，企业必须采用新的产业链模式——产业园区发展模式，通过园区对养殖环节进行集中统一管理，使生产全过程处于可控制范围内，进而建立安全的产品原料生产基地和产品供应链。第二，有利于实现

精细化管理。产业园区发展模式下，养殖户利益与责任直接挂钩，其责任心增强，管理到位，生产水平也相应提高，如产业园区模式下规模1000头的奶牛场，管理、技术、财务等人员可减少到四五人，而成活率却提高3到5个百分点。第三，有利于推广优良品种。过去养殖户认为外种猪就是良种猪，一定程度上造成优良品种难以推广，而园区发展模式下统一选用优良品种，以奶牛养殖为例，园区内产出的牛奶每斤比散养户高出0.4元。第四，有利于获得政府支持。园区发展模式可组织大批养殖户进入园区养殖致富，进而园区自身成为城乡结合的新型社区，顺应了乡村振兴的战略目标，得到了政府的重视和支持，如农业产业化项目资金、扶贫资金、大型养殖场污染处理资金等专项支持以及在土地、税收等方面的优惠政策。

（二）农户获益分析

第一，获得收益保障。企业实行定价收购，农户销路有保障，且集中统一管理下效益也较高。第二，获得技术保障。过去养殖最怕病，现在看病有专业兽医，由企业或合作社统一进行防疫、诊治；过去配种难，现在由企业或合作社联系提供精液，由技术人员统一配种；过去饲料贵，现在直接使用企业或合作社提供的优质饲料；过去养殖技术难学，现在由企业或合作社提供成套的养殖技术服务，如不定期培训和技术人员现场指导，农户间也可交流经验。第三，获得资金保障。园区内的奶牛、母猪等可享受担保公司的担保贷款，农户也可以实行资金互助，投入高峰户可以通过园区向暂有余额的借资。

（三）社会效益分析

第一，有利于解决产品安全问题。产业园区发展模式全程控制，产品安全有保障。第二，有利于解决就业问题。规模化产业园区中，产业链完整，养殖环节多样，分工明确，所需劳动力较多，因此可以吸纳当地部分劳动力就业，为社会减负。第三，有利于提高当地养殖技术。企业对园区内农户进行养殖技术培训，一部分农户可成为技术带头人，对推动当地养殖技术的提高起到重要作用。第四，有利于维护当地生态环境平衡。产业园区从发展生态畜牧业角度出发，建立了长期的生态环境污染检测体系，对养殖园区所处地区的空气、水质、土壤等进行定期检测，出现污染超标的情况会立即启动应急预案，实施补救和整改，且园区主动支持国家退牧还草、退耕还林、禁牧及休牧政策的落实贯彻，实现了养殖生产与生态环境保护的和谐发展。

第三节　山阴县农业产业园区的股份制经营

山阴县农业产业园区的股份合作制是以合作制为基础，吸收股份制的部分做法，将劳动者的劳动联合和资本联合相结合形成的畜牧业组织形式，其资本以股份为主构成，牧民以股东身份共同参加劳动，实现按资和按劳分配，权益共享，风险共担，自负盈亏，独立核算，是我国农村合作经济发展的新方向。[①] 为了解决“园区养牛，分户经营”生产方式与大市场的矛盾，促进畜牧业产业结构调整和产业化经营，达到优化生产要素、增加农户收入的目的，山阴县将原来的契约合作制改成股份合作制，打破传统生产方式的约束，把农户自身利益直接与合作社、企业和园区效益挂钩，实现了畜牧业的产业化发展。

一、股份制合作模式实行的必然性

（一）养殖专业合作社存在的问题

山阴县养殖专业合作社在最初发展中出现了个别成功案例，如马营庄乡

① 参见祁发业:《在祁连县开展股份制合作社建设试点的几点思考》,《养殖与饲料》2015 年第 6 期。

故驿村的驿泽奶牛专业合作社。在驿泽奶牛养殖园区的带动下，全村共建起和昌奶牛养殖专业合作社、宏利奶牛养殖专业合作社、驿惠奶牛养殖专业合作社、明大奶牛养殖专业合作社等 4 个标准化养殖园区，1 个肉牛园区，实现了奶牛全部入园，结束了奶牛散养的历史。而在山阴县，由于建养殖园区需较大的投入，对于大多数农户而言，集中建舍、分户饲养、规模灵活的养殖园区成为适宜的方式，这种“农户小规模，生产大群体”的方式具有投资主体多元化、组织形式多样化、管理服务统一化的特点，发展较快。但当时的多数合作社只是简单的牛合群、人不减，导致出丁不出力的情况出现，同时养殖园区松散型联合的先天不足也开始凸现，园区内农户自定规模、自主经营、自筹资金、自得利益，目标价值的分化决定了行为的不统一性，且园区内的统一管理者是由各个农户选举产生的，主要管理手段是协调，权利保障手段极为有限，这种以自律为主的管理体制，很难防止园区内个别农户的不协调行为。

具体来看，养殖专业合作社自身存在的问题主要表现在三个方面。第一，部分合作社名不符实。养殖合作社绝大多数是以园区为单位组成的，很多徒有虚名或只具有合作社的一部分功能，而名副其实、运作规范的合作社很少，甚至个别地方搞合作社“下指标”、挂牌子只是为了得到国家的优惠政策。合作社本该是一个利益联结体，但目前其利益联结机制尚未形成，如在山阴县农业产业园区股份制改造过程中，一些农户认为：“我养了这些牛，我要说了算，而且自己的牛想方设法也会养好，就像养自己的孩子一样，但是要统一管理，让别人养我的牛，我不放心。”第二，合作社缺乏民主管理。奶牛养殖园区内合作社的领头人多是园区出资人，其最大优势是具有一个强势的领导者，决策效率较高，但同时也存在很多问题：其一，合作社的运转主要依靠个人权威来维系，议事制度、监事制度、财务管理制度等不完善且执行不到位，甚至无章可循，同时相当一部分合作社并未设立财务管理机构和监事机构；其二，养殖农户个人学识、理解能力和投资能力等存在差异，合作社生产经营无法真正一致，影响了标准化程度；其三，合作社管理松散，社员地位不平等，相互间不信任，无法实现民主管理。第三，农户承担较大风险，利益无保证。长期以来，养殖农户在奶价上无话语权，在整个产业链中承担较大风险，在产业利润分配上处于劣势，而合作社也只能是反映情况，话语权也较弱，现有的合作社大多是由农村能人牵头，只能在小范围和短时期内取得成功，根基并不稳固。同时，养殖农户各自独立承担风险，无法保证农户朝着园区的整体效益努力。

除了自身问题外，山阴县养殖专业合作社发展还受到外部因素的影响，如政策支持力度不足等。《中华人民共和国农民专业合作社法》明确提出，中央和地方财政应当分别安排资金，支持农民专业合作社开展信息、培训、农产品质量标准、农业生产基础设施建设、市场营销和技术推广等服务；对民族地区、边远地区和贫困地区的农民专业合作社和生产国家与社会急需的重要农产品的农民专业合作社给予优先扶持。但是，这些扶持政策并未在基层得到真正落实。由于缺乏资金，养殖专业合作社的社会化服务功能大大弱化，一方面合作社内部正常的经营活动无法开展，另一方面合作社无力向成员提供资金、技术和服务上的支持。

（二）畜牧业股份制经营的重要作用

第一，实现了生产要素的优化配置。畜牧业股份制经营模式将养殖户的草场、牲畜、资金等生产要素整合，实行市场化运作、规模化生产、集约化经营，在畜产品生产、加工、销售等环节中，根据入股的特长采取分工合作的方式，实现投资效益的最大化。如故驿村在股份制改革工作中，采取奶牛户以每头奶牛折价 8000 元入股，牲畜等生产资料入股使得合作社资产雄厚，市场交易能力提升，且奶牛户所持股份比例与话语权成正比，但没有一家股东的股份占绝对优势，一定意义上保障了股东地位的平等性。第二，提高了畜牧业投资的集聚度。建立畜牧业股份制经营模式，一方面有利于民间闲散资金投入畜牧业，缓解资金紧缺的状况，真正实现劳动联合与资本联合的有机统一；另一方面使政府投资由原来面对千家万户转为面向股份制公司，政府的扶持项目资金、扶贫开发资金和畜禽养殖基础建设资金等将根据股份制经营的发展规模和发展方向有目的、有计划地进行投资，避免“撒胡椒面”的现象发生，提高了政府资金的利用效率，有利于形成“投入一点，拉动一线，带动一片”的良性发展机制。第三，提高了养殖农户的收入。实行股份制经营模式，农户建立了自己的经济联合体，既是生产者又是股东，不仅在生产环节中得到报酬，又以出资额（牲畜、草场、资金等生产要素）参与其他收益再分配，这一制度设计建立了激励机制，降低了监督成本，避免了“搭便车”现象，从而实现了农户收入的稳定增长。① 第四，促进了兽医实用技术的普及推广。实行畜牧股份制经营模式，直接从事畜禽养殖者均为熟悉本地区养殖条件、具有丰富养殖经验的养殖能手，其科学文化水平普遍较高，有较强的责任心和对新事物的敏感能力，有利于加快畜牧兽医科技成果转化，提高畜牧业生产科技含量。第五，降低了农户的养殖风险。实行股份制经营模式，养殖农户可以在社会化生产中参与社会分工，即作为劳动者和股东，一旦遇到自然灾害、动物疫病等，养殖农户在畜牧生产收入减少的情况下，仍可从加工、销售、服务等经营利润中获得收益分配，从而降低了养殖风险。

二、股份制合作模式的实现

（一）实现土地经营权股份化——土地流转

股份制合作模式的实现有两个前提，一是农户有足够的资金或实物入股，二是公司的规模足够大，符合上市标准。但农户除了土地之外，大多数没有多余可供入股的资金和实物，因而要实现股份制，只有对现有的土地制度进行改革，使农户不仅拥有土地的承包权和经营权，也在一定范围内拥有

① 参见常吉塔、纳巴他：《松潘建立畜牧股份制经营模式对策初探》，《草业与畜牧》2011 年第 8 期。

土地的支配权。在此意义上，土地流转制度为实现土地经营权股份化提供了前提，土地流转是指拥有土地承包经营权的农户将土地经营权（使用权）转让给其他农户或经济组织，即保留承包权，转让使用权。也就是说，在不改变家庭承包经营基本制度的基础上，把股份制引入土地制度建设，使土地经营权股份化，将农户承包的土地从实物形态变为价值形态，让一部分农户获得股权后安心从事第二、三产业，另一部分农户可以扩大土地经营规模，实现农业由传统向现代转型以及公有制与市场的深度融合。

1. 农村土地流转模式

目前，我国农村土地流转模式多种多样。如黄丽萍通过对我国农村土地使用权流转进行研究，将农村土地流转方式归纳为分散流转和集中流转两类①；邓大才依据制度环境的差异与地理环境的不同特点提出了股份合作经营、承包土地资本化、承包土地证券化、承包土地反租倒包、团体租赁经营、托管经营等六种农地流转模式②；魏沙平、蒋孝亮等依据对重庆北碚区农村土地流转情况的实地调研，提出了农民自主型、政府主导型、业主主导型等三种农村土地流转模式③；严柯、杨华军等通过对四川绵阳市农村土地流转状况的调研及流转方式的比较分析，将农村土地流转划分为大户租赁经营型、农村专业合作社型、企事业带动型等三种农村土地流转模式。④

山阴县土地流转模式主要是政府主导型。为推进当地土地流转，县政府出台了多项政策，采取了各项措施，保证了土地流转顺利开展。为了妥善处理农村土地承包和农村土地承包流转中出现的矛盾纠纷，根据《山西省人民政府办公厅关于做好农村土地承包经营权流转工作引导发展适度规模经营意见》（晋政办发〔2010〕32 号）和《朔州市人民政府办公厅关于

① 参见黄丽萍：《中国农地使用权流转研究》，厦门大学出版社 2007 年版。

② 参见邓大才：《论农户承包土地流动的条件和模式》，《南方农村》2002 年第 2 期。

③ 参见魏沙平等：《重庆市北碚区三个行政村土地流转模式探析》，《中国发展》2011 年第 2 期。

④ 参见严柯等：《农村土地流转模式的比较研究——以绵阳市为例》，《中国市场》2012 年第 26 期。

印发朔州市学习宣传贯彻〈农村土地承包经营纠纷调解仲裁法〉实施方案的通知》（朔政办发〔2009〕120号）的精神和要求，山阴县成立了农村土地流转工作领导小组、山阴县农村集体资金、资财、农用资源管理服务中心和山阴县农村土地承包纠纷调解仲裁委员会。① 全县按照产业向园区集聚、农民向城镇集聚、土地向经营大户集聚的发展思路，于2012年率先制定出台了《山阴县人民政府关于加强农村土地流转规范化管理引导发展适度规模经营的实施意见》，明确规定土地流转费按照“实物折价、让利于民、双方互利、平等协商”的原则由双方协商确定，严把考察关、公示关、鉴证关等三道关口，并从县财政拨出6000多万元设立农村土地承包经营权流转专项扶持资金，用于农村土地承包经营权流转工作和扶持土地规模化经营项目。同时，山阴县进一步提高流转出土地农民的社会保障水平，对流转土地的农民拟给予参保补贴，这一举措有力促进了全县土地有序快速流转。同时，山阴县工商局通过对土地流转合同的推广使用，使农村土地流转行为得到了有效的规范，切实保护了合同双方特别是农户的合法权益。

2. 农村土地流转效益

土地使用权流转是农业生产主体创新的基础，要在坚持家庭承包经营制度的基础上，按照“自愿、有偿、依法”的原则，建立健全市场化的土地使用权流转机制，使土地向大的农业公司集中，将土地真正作为一种农业的生产要素，按照市场机制进行合理流转和资本化经营。② 比较典型的有山西省翼城县富华奶牛养殖有限责任公司，该公司通过土地流转，投入大量资金来改善水利基础设施，科学施用有机肥，统一机械化生产，规模化种植青贮饲料，带动了养殖业的发展。2005年，根据《农村土地承包经

① 《山阴县人民政府关于成立山阴县农村土地承包流转工作领导小组、农村集体资金资财农用资源管理服务中心和农村土地承包纠纷调解仲裁委员会及相关事宜的通知》，2011年11月15日，见 http://www.lawxp.com/statute/s1569840.html。

② 参见冯浩：《农业产业化组织形式与运行机制研究》，硕士学位论文，安徽农业大学，2008年。

营权流转管理办法》，在当地村委会的大力支持下，公司遵循平等协商、依法、自愿、有偿的原则，并与农户积极协商，最终顺利实现了土地流转，同时，为了解决流转出土地农户的就业问题，公司统一安排120名农民从事农业劳动，发放工资报酬，使农户在获得流转土地承包费的同时取得了劳务报酬。对公司而言，通过规模发展增加了产业效益，对农户而言，不仅从流转土地中获得了收益，而且可以通过劳动挣得工资，公司和农户实现了双赢。[①] 富华奶牛有限责任公司的产业发展实践说明，要因地制宜走出一条特色现代农业发展之路，引导培育一批新型农业经营主体，必须变革传统的生产组织方式，通过土地流转不断提高土地的产出率和利用率，切实增强现代农业市场的竞争力。农村土地流转效益具体表现在以下三个方面。

第一，优化农业结构，改善基础设施，提高耕地单产和机械化作业水平。加快土地流转，发展家庭农场和现代生态农业，推动土地集约化、规模化、多样化经营，实现农产品优质化和数量化“双提高”。土地流转前的耕地大多为零星地块，流转后经过平整，取消了地塄，小块地变大块地，既增加了耕地面积，又方便了大型机械作业，极大地提高了土地利用率和生产效率，也可以将开垦流转的抛荒土地用于种植饲料或其他有机农产品，节约了有限的土地资源，有效改变了以往单一的种植模式。第二，提高农户收入，解放农村劳动力。一方面，农户通过土地流转获得稳定的租金或转让费，一定程度上增加了农户收入；另一方面，养殖大户和基地通过土地流转可以发展奶牛等各类养殖基地，并为农户提供了就业机会，使部分劳动力在家门口“就业”，成为“农忙务农，农闲入企”的双栖型农业经营主体，也带动了周边农户积极发展奶牛养殖和玉米饲草种植，逐步扩大了奶牛等养殖基地规模。第三，充分利用秸秆，利于良田保护，落实生态文明。土地流转前，秸秆基本焚烧，损坏了土壤的有机结构，不利于基本农田的良性保护；土地

① 参见张子峰：《土地流转规模大种养结合效益增》，《农业技术与装备》2013年第18期。

流转后，秸秆用作奶牛饲料，并通过大量有机肥的使用，提升了土壤肥力，提高了土地产出率。同时，盘活抛荒土地用于发展现代农业和农旅复合型产业，解决因传统农业管理模式而造成的面源污染问题，打造一批农业生态观光型旅游产业，实现经济效益和生态效益的最大化和平衡性，不断推进生态文明建设取得新成果。

（二）土地流转再促股份制园区建设①

近年来，山阴县各级有关部门规范土地流转程序，建立健全土地流转服务组织和土地承包经营纠纷调解仲裁体系，加快土地流转，促进土地规模化经营，流转的面积逐年扩大，累计达到12.2万多亩，并规定每完成一个股份合作养殖园区且进行牧场化管理，县政府将以每头奶牛500元的标准补贴奶农，其目的是加快股份制农业产业园区建设，鼓励养殖园区走完全股份合作养殖之路，提高科学饲养和管理水平，促进园区向高标准、规范化牧场方向发展。山阴县逐渐走出了一条政府牵头、市场运作、股份合作的发展之路，经济效益和社会效益显著提高。

第四节　农业产业园区与农村人际关系的关联性分析

山阴县农业产业园区的不断发展，推动了农业产业化进程，促进了当地经济社会发展，也影响着农村社会的人际交往互动关系。在以园区为依托的农业产业化经营中，农户、合作社、龙头企业等参与主体在生产、加工、销售等环节相互联系、相互制约，既有利益联结又有利益博弈，各个主体在合作互动和矛盾冲突中影响与重塑着农村人际关系。

① 《朔州市山阴县土地流转经济社会效益显著》，2016年3月15日，见http://www.sxnyt.gov.cn/sxnyt_xxsb/xxsbnybm/xxsbszsnw/201206/t20120628_25668.shtml。

一、农业产业园区带动型产业化模式的运行机制

（一）利益联结形式

从经济学观点来看，各参与者主体对农业产业化系统的投入（劳动、资金、产品、知识、技术）及其投入得到可以接受的回报和收益，是激励其积极性和创造性的动力之源，在此意义上利益机制是产业化模式的核心，是产业化经营发展的基础。农业产业园区各参与主体主要通过以下三种形式来实现利益联结。

第一，资产整合，即产业园区以股份合作制或股份制的形式与农户结成利益共同体。农户把自己承包的土地部分或全部租让给加工园区，并拥有其股份，农户可以参与产业园区的经营和管理，并按股分红。通过这种利益联结机制，农户以入股的形式进入第二、三产业，以股东的身份分享园区部分利润。第二，价格保护，即产业园区为农产品设定保护价（一般高于当时市场价），以此为保障与农户建立稳定联系。保护价以市场平均价格制定，当市场价格低于保护价时，产业园区按照保护价收购产品，农户受到了切实保护，双方的经济联系在一个契约期内是稳定的，这不仅解决了农产品"难卖"问题，有效规避了市场经营风险，也为加工园区建立了可靠生产基地。第三，中介服务，即产业园区内设有收购服务总站，并配备专业技术人员提供服务。通过签订合同，园区为签约农户优惠供应优质畜牧品种和饲料等，免费提供全程生产技术指导和上门收购等一系列服务，这一方面使得农户在生产前资金不足时能够得到及时完善的免费服务，另一方面园区通过对农户先期的无偿帮助，使签约农户对园区的信任感加强，从而保证农户愿意在产品收获后将其交售给园区，同时农户也不再是单纯的原料提供者，而是逐渐参与到园区发展中，地位得以提升。①

① 参见刘媛媛：《蔬菜产业化：加工园区带动型模式研究——以嘉鱼县为例》，硕士学位论文，华中农业大学，2009年。

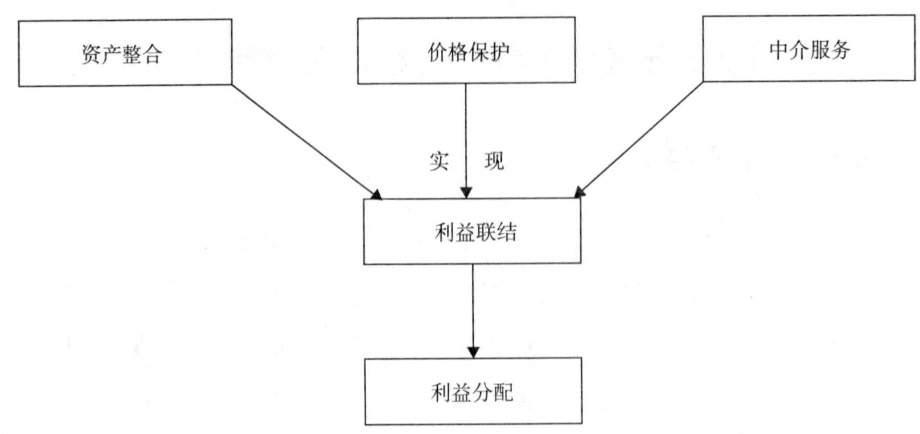

图 6.3　农业产业园区中各参与主体的利益联结形式

1. 利益分配机制

利益联结机制最终必须通过分配方式来实现，因而利益分配机制是利益联结机制的核心。在农业产业化经营中，收益主要体现在农产品销售上，因此如何将前期各阶段、各主体间的出资按比例规定好，如何在分配时做到公平公正，在某种程度上决定了农业产业化经营能否顺利进行。具体来看，其一，明晰的产权是建立利益分配机制的前提。财产关系是市场经济的基础，市场要能够正常地经营发展就需要避免参与主体的短期投机行为，就必须保证参与主体投入资产的保值和增值，因此明晰的产权关系必不可少，产权关系明晰后才能建立合适的利益分配机制，有效地避免投机行为的出现。其二，在建立利益分配机制时要坚持“风险共担，利益共享”的原则，并在各参与主体间建立互利互惠的利益联结关系。只有坚持“风险共担，利益共享”的利益分配原则，才能产生持久的内在驱动力，形成符合经济规律的良性运转格局，才能把分散的小农户组织起来，使其能有序地参与市场经营和竞争，能抵御自然和市场双重风险。①

① 参见冯浩:《农业产业化组织形式与运行机制研究》，硕士学位论文，安徽农业大学，2008 年。

2.利益分配方式的选择

在“合作社＋园区＋企业”的园区发展模式中，企业通过与加入合作社的农户签订合同来规范双方行为，但由于双方都是相对独立的主体，所以在交易中会本能选择追求自身利益的最大化，因此双方要实现顺利合作与共同发展，关键是建立信任可靠的合作伙伴关系，守法履约。而在“党支部＋园区＋合作社”的园区发展模式中，农户与合作社紧密联系在一起，其在合作社中既是签约生产者又是合作社决策者，一方面按合作合同将其产品交售给合作社，另一方面按交易额得到利润返还，利益分配主要按合作社章程与合同约定进行。

（二）运转约束机制

产业园区产业化经营系统的正常运转以及各主体间的互利互惠关系要靠约束机制来实现，构建合理的约束机制能提高产业组织的整合功能、效率功能和抗逆功能。实践表明，对于农业产业化至关重要的是界定各参与主体的产权，使产业化系统真正成为“风险共担，利益共享”的经济共同体。产业园区带动型约束机制主要通过三种途径建立：一是依靠产业化各参与主体自觉形成良好的道德观念和行为准则以及较高的法律意识；二是运用法律手段，各参与主体通过签订合同或契约来确立双方的合作关系，如产业园区与农户签订真正具有法律效力的产销合同和资金扶持合同，在合同中明确规定双方的权利和义务，使双方产销行为纳入法制化管理，即以契约关系为纽带进入市场参与竞争，一旦发现违约及时查处；三是通过产权的流转和重组建立产业园区与农户的资产关系。

（三）风险保障机制

第一，组织保障。组织是制定与执行各种制度的主体和保证者，是否具有稳定的组织是判断某个经营实体能否实施农业产业化经营的重要标准。一般而言，合作社和企业的组织系统越完善正规，制度规范越全面，农户组织化程度越高，其经营效率越高，交易成本越低。第二，风险基金保障。风险基金，顾名思义就是将平时暂且无用的资金集中在一起，遇到市场变化跌入低谷时用于自我支持，防止大起大落，其类型较多，主要有企业独立建立风险基金、企业与农户合作共同建立风险基金、政府与企业共建风险基金、政府自建风险基金等四种。奶牛养殖发展和产业园区改革创新都离不开资金支持。在奶牛养殖发展初期规模小，资金困难多在一定的圈子里寻求帮助，这种帮助或出于情感，或出于面子，而随着养殖规模扩大和产业园区发展，资金需求增加，加之外地人在本地办企业无熟人关系，借贷对象基本变为银行、信用社等专业借贷机构，这种贷款具有相对灵活性，既可以促进奶牛养殖业发展，也不会影响与他人的情感维系及友好交往。

二、农业产业园区发展对农村人际关系的影响

（一）农业产业园区发展下的农村人际关系变化

“人情往来”、“守望互助”是传统农村社会关系的重要特征，其以血缘、亲缘和地缘关系为中心，人们及其家庭形成了特定的“人情圈”，而随着市场经济的发展与现代化进程的推进，基于自给自足小农经济的农村人际关系发生了变化。在农业产业园区发展过程中，农民的经济生活出现诸多变化：从个人散养到与合作社或龙头企业签订合同，从独自研究养殖技术到与他人合作分享，从普通农户到成为股东，从只关心自己的一亩三分地到主动参与村内公共事务……这些点点滴滴的变化中渗透着理性的因子。“村里有钱的谁不羡慕？都对他们客客气气的，不过钱多事也多，村里一家两个儿子、一个闺女就为了钱争来争去！”“我们这儿的本地企业是古城，后来蒙牛和伊利也来了，许多村民不再种地，进了厂工作，时间都固定的，白天也见不到面，好久碰见了才能说几句。现在都忙着挣钱，谁还能顾上谁！”“每天除了种玉米，还要养牛，顾不上村里的啥事，也没法去掺和，顾好自己就行了，

别人的事咱也没办法。”（普通农户访谈资料整理）

随着山阴县奶业不断发展以及企业、合作社等不断建立，利益因素大量掺入，人情关系中的情感因素不断受到冲击，血缘、亲缘和地缘关系占主导地位的人际交往互动逐渐发生改变。在这种情况下，富有情感的日常交往逐渐减少，人们的态度和行为选择更多是一种基于自身利益核算的理性考量。“合作社成立有政府支持，有对养殖牛棚、除草等补款，技术方面由古城企业派人下来指导，看看情况说说注意啥的，完了直接就走了。和人家签订的合同定好给多少原奶，标准人家说啥是啥，现在奶价卖不高，标准还提了!”“地里种的玉米全部要给牛当饲料，现在村里大部分种的都是玉米。”“农忙的时候当然要雇人，现在家里人口少，好多都出去打工了。村里的人多，也有周边村的，说好价钱就行，钱是肯定要给的，基本没有互相帮忙的了。”（普通农户访谈资料整理）

在对园区内农户的访谈中了解到：农户与合作社专家之间的交往没有情感基础，只是基于学习技术的目的；龙头企业与农户签订收奶协议，是基于双方利益需求的考虑，收购合同到期后双方的互动关系终止；农户在生产过程中出现雇工现象，雇人数量相较以前有所增加，工钱约定俗成，大多为口头协议。农村社会中以利益关系为标准的人际交往扩大化，总体呈现出一种契约型交往趋势。在此之下，互利共赢本应成为实现个人利益的重要途径，但是当前农村社会的特性之一是人际关系缺乏稳定性，人与人之间相处没有长久预期，追求短期利益和及时兑现的单次博弈反而成为常态，人际交往的原则也由互助变为利益，利益原则成为农村人际关系建立的重要衡量标准。同时，在人际交往关系中，农户愈来愈倾向选择理性的表达机制和交往策略。如农户基本都会参加（股份）合作社，因其享有相关法律规定的明确权利，可以将社员的各种信息和诉求收集整理后理性地传递给政府，并将政府的农业政策传达给社员。而当社员自身利益受到侵害，可以通过（股份）合作社施加社会和政治影响，增强话语权，从而维护自身基本权益。此外，农户参加（股份）合作社，身份上有了转变，成为社员、股东甚至是管理者，可以通过（股份）合作社获得需要的外部资源，与他人交往时也更多依据合同规定，扮演固定的社会角色，交往互动双方更多的是一种工具性关系。如以前农户在日常生活中扮演亲戚、邻居或朋友角色，而进入工作场域后就严格按照企业规章制度办事，且不同部门和层级的人员之间有明确的分工，各自按照职业角色进行互动。

一般来说，普通村民拥有的社会资源和动员能力有限，因此往往会选择依附于本村大姓或精英等来获取利益和寻求庇护。随着人际交往互动中利益倾向的明显化，村民在行为选择过程中有了更多考量和权衡。在农村社会，村支部书记和村委会主任是各项事务的领头人，其逐利性往往不会直接表现出来，特别是农村基层自治制度实施以后，他们不仅要在形式上表现出公共理性，而且在实质上要从全村整体利益出发，公正地管理各项事务，这样才能被村民认同并形成权威，正如山阴县园区内某农户所说，“现在选村干部不像以前主要从村里大姓中选，我们目前这个村主任就不是大姓，但他养殖经验丰富，会处事，能带领大家发家致富，我们都愿意选他。”

在访谈过程中，奶牛合作社的管理人员具体介绍了当地合作社和园区的发展历程：“当初村里面都是养牛的，大家都是自己养自己的，各自凭本事吃饭，有的人家养得好，奶牛产奶量高，人家到了年底就吃肉，有的人家养牛，出现了各种问题，到了年底一结算，发现养牛不仅没有挣下钱，赔上全家老小不说，一天到晚伺候着奶牛，到头来还不如其他家养得好，实在是出力不讨好，亏了夫人又折兵啊。就拿L家来说吧，人家祖祖辈辈就是养牛的，村里谁不知道L家的牛比别人家养得好，那也怪不得别人，这养牛的技术都是一辈一辈传下来的，L家的牛不仅产奶量高，质量也好着咧。这不是因为三鹿奶粉事件闹的嘛，以前我们自己养的奶牛，一些奶站还收了，现在日子好了，大家不只是说能喝就是好的，还要保证奶的品质，自从三鹿奶粉事件以后日子更不好过了，我们散农提供的奶质量达不到人家的标准，这就是想低价卖出去都没有门路，这不，逼得我们没有办法，正好那时候县里面也有关于合作社的优惠政策，我把这个政策的相关消息带回了村里，当时我们就死马当作活马医，把大伙集合起来搞了个合作社。起初村里面的人都不太乐意参加，都说自己的牛自己说了算，去了合作社，自己的牛交给别人来养不放心，自己尽心尽力，一年到头来还亏本，这交给别人来养能赚钱吗？后来也是没办法了，大家硬着头皮先干着，那时候家家户户来合作社帮忙，照顾奶牛，虽然是把牛放进来了，大家伙还是有点担心，过了一年后，没想到没有赔多少钱，反而比自己散养要效果好，后来村里人的热情也上来了，家家户户挤破头想进合作社，政府的扶植力度也大了，比如说政府免费发放草籽鼓励引导奶农、规模养殖大户大力种草，满足奶牛养殖的饲草需求，另外人家还给我们派专业的人来指导我们养奶牛，以前都是靠经验养牛，现在不一样了，就是个外行人来了合作社没几天也能干得像模像样了。自从组建了合作社以后，奶牛都是入园进行规范化养殖，比如打疫苗，我们会按照规程给奶牛注射口蹄疫、布氏杆菌、流行热疫苗等。而以前奶农自己养殖时候，往往都是靠经验注射，有的人家甚至排斥畜牧局防疫工作人员上门打疫苗，现在不存在这种状况了。这几年下来，村里人也都忙着挣钱，把奶牛放合作社就是他们的提款机，合作社也不像刚开始那会人来人往了，大家都觉着放心，后来社里面开会决定雇上几个村里的人来帮忙就行了，要是遇到一些突发的大事，村里人还是会过来招呼的，毕竟谁也不想把自己的饭碗给砸了。但现在日子好了人们之间交往也没有以前那么亲热了，一个村的人乡里乡亲的有时候走在路上碰到了也就寒暄几句，以前大家一起养奶牛时还时不时地唠唠嗑，扯扯家常，谈谈自家的牛，现在这种机会少了，尤其办了合作社，大伙是各忙各的，白天去园区打工挣钱，晚上回家也不咋见面，总是感觉日子过好了，但是人情味是越来越淡了。”

从访谈话语间能够看出来，独木难成林，分散经营的农户力量薄弱，缺乏农业投入的条件，难以适应农业产业化发展。在山阴县，由村党支部、村委会引领建立起许多合作社甚至股份合作社，一方面农户加入可以有效地获取各种信息与资源，比如引进优质的畜牧品种、种苗，学习先进的培育技术，享受担保贷款、农业贷款贴息优惠政策等，而且加入合作社利于稳定契约，降低市场风险和技术风险。“有困难找合作社”在当地并不是一句空话，而是实实在在被践行着，农户有问题就会去合作社寻求帮助解决，在农户看来，合作社可以切实了解他们的困难，并能“帮到点子上”，（股份）合作社成为农户利益诉求与理性表达的重要渠道之一。另一方面将合作制以及集合作制与股份制特征于一身的股份合作制引入农业产业化经营，能够对分散农户的行为进行监督和约束，培养共同的意识，使其遵循一定的行为准则或经验惯例，有效降低了交易成本，而股份合作制更是通过股份制的利益机制联结农户，通过合作机制改变农户的弱势地位，重塑龙头企业与农户的关系，提高了组织的运行效率，进一步推进了农业产业化进程。

（二）农村人际交往中的理性因子增强

1. 人际交往过程中正式成分增加

园区内一位 L 姓村民说道：“以前大家在一起时主要是和邻居亲戚在一起聊天，后来村里建起了合作社，大家越来越生分了，在厂子里大家白天工作，还有许多都不是村里人，相互之间也不认识，一天到晚一门心思就是挣钱了。”“以前刚组建合作社时大家都是熟人，一说要写合同总是拉不下脸面，现在在园区里大家都和厂子签了合同或者协议。”在传统农村中，人们长期处于熟人社会，人际交往中更加看重血缘、亲缘和地缘关系以及传统乡规民约，日常交往更多是建立在道德基础上的，如在山阴县合作社建立初期，社员之间往往都是亲戚或者邻居、朋友关系，但随着合作社逐渐步入正轨，龙头企业的加入与产业园区的建立使得依靠非正式纽带建立的人际交往与互助合作关系明显不适合农业产业化发展。产业园区在管理和经营模式方面越来越成熟，合作社社员间的交往也越来越正式，人们对于血缘、亲缘和地缘的天然倾向已有所减弱，更加注重契约、规则、法律等正式成分。同时，未成立专业合作社时，农户在养殖奶牛等事宜方面遇到了困难大都是去找亲戚朋友商量，而有了合作社后，大部分问题都是要经过合作社开会讨论决定，这种非正式到正式的转变有利于农业产业化发展，促进了农村新型人际关系的构建。

2. 人际交往过程中平等成分增加

我国封建社会的尊卑贵贱和等级有序观念在传统农村有着牢固的根基。在访谈过程中得知，山阴县的H村以前是一个等级分明的村子，这种等级更多体现在家族与家族之间的交往当中。村里大家族的人在村里说话办事都得压人一头，家族越大，族人在村里的地位就越高，他们与人交谈处处透露着盛气凌人的气势。但是在农业产业化推动下，村里人的交往更加趋向理性，靠本事吃饭，也意识到平等的重要性，对于日常生活中不平等的事情也有了反抗意识，大家族虽然仍是村里的主要势力，但在人际交往中也不像以前那样盛气凌人。同时，随着产业化模式深入人心，村民之间的契约精神越来越明显。合作社初期，不论是资金筹集还是日常运营管理依靠的大都是亲戚朋友，在这种血缘宗族关系的影响下往往体现的是等级压迫，这种交往是建立在非正式关系之上的，是不稳定、不科学的，也是充满矛盾的。而合作社是现代组织，科层制和契约是其发展的内在要求，专业合作社内部事务一律按正式规章制度办，人员选用方面也从以血缘为纽带转变为契约合同形式，农民逐渐摆脱了传统宗族制度的束缚，开始自主选择交往关系，也摆脱了血缘强加给他们的交往关系，使农村人际交往不再纯粹依赖于情感化因素，人际交往注入了更多理性因素。总之，亲疏远近不再是人际关系选择的主要原则，人们在血缘和亲缘关系中有了更多选择，除了较为固定的自家人，其他人包括远亲更多的是根据彼此工作中扮演的角色及期望获得的利益来不断调整自身人际关系。山阴县农村经济发展已取得一定成就，同时人们交往对象多样化，交往空间扩大，社会流动性增强；农户加入合作社，相互间平等交往，为社里建言献策，有的农户加入合作社后成为股东，积极行使权利和表达意见。农村社会资源逐渐丰富，体现平等的机制逐步建立，这些都在一定程度上改变了人们的合作意愿、态度和方式，个人理性虽然依旧占据主导地位，但是合作精神也在不断增强。

3. 人际交往由封闭走向开放

传统农村人际关系具有先赋性，特别是早期城乡二元对立时期，农村人际交往被限制在特定范围，人际关系是被动且不可选择的。随着农村经济和社会体制改革，从“离土不离乡”到“离土又离乡”，社会流动性增强，人们发展空间拓宽，从而逐渐摆脱道德义务和交往空间限制，得以自主选择人际关系。“村里很多年轻人外出打工，不愿意留下种地养牛，嫌臭嫌累，有些人娶了外地媳妇，留在外面了，不过这还是少的。村里办喜事，帮忙的主要还是邻居同姓族人啥的，帮忙的人少没事，专门弄这的婚庆公司一定要有，除了村里人，也有请一块工作的，熟悉的、有交易来往的人，不过这都是村里混得好的，他们认识的人多!”（普通农户访谈资料整理）现在，农村人际关系中自主选择性越来越突出：人们能够根据自身需要自主选择交往对象，有选择地投入情感或与他人保持行为一致性，能动地去建构人际关系网络。农村资源是有限的，为了取得经济上的满足，人们必须积极寻找互补性资源并开展经常性的联系与合作，从而建立一个较为稳固的、短期制度化的人际关系网。如果将人们建立的人际关系网看作是一种社会结构，每个人就是这个结构中的一个元素，人们相互间的互补性关系也就决定了其必须“为结构内部的个人行动提供便利”。同时，人们为了获得更多资源和利益，在经济活动中不断扩展其社会关系网，交际对象也扩大到朋友、同学、生意的合作伙伴等，注重“后致”关系的建立。传统农村是一个相对封闭的熟人社会，村庄内的人际关系具有长期性和稳定性，村民之间的交往大多数也集中于本村内部，尤其在改革开放前这种封闭性显得更为突出。不论是地域环境的影响还是村民固有的小农思想，封闭性在人际交往中也显得非常突出。在传统农村中，自给自足的小农经济决定了农村社会封闭的格局，人们一生几乎都在这个封闭的空间领域中，同时，安土重迁的思想和对土地的依赖也造成了人们交往的封闭性。由于缺少与外界联系，大多数的交往互动都集中于村子内部，交往对象也大都是本村人，这种情况下人们交往的封闭性就凸显出来了，不论是空间还是时间，其来往关系都是有限的。而这种封闭性开始出现松动正是与农业产业化和合作社建立的时机相契合，由于产业化的推进，农村不仅需要走出去，还需要利用自身优势资源引进来，如山阴县在奶牛合作社建立后，人们之间的交往不仅仅局限于本村内部，交往对象拓展到企业管理人员、专业技术人员以及当地政府官员等。农业产业化的推进使得人们相互间的交往突破了传统意义上的空间和时间，奶农需要专业技术人员的指导，养殖户需要与企业打交道，合作社管理人员与政府官员的交往也会越来越多。

（三）农村人际交往中出现伦理错位

1. 人际交往流于形式，情感交流减少

随着农村市场经济和农业产业化的发展，人们之间的交往互动逐渐发生变化。具体表现在：其一，交往时间减少，人们白天在园区做工，晚上才会离开，日常交往时间相比于之前大幅减少，交往频率和交往深度也随之下降；其二，交往空间扩大，专业合作社和产业园区的建立对周边农村必然产生一定影响，人们可以选择去园区打工，人际交往空间从农村向外扩展，交往范围扩大，但人们交往精力有限，不能面面俱到，交往空间的扩大一定程度上使人际互动趋向表面化和流于形式，人们见面时相互间只是象征性地寒暄几句，相比传统农村中淳朴深厚的情感联系更显得没有那么“用心”；其三，交往心理距离扩大，传统农村社会中，婚丧嫁娶等重大仪式性活动总少不了邻里间的互帮互助和情感慰藉，但现在人们交往互动时较少表露内心真实想法，相互间的信任度降低，且总是顾忌着各自的面子，日常生活中的帮助和支持也只是“面子上得去就行”。

在山阴县大力推进农业产业园区发展过程中，农村人际交往互动中的情感投入越来越少，如农业产业园区的建立和运营吸纳了大量农村劳动力，人们逐渐从土地中分离出来，日常活动场域也逐渐由田间地头走向工厂园区；人们日常自由交往时间减少，大部分时间都在园区做工，与其他村民互动减少，熟悉程度下降，情感投入也随之减少。现在人与人之间的交往更看重的是能否给自身带来利益，人际关系的构建和维系更多是为了获得社会资源，功利动机日趋明显，交往互动与互利合作中虽未完全排除血缘、亲缘和地缘等传统关系的影响，但其影响力逐渐减弱，“大家都只关心自己家一亩三分地的事情，对于与自己利益无关的事情一般不予理会”。同时，情感投入的减少也表现在家庭内部，传统家庭是个人的强力后盾，是爱的港湾，是亲情的集中地，然而现在家庭中子女与父母之间的情感受到了一定冲击，传统伦理道德、家教礼仪对家庭的影响力急剧弱化，如兄弟姐妹间因财产继承和父母养老等问题未达成一致意见而断绝来往、丧失亲情，人际交往互动中情感联结式微而利益因素扩大的趋势日益明显。

2. 人际交往受利益驱动，过分注重个人得失

一方面，人际交往目的性增强。传统农村中人们同质性较高，个人能力不相上下，交往方向和密度很大程度上取决于血缘、亲缘和地缘关系，如亲戚、邻里及朋友间的密切来往和频繁互动。但在合作社建立及理性经济人理念的影响下，人际交往更多体现了个人的目的性，有利于实现自身目的的交往才值得投入时间和精力，如在农户、合作社、企业和园区等多个主体的交往合作中，各方都致力于实现切身利益。另一方面，人际交往以自我为中心。诚如费孝通先生所言，我国传统农村人际关系是以自我为中心的，从自我出发开展交往互动，维系互利合作。而目前我国正处于社会转型期，市场经济下的利己主义和逐利思想对农村社会产生较大影响。正如村民 W 所说：“现在和以前不一样了，谁还有心思管别人家的事，大家都是一门心思挣钱，谁家有关系谁家就能‘呼风唤雨’，就拿咱村里的合作社和村委会来说，只要你家有人在合作社或者村委会，那你一定也能进去，别人挤破头也进不去，你进去了不用干活，每个月还能白拿钱，这种美事谁不想了。”诸如合作社、企业和园区负责人以及村干部等占有优势社会资源的人在农业经营组织的正式合作关系中混入血缘、亲缘、地缘关系及人情、面子等传统因素，一定程度上影响了农村和谐人际关系的建立和维系。

从传统意义上来看，我国是一个人情社会，“人情味”在农村显得更为重要和必要，而长期以来在市场经济、理性经济人、利己主义等的影响下，人们过于追求自身利益的最大化，忽略了传统人情的存在价值和意义。在农

村人际关系从传统向现代的变迁过程中，人们交往互动与互利合作中依然要留住人情，顾及面子，人情和面子仍是理性交往中的重要影响因素，我国长期以来形成的传统人际关系也不会因为市场经济和农业产业化的发展而迅速崩溃。同时，农村社会中的传统要素并非都有悖于现代市场经济的发展，因此不能以完全割裂或一刀切的方式来看待农村人际关系的转变，人们思想观念中理性因素的成长并不绝对排斥传统因素的存在，即人际交往互动中利益因素的影响仍将不断增强，而传统人情因素也将长期存在并发挥应有作用。因此，发掘并保留适应我国农村社会转型的传统要素，对形成具有本土特色的理性化思想大有裨益。

三、农村人际关系变化对农业产园区发展的影响

现代社会组织是一个开放的系统，与外部环境进行着物质、能量和信息的交换，并受外部环境的影响。对组织而言，外部环境是不能控制的，组织必须适应外部环境的要求来开展活动，才能保障自身的生存与发展。随着市场经济的浸润，理性化趋势成为农村人际关系的新特征，势必会影响人们的行为标准与策略选择，进而影响组织的管理与运作。农业产业园区是基于一定区域建立的农业产业化实现形式，作为农村经济发展中的新型农业经营组织，在促进农村人际关系变迁的同时也受其影响并取得更好发展。

（一）制度理性与关系原则兼具

农业生产活动是自然再生产和经济再生产相交织的过程，长周期性和不确定性是其突出特点，也就是说，以市场为参数的农业生产和加工活动，难以为农户和企业带来稳定的预期。从农户来看，以市场为参照标准的农业生产活动，由于市场信息滞后性，带给农户的往往是高市场价格引导却跌入低价商品市场的现象，造成“卖粮难”、“卖菜难”、“卖奶难”等问题，农户很难及时赶上市场价格的黄金期；从农产品加工企业来看，虽然在农产品丰收

时原材料收购价格相对较低，但其他生产成本会相应增加。这种以市场为参照标准的交易活动使农户和企业的利益没有一种确定的保障，因此双方都意识到有必要以一种长期性的合作关系来取代临时性的市场交易，以减少市场交易所带来的不确定性，而以规避风险为目的的长期合作关系必须有诚信和互惠基础。

传统农村社会注重人与人和谐相处，形成了以血缘、亲缘和地缘关系为基础的立体人际交往互动网络，人际关系从一个一个人推出去，形成了“差序格局”，社会就是一根根私人联系所形成的网络。在这个网络中，情感信任植根于由血缘、亲缘和地缘关系所决定的人际关系当中，这种信任以己为中心，越靠近中心的越容易形成互信。同时，人们通过人际关系而不是其他途径参与生产和日常活动，人际关系具有互惠作用，人们在交往互动中十分注重“来往”原则，遵守“来而不往非礼也”，甚至有时会为了追求人际关系和谐而忽略利害得失，这就使人际关系网络在信任的基础上增加了互惠内容，从而得以持久地维持下去。人际关系及其网络的效用正是农业产业化经营组织所必需的。在此意义上，如果产业园区内企业与农户间的联结是建立在人际关系的基础上，则双方的违约行为都将招致整个人际关系网络的惩罚：农户违约会丧失诚信，也会受到企业和其他农户的排斥以至于被边缘化，甚至失去生产生活所依赖的社会资源；企业违约将受到农户的排斥，其农产品交易成本也会大幅上升。制度理性与关系原则的合理结合构成了农业产业化经营组织的综合优势，既为组织提供了可持续发展保证，也被普遍接受和受到赞誉。①

（二）区域性与开放性兼具

合作社组织运营具有区域性特征，我国农民专业合作社一般是以村为基础建立起来的。在对山阴县驿泽奶牛专业合作社调查中，其负责人说道：

① 参见王亚新、徐长友：《农业产业化组织形式的人际关系视角分析》，《辽宁工程技术大学学报（社会科学版）》2016 年第 1 期。

“合作社成立本就是给大家创造条件，帮助大家致富的，是得到村支部、村委会支持的，占用部分村里的资源，肯定不会让外人加入，所谓‘肥水不流外人田’，先让本村村民富起来嘛！再说外边人也不熟，进来了出啥事谁负责。”可以看出，合作社的利益边界和信任对象仍限定在本村范围之内，不但制约了合作社对“外人”的接纳，也使农户陷入到希望合作又难以走向大合作的困境之中，阻碍了组织横向一体化发展，使其只能固定在一域而拘囿于狭小市场内。在合作社迅速发展背后的现实是其空间跨度小，活动半径窄，多以村为基础而在乡镇范围里设立和运行。同时，人际关系理性化趋势使得农户间的合作并不局限于亲友等特殊对象，而是可以存在于所有合乎要求并有所需求的农户之间。在山阴县调查中了解到，经济合作并非完全建立在血缘和姻缘的圈子之内，朋友也是人们互惠合作的重要对象，而所谓的朋友是从生人发展而来的，是通过社会交往之后才确立的社会角色，也就是说，在特定的条件下，人们具有与外人合作的意愿，这种合作关系建立和维系的保障是制度规范。

从整体上来看，山阴县若单纯依靠政策优势吸引合作社和龙头企业进驻产业园区不是长久之计，尤其是外来龙头企业在当地“内合作体系”且授信对象“有界”的前提下其发展较难起步，而本地企业（如古城）却有着先天的发展优势，这种不公平竞争体系有碍于实现产业园区的聚合性和现代性。但随着合作社、龙头企业、农户等主体间经济合作关系的建立，外来合作社和龙头企业逐步参与到产业园区内各种资源与服务的利用中，形成了一体化组织优势，进而带动农业走集约化、规模化和产业化经营之路。从长远来看，农村人际交往理性化对农业产业园区的发展具有重要意义。

第七章　构建农村新型人际关系的理性思考

第一节　精英视角下的农村人际关系变迁

从社会分层角度来看，农村精英指的是农村社区中那部分拥有较高收入、名望、地位以及影响力的人，他们比起农村中的其他人，占有更多的来自乡场、市场、官场的资源，从而成为农村的支配阶层。在传统农村社会中，农村的直接控制者并非封建帝制国家，而是封建帝制国家通过有名望的地方士绅来间接地管理农村以及实现对税收的征缴。所以，在传统农村社会中，士绅作为地方精英，是农村社会的实际控制者，既控制着农村的经济，又控制着农村社会中为数不多的文化资源，维持着农村社会的日常运转。20世纪50年代中后期，中央在全国范围推行人民公社制度，在乡镇范围设立人民公社，在行政村范围设立生产大队，在自然村或村民小组范围设立生产小队，农户的农业生产、日常生活都受到了国家的严密管理，国家权力得以直接控制农村社会。这一时期，土地和农业生产资料归集体所有，生产大队内部成员在生产资料占有和劳动成果分配方面具有均等性。因而，农村社会的精英大多是作为生产大队管理者的基层干部或具有一定文化水平的读书人，属于政治和文化精英。

20世纪70年代末，安徽省凤阳县小岗村率先发起了"包产到户"，在经过激烈的争论后逐渐被认可，并在全国范围内推广，到1982年年底，全国大约有 80%的农村实行了包产和包干到户，标志着人民公社“三级所有，队为基础”的体制基本解体。人民公社的解体和家庭联产承包责任制的确立，意味着国家权力开始逐步收缩，农村社会在生产经营上获得了自主权，农户可以自由地进行生产活动。国家权力的收缩为农村社会的自主运转提供了空间，与此同时，市场经济体制的逐步确立使得农业生产和经营也必须按照市场经济的规则来进行。伴随市场经济的发展，一些有能力、有胆识的农村社会的活跃分子开始参与市场竞争，成为乡镇企业经营者和个体农业大户。他们虽然立足于本乡本土，但却在多元化经营中富裕起来，俨然已经不再是传统意义上的“农民”，而是农村社会的“新贵”。这些“新贵”对社会发展的趋势有着一定程度的认识，也经历过市场经济的浪潮并获得了一定的成绩，具有现代意识和胆识，为沉浸在农业经济中的农村社会带来了新的气息，这也标志着新时代农村精英的重新崛起。① 农村地区中出现了大量的经济型精英，改变了之前单一的、以政治精英为主的格局，开始形成多元化的精英形态。在当前农业产业化发展过程中，农村精英主要由政治精英、经济精英以及文化精英所构成，并且他们之间存在交叉和相互转化的情况，界限并不明确，本书主要关注的是农村经济精英或农村精英在经济方面的特殊才能和魄力。

一、农村精英效应

在经历传统社会时期、集体化时期以及改革开放之后，农村精英产生了一系列角色嬗变，尤其在当前农业产业化发展的过程中，农民专业合作组织已经成为主要趋势，农村精英有了新的角色定位。胡杨认为：“乡村精英指的是在经济资源、政治地位、文化水平、个人能力等方面具有相对优势，具有较强的自我意识与参与意识，并对当地的发展具有较大影响或推动作用的

① 参见邢亚非、李晓鹏：《乡村精英的崛起与政治认同的获得——国家政权与乡村关系新形态的探讨》，《改革与开放》2009 年第 14 期。

村民。”[①] 这就意味着诸如村干部、乡镇企业家、合作社创建者、个体大户等农村精英应对普通农户具有示范和带动的效应，从而推动农村经济的发展。

在临猗县、临县和山阴县农业产业化发展的过程中，农村精英始终扮演着重要的角色，他们中的一部分人是由政治精英或文化精英转变而来，另外一部分人则同时具备政治精英、文化精英及经济精英等多重身份。在农村精英的经济实力和人格魅力感召下，普通农户也加入到产业化发展的浪潮中，对当地村民起到了巨大的示范和带动作用，一大批产业基地、龙头企业、农民专业合作社和产业园区纷纷出现，不仅激活了农村经济，同时促进了当地劳动力的就业。其中，最为典型的案例有山阴县某奶牛专业合作社的负责人L、临县某龙头企业董事长G、临县红枣种植大户C和临猗县果农W。

案例 7.1

山阴县某奶牛专业合作社的负责人L是土生土长的本地人，也是该合作社实行股份制以来最大的股东。二十多年前，L是当地某村的党支部书记，该村的畜牧业实行家庭分散养殖的方式，养殖户在自己家院子里养殖奶牛，养殖方式比较粗放，养殖户将挤好的奶卖到奶站或蒙牛、古城等企业。据L介绍：“当时农户的养殖技术不高，分散养殖使得牛奶的产量和质量都不高，牛奶价格也忽高忽低，奶牛收益得不到保障。经历三聚氰胺事件之后，山阴县奶牛养殖业面临巨大困难，奶农的奶卖不出去，白白倒掉，市场不景气，很多人转为外出打工或种植蔬菜大棚。”L作为村支书感到十分痛心，在一次政府组织的外出学习中，L偶然了解到其他畜牧业地区是如何利用市场变化转变经营方式、带动村民致富的，于是他开始认真学习其他类似地区的发展经验，对当地进行实地调研和考

① 胡杨：《精英与资本：转型期中国乡村精英结构变迁的实证研究》，中国社会科学出版社2009年版，第124页。

察，最终决定采用股份制的形式带动村民入股，由以往的分散粗放养殖转变为集中规模化养殖，聘请技术专家进行指导，引进新西兰有机牧草，提高牛奶的产量和质量。鉴于L在当地充当政治精英过程中的威望和信誉，不少当地村民对于他搞合作社和股份制都大力支持，合作社创建伊始全村近一半的养殖户便参与其中，如今，全村农民均已参加该合作社。

案例 7.2

临县某龙头企业董事长G从事红枣产业二十多年，对于红枣的种植和销售有丰富的经验。据他介绍："最早我就负责种我爸留下来的一亩三分地，红枣成熟后卖给小贩和中间商，后来有几年红枣收益不好，村里人大多外出打工去了，他们的地就租给或留给我种了，我就越种越多，枣树面积越来越大。规模大了之后，我还从一些大学和机构引进了一些技术人才，负责指导枣树种植；后来借助政府的优惠政策建立了红枣加工厂，并且与一些大型收购商和超市等建立长期合作关系，签订收购合同，保质保量地完成红枣种植和加工任务。"经过二十余年的艰苦奋斗，G完成了从个体小农到专业大户再到农业企业家的华丽转变。由于有了成功者的示范，当地人纷纷效仿。不仅扩大了当地红枣种植规模，改进了红枣种植技术，拓宽了销售渠道，同时有效延伸了产业链，带动当地劳动力的就业。

案例 7.3

临县红枣种植大户C是当地最早从事红枣收购的人，比较有经济头脑，与外部市场建立紧密的联系。政府规划建设红枣产业园区后，他看到了产业园区的巨大市场潜力和区位优势，利用国家政策扶持，带领几个合作好的枣农成立了红枣专业合作社，专门从事红枣收购和深加工，短短几年间取得了较好的经济效益。当地相当一部分红枣专业合作社在C的示范作用带动下纷纷入驻该产业园区，红枣产品远销国内各省市，产业规模和经济效益成倍扩大。据他介绍："产业园区有较好的集聚优势，政府的宣传也很到位，不少外地老板专门来园区洽谈红枣收购业务，有的需要原枣，有的需要加工后的，就比如说今年枣夹核桃很受市场欢迎，不少超市卖到断货，很多厂商和老板就经常来要货，我们这里每天能发好几卡车的货。"

案例 7.4

临猗县果农W于2005年在J乡成立了苹果种植专业合作社，W有三十多年的果树管理经验，是当地远近闻名的果树种植大户，他是当地最先引进先进种植技术的果农。他最早在自家果园采用伐树减密、施有机肥、套纸膜袋、铺反光膜等方法，使苹果的质量和产量都有一定的提高，当地其他果农纷纷效仿。成立专业合作社后，W坚持"科技领先、服务至上"的原则，一方面重视引进最新的果树栽培技术，加强生物防治病虫害，注重果树提质增效；另一方面，探索科学管理模式，以提高果农科技素质为抓手，对入社果农开展新型职业农民培训大讲堂，教授果农最新的种植技术，同时与省内一些科研院所合作，将先进的科技成果应用到实际中。截至2017年9月，该合作社社员发展到205户，优质苹果生产基地达到6000亩。W通过三十多年的果树种植管理经验，在果园管理上能够带领当地果农不断实现科技创新，增加苹果的附加值，延伸产业链，充分发挥了农村精英的带头作用，为当地果业发展贡献了力量。

在以上四个案例中，L、G、C 和 W 均是当地在改革开放之后的第一批经济精英，他们具有灵活的头脑、敏锐的市场洞察力，了解最新的农业政策和动向，能更快更准确地把握发展趋势，并且善于利用自身优势及国家和社会资源。他们不仅自己获得了成功，更将自己的成功经验和社会资源与他人共享，普通村民纷纷效仿他们，并且愿意跟着他们一起干，在当地起到了积极的示范和带动作用。毋庸置疑，他们是农村社会的“新贵”，并且带动其他村民脱贫致富，为当地农业的发展作出了卓越的贡献。可以预见，在他们的示范和带动下，必然会再生产出大批农村精英，随着农村精英群体的不断崛起，必然有效推动农业产业化的进一步实现和农村现代农业的发展。

二、农村精英与非精英的合作类型

在龙头企业以及专业合作社发展的过程中，农村精英通常情况下处于领导层，代表各自的组织与农户建立合作关系，深入了解农村精英与非精英的合作类型对于进一步强化农业产业化的发展，具有十分重要的理论意义和实践价值。在农业经济领域，农村精英与非精英主要有企业经营者与枣农、雇主与雇员、合作社负责人与普通参股农户三种合作类型。

（一）企业经营者与枣农

这种合作类型主要发生在农业企业和个体农户之间。在农业产业化发展过程中，作为龙头企业负责人的农村精英会与枣农签订收购合同或协议，从而确定双方合作事宜。根据对临县某龙头企业 H 董事长的访谈了解到，企业每年会定期与枣农签订红枣收购合同，收购价格按照每年的市场行情来确定。临县另一家龙头企业 G 董事长在当地建有有机红枣基地，该基地在 2014 年进行试点，2015 年正式推广，当地有 140 多位农户签订协议加入基地，企业以收购价高于市场价购入枣农的红枣，此项合同签订十年以上。与H同农户的合作方式有所不同，G除了与枣农签订收购红枣的协议以外，还规定了每年红枣的最低收购价格，对枣农的利益给予有效保护，避免枣农利益受损。除此之外，他还为枣农提供红枣种植方面的技术支持，降低了枣农的种植风险，保证了红枣的产出质量。

同样是企业经营者与枣农的人际交往，但是基于这两类利益联结类型，它们对于企业经营以及枣农获益明显有着较大区别。H董事长所属企业与枣农利益相关程度要明显低于G董事长所在的企业与枣农利益相关程度，前者虽说与枣农签订了合同，但是他们之间只是单纯的买卖关系，也就是说只有在收购时节这种关系才会比较集中体现，二者利益相关程度较低，当然在人际互动中也只是一种表象交往；相比前者，G董事长不仅建立了红枣生产基地，还吸收了大批枣农，并且提供技术支持，在红枣收购价格方面也考虑比较全面。在这种情况下企业经营者与枣农有了较深人际互动的可能性，他们的利益休戚与共，可以说一荣俱荣、一损俱损，企业和枣农相互依赖，企业为枣农提供服务、市场、技术，枣农为企业种植红枣。在红枣培育、种植、收购、运输、生产等诸多方面，企业与枣农互动频率和互动空间都大大提高。如企业的经营状况直接影响到红枣生产基地的建设和收购价格，反过来说，枣农的种植情况，红枣的品质直接会影响企业产品的质量，进而影响企业运营。所以，这种长期利益与短期利益相比，它们带来的人际互动也是不能同一而论的。

（二）雇主与雇员

这种合作类型主要存在于龙头企业中，在临县红枣龙头企业中，农村精英与农户的合作除了签订收购协议以外，还会在红枣加工的忙季，也就是每年11月至次年3月，雇用农民从事红枣的加工，包括红枣的分拣、烘干和包装等，红枣加工旺季约有110—170名员工，淡季约有60—70名员工，吸引了大批闲散劳动力就业。员工收入主要由工资和奖金构成，平均工资在

2000 元左右，采取月结形式，奖金主要是加班费，且员工多为本村人，外来人员少，因而都是采取口头约定工资的形式。同时，这种合作类型在农业产业园区也存在，在山阴县农业产业园区中，员工以附近村民为主，也有较多外来人员，主要负责奶牛养殖、技术研发以及开辟市场等工作，员工与园区间基本都已签订用工劳动合同，员工的工作内容、工作时间、薪资标准、权利义务等都在合同中有明确规定。

从以上两类雇主与雇员合作类型来看，二者最大的区别在于是否建立了明确的契约关系。前者雇主与雇员的雇佣关系是建立在口头协议基础上的，这种人际交往形式往往适合传统农村社会，在熟人社会中人们依靠血缘、地缘、伦理道德、乡规民约来维系社会运行，企业以口头协议雇用附近村民正是基于此。而农业产业园区更加规范，注重以契约形式确立雇佣关系，其形成、发展、运营过程更像一个公司，规章制度全面完善，并通过签订劳动合同明确权利义务来实现人员管理。

（三）合作社负责人与普通参股农户

这种模式主要是专业合作社内部负责人或大股东与普通入股农户之间的合作模式。在专业合作社中，作为专业合作社负责人的农村精英与普通农户的合作不仅限于签订收购协议，而是建立起一种更为紧密的合作关系。山阴县政府大力扶持的某奶牛合作社共有 1200 头奶牛，目前已经实现了人畜分离及规模化、机械化养殖，提高了饲养水平。参与该合作社的农户多达 70 户，农户将自家奶牛以入股方式统一牵到园区内进行饲养，园区内有专门的技术人员负责奶牛的科学化饲养，确保牛奶的质量。农户除了以奶牛入园的方式入股外，还可以通过资金入股，该合作社目前共有 9 个大股东，定期召开董事会，实行企业化管理。在专业合作社内，农村精英与农户有着共同的利益诉求，在同一组织框架内确定各自的权利和义务，双方合作更为紧密，更加符合现代市场经济的要求。

由原来的契约合作制改成股份合作制，农户以土地或其他资产入股，成为公司的股东，可以在年终时按入股比例分配公司的利润，还可以以股东的身份真正参与到公司的发展决策中去。同时，这对于公司发展也有好处，由于自身利益直接与公司效益挂钩，农户毁约或劳动积极性不高等消极现象大大减少，双方利益一致，目的相同，共同推动公司的快速发展。股份制的改革使大股东与普通农户打破了原有的不平等关系，许多重大决策必须通过股东大会来表决，这种合作关系极大地提高了普通农户的地位，在与合作社负责人、大股东对话时普通农户增强了自身话语权和影响力，相比以前能够更大限度保障自身利益。

三、农村精英与非精英的互动关系

调查发现，在工作场域和生活场域中，农村精英与非精英的互动模式有所不同，并且双方互动关系的差异性也与农村精英属于本地人还是外地人密切相关。

（一）场域与互动

农村精英和普通农户这两个特定的群体之间的互动关系随着互动场域的不同而发生变化。在工作场域中，无论是在企业还是在合作社，农村精英通常充当规则的制定者，而普通农户作为员工则要遵守企业或合作社的相关规定，双方的互动是管理者和被管理者的互动。在日常生活场域中，精英作为农村社会的成员，与当地村民有割不断的联系，他们与普通农户不再是上下级的关系，而是亲戚、朋友或者邻居。在调研过程中，发现了两个具有典型性的案例。

案例 7.5

在临县，某龙头企业在当地建立基地，每年固定同当地一百四十多个村民签订收购协议，农户的红枣有了销路，企业加工的产品也有了稳定的原料供应，双方的合作实现了共赢。同时，在日常工作中，龙头企业负责人D作为企业的管理者也会把来本企业打工的农民当作企业的员工，制定规章制度约束其行为，为企业创造最大利润。在离开企业进入农村后，龙头企业负责人从管理者的角色转变为农民的亲戚或邻居，许多当地村民会直呼其名，邀请他去自家串门，此时双方交往中的理性因素会下降，情感性交往增多。

案例 7.6

山阴县某奶牛专业合作社是由当地某村党支部书记L联合几名村庄能人筹划成立，在合作社的日常管理中，L采取股份制经营的方式，规定村民按照股份的多少来进行分红，同时代表合作社与入社农户签订协议，规定双方应履行的责任和享有的权利。离开合作社之后的生活场域中，L作为村委领导，则从经济精英的身份转化为政治精英，与农民之间的联系则转变为村领导与普通村民的关系，他所扮演的则更多是为广大村民服务的公仆，而不是管理者。

从以上两个案例可以看出，在工作场域中，D是企业负责人，L是合作社负责人，他们均与普通村民不再是邻居、老乡的关系，而是领导与普通员工的关系，他们与普通村民互动关系是基于契约式的理性交往，基本上按照市场经济的规则来约定双方行为；在生活场域中，D与L回归其在农村社会中既定的角色，D作为社会中的普通成员与普通村民是亲友关系，L与普通村民除了是亲友之外，还是村支书，负责为全体村民解决各类问题。这充分说明了无论是农村精英还是普通村民，在不同的场域中均承担着不同的社会角色，精英与非精英之间的互动关系也随着场域的变化而变化。

（二）地缘与互动

山阴县某奶牛专业合作社在成立之初，许多村民在不能预知效益的情况下牵着自家的牛加入合作社，且社员人数保持稳定增长，很少有人主动退社。究其原因，是因为负责人L作为当地村领导，是本地人，村民们对其信任度和认可度相对较高。与之形成鲜明对比的是，该村另外一个合作社是由外地人出资成立，同样采取股份制的形式，且对于农户的优惠政策更多，但愿意入社的人数却明显少于前者。为了论证这一现象是否具有普遍性，调研团队进行了深入研究，研究方法主要包括文献资料分析、定性访谈和定量问卷。调研团队在山阴县6个农村共计发放问卷120份，最终回收有效问卷114份。

据山阴县农业局相关资料显示，截至2016年12月，山阴县共有235个农民专业合作社，社长为本地人的有198个，占到合作社总数的84.3%；社长为外地人的仅有37个，占到合作社总数的15.7%，数量远少于前者。这充分说明负责人是外地人的合作社发展成果远逊于负责人是本地人的合作社。深度访谈资料显示，在本地人创办的合作社中，村民入社积极性普遍较高，合作社内部凝聚力较强，而外来人员创办的合作社中，村民往往对加入合作社抱有疑虑，退社情况屡有发生。调查问卷数据显示，对负责人为本地人的合作社表示愿意参与的有87人（所占比例76.32%），表示不确定的有20人（所占比例17.54%），表示不愿意参加的有7人（所占比例6.14%）；然而，对负责人为外地人的合作社表示愿意参加的农民只有15人（所占比例13.2%），表示不确定的有69人（所占比例60.5%），表示不愿意参加的有30人（所占比例26.3%）；有109人（所占比例95.6%）表示在同等条件下会必然或优先选择参加负责人为本地人的合作社。由此可见，村民对于农村精英的本地人身份的认可能够影响到其加入合作社的意愿以及双方的互动关系。

农民普遍倾向加入负责人为本地人的合作社，主要有三个方面的原因：

第一，本地精英生于斯长于斯，家庭成员也大都在本村，较之于外地人，普通村民被其欺骗的风险无疑很小；第二，农村是熟人社会，人们熟知农村精英的家庭背景和个人情况，也熟知其是否有能力带领他们脱贫致富，对外地人的这些情况却一无所知；第三，我国绝大部分农村依然保留着乡土社会的许多特性，无论是农村精英还是普通村民，都认为先富裕起来的人有责任和义务带领全村人脱贫致富，外地人则没有这一义务。

四、农村精英与非精英的博弈

农业产业化的蓬勃发展，改变了农村传统人际交往方式，这不仅表现为农村人际交往范围的扩大和交往场域的变化，更表现为农村人际交往的对象比之前更丰富。农村精英与农民之间不但有着共同的利益，也会产生利益的差别和对立，双方共同处在利益博弈关系的动态过程中。一方面，农村精英与农民就双方的合作达成了共识，双方存在共同的利益，这是双方合作的基础；另一方面，农村精英与农民在利益分配方面也会产生矛盾和分歧等，如双方在收购价格、收益分红、日常管理以及土地流转过程中存在的问题。在农村农业产业化发展过程中，双方均以各自利益为根本出发点，进行市场选择和利益博弈。

（一）现代契约与传统礼俗并存背景下的博弈

现代农业不同于传统农业，传统农业自给自足，有着很强的乡土性。现代农业的发展要求则是需要农业的生产经营和工业、商业的生产经营一样，拥有契约精神。然而，相较于农业生产力的发展，传统乡土社会向现代社会的转型具有滞后性。尽管经历了人民公社制度和改革开放，农村不再是完全的传统社会，但大量的传统礼俗得以保留，可以说当代农村依然是半传统或半熟人社会，相较于现代契约精神，农民更倾向于信奉传统的礼俗精神，一旦契约与传统的礼俗规则相背离，即使通过订立规范合约或加大处罚力度等手段，也不能从根本上消除违约现象。

案例 7.7

W 是临县某红枣企业负责人，据其介绍："在工厂正常的上班时间中，总有农民迟到。按照企业的规章制度，迟到需要扣工资，但是这种处罚机制却无法落实。因为大家普遍认为因为忙家里的事情迟到早退或请假是天经地义，亲友家有事去帮忙也是理所当然，如果连这些都做不到必然受到村里人的排挤。若企业因为这些事情扣罚员工本就不多的工资，必然会遭到全体员工的反对，甚至会加深企业管理层和员工之间的矛盾，对企业日常经营的影响更大。"

案例 7.8

Z 是临县某红枣加工企业负责人，据其介绍，2011 年，他事先与农民签订三年的红枣收购协议，但在 2012 年，由于市场波动，其他收购商所出的价格高于他们之前所商定的价格，农民选择毁约。Z 就此事与农民进行协商，农民则说："我们是穷人，家里就这点收入，辛苦劳动了一年，赚点钱非常难，肯定想卖个好价钱，你们赚大钱，不差这么一点，就体谅体谅我们。"由于工厂缺乏原材料，经过反复协商，Z 不得不以每斤高出协议价 2 元的价格收购了一批，之后又高价从新疆收购了一批。

在企业内部，契约精神要求工厂内部参加工作的员工在生产过程中遵守企业规章制度、完成企业任务、对工作认真负责、有责任心、能按时上下班、严禁擅自离岗早退。但在农村社会中，有各种各样的原因使得农民不能在工厂中按照企业规章制度按时上班工作，于是在工厂内部的管理者和农民之间就出现了博弈。究其原因，是因为乡土社会的慢生活节奏造就了农民在生活和工作中的随意性，如有的家庭主妇需要回家到点做饭，农忙季节农民需要去种地、浇水、施肥，邻里间需要帮忙等，这些在传统乡土社会中都被认为是理所当然的事情。与此同时，农民通常被认为是以辛勤的劳动换取微薄收入的弱势群体，若对违规者进行经济处罚，必然违背乡土社会的道德准则。在产品生产与收购方面，农村精英与农民在收购协议方面往往采取书面合同或口头约定的形式，而这种形式往往不具有约束力，企业方面违约的情况较少，个体农民违约现象却屡有发生。究其原因，是因为乡土社会是礼俗社会，社会成员法律意识相对淡泊，缺乏契约精神。相对于城市社会成员普遍以法律为自己的行为准则，农村社会成员更愿意遵守当地的礼俗规则。“农民辛勤劳动了一年才获得成果，谁给的价钱高就卖给谁”这一观点在乡土社会是被普遍认可的。从本质上讲，农村社会成员与现代企业管理者之所以会产生分歧和博弈，是因为在传统乡土社会的运行逻辑与现代市场经济的契约精神产生矛盾的背景下，农村社会成员更倾向于遵守传统乡土社会的行为准则。因而，农村精英与普通农民在制定契约的过程中应当充分考虑当地的实际情况，尽可能做到契约内容与当地传统礼俗规则保持一致，从而保障现代农业产业的良性发展。

（二）农村精英与非精英博弈的焦点

农村精英和普通农民二者之间的利益关系复杂，博弈也较为复杂，包括是否租赁土地、土地租金多少，是否签订合同、签订什么类型和内容的合同，农民是否应该或者是否会按照公司的标准要求生产，农民能不能遵守企业规章制度等。作为有限的理性经济人，农村精英和农民双方的合作固然能使双方共同获益，但双方均以自己的利益最大化为根本出发点，双方在市场中的目标均可以简单概括为利润最大化，即用最小的成本去换取最大的收益，这是二者之间博弈的关键所在。作为理性经济人，无论是农村精英还是个体农民，都会有违约倾向或者违约行为，而其是否会选择违约在于获得的收益是否会高于违约的成本。如果能够用最小的成本去换取最大的收益，且又不存在有效的外部约束机制或惩罚机制去阻止其违约行为，那么无论是农村精英还是单个农民就必然选择对自身有利的策略而不会顾及对方的损失。因此，在契约农业中常常出现违约现象也就不足为奇了，这也就成为农村精英群体与非精英群体之间博弈的关键点所在。

（三）农村精英与非精英博弈的非对等性

作为彼此各自独立的市场经济主体，从表面上看，农村精英和农民之间的地位是平等的。事实上，这两者看似平等的关系背后隐藏着不平等。在市场交易中，农民在与农村精英的博弈中往往都处于弱势地位，主要是因为普通农民对企业有着很强的依赖性，而企业对个体农民的依赖性较低，具体可从四个方面进行分析。

第一，资本的非对等性。农民与农村精英之间的交易所得的收入几乎是农民的全部收入，也就是说农民是用全部农产品和以农村精英为首的龙头企业做交易，以换取下一年的可支配收入，这就意味着个体农民无力承担过重的经济损失。然而企业资金相对雄厚，并且可以较容易地获取银行贷款，即便偶然产生一定的经济损失，也不会对其生产经营造成过大的负面影响。第二，客户资源的非对等性。由于农产品具有同质性，生产相同产品的农民非常的多，而生产相同产品的农民在农村精英的眼里是完全可以相互替代的。但是对于农民而言，在某一特定区域内，不会有数量很多的以农村精英为首的农村经济组织，相对于龙头企业或合作社收购特定的农产品并进行加工，分散的小农户往往没有其他的选择余地，这必然造成农民对于以农村精英为首的龙头企业或合作社的强烈依赖。第三，市场信息资源的非对等性。龙头企业和合作社在获得市场信息、农产品选择和检测等方面的优势，使得它们在与农民的交易关系中完全处于主导优势地位。由于龙头企业和合作社负责人所占有的社会关系资源远多于个体农民，因而他们获取市场信息的途径之多、范围之广也是普通个体农民所无法企及的；再加上他们比普通农民头脑灵活、目光敏锐，甚至有的企业还有专门的市场信息分析机构，因而能够较为准确地把握市场需求。反之，普通个体农民则不具备这些优势。第四，个体农民的非理性。部分个体农民具有非理性特征，盲目跟风种植上一年价格高的农产品，造成某一农产品在特定年份的产量大于市场的需求，只有相关产业链较长、销售渠道较广、资本较雄厚的龙头企业才有能力对这一农产品进行大量收购，这必然导致了农民之间竞争的激烈和对龙头企业的依赖。关于这一情况，本研究团队在调研中发现一个具有典型性的案例。

案例 7.9

2012 年红枣价格较高，临县的红枣供不应求，当地农民于 2013 年开始急剧扩大种植面积，2015 年获得大丰收。然而，产量过剩导致了价格下跌幅度较大，更导致枣农面临缺乏销售渠道的困境，农民自家庭院里的红枣堆积如山。据临县农业局相关负责人介绍，被龙头企业以超低价格收购的红枣大约占当年产量的 50%，有大约 40% 被各方以市场价格或略低于市场价格收购，剩下的约 10% 烂在了枣林里，部分枣农甚至砍掉了已经种植了数十年的枣树。

在这样的不平等关系之下，普通个体农民的利益得不到保障已成常态。如果某一农民想要获得龙头企业的合约，从其他的竞争对手中胜出，就要不断地进行投资，如生产设备和人力资本的投资，这样的投入越多，农民对于龙头企业的依赖就变得越大，如果龙头企业因为某些原因不能完全地履行合同或者违约，农民的损失就变得很大。为减少风险，农民理性的做法就是减少特定生产设备和人力资本的投资，一旦市场的价格高于龙头企业的收购价格时，农民就很有可能撕毁合约，自行出售农产品。可以说，博弈双方的非对等性不仅加剧了个体农民农业生产的风险，更导致双方之间难以构建利益联结机制，同时也降低了双方契约的稳定性和有效性。

（四）实现农村精英与非精英博弈均衡的对策

农村精英和农户都是有限的理性经济人，在市场信息不完全对称、惩罚机制不完善不健全的情况下，双方很容易产生机会主义倾向，因此，他们总是试图在各种契约约束下寻求自身经济利益的最大化。要使得两者加强合作，消除摩擦，就应该加强农村精英和农户之间的信任和二者之间契约的稳定性。

第一，建立健全外部约束机制，增加惩罚内容，加大违约成本，并且规范合同的内容，能够在一定程度上降低订单违约的概率。通过建立健全外部约束机制并且加大违约的处罚力度，能够在一定的程度上消除违约现象，降低违约率，但不能从根本上消除违约现象的出现。第二，增加中介组织以增强契约的稳定性。增加一个中介组织，也就是在农户和龙头企业之间增加一个缓冲，这样既可以把分散的农户联合起来，形成一个组织与龙头企业进行交易，也会极大地降低交易的不确定性和违约率，因此，稳定的契约关系在此基础上得以形成。如“公司＋中介组织＋农户”的组织模式将分散的农户联合起来，既提高了农户组织化程度，也会帮助农户提高在合同关系中的地位以及承担法律责任和履行合同义务的能力，同时中介组织的出现帮助龙头企业在订单签订时由面对千万的农户变为只面对一个或几个组织，这样不仅能够有效降低龙头企业与农户之间的交易成本，还会帮助稳定龙头企业的供货渠道，保证订单签订后的有效执行。第三，增加交易次数，进行长期交易。在交易中，如果只有一次交易，那么就只有一次性的博弈，则交易双方就存在很大的机会主义。如果将一次博弈或者有限次重复博弈变为无限次重复博弈或长期交易，那么就有可能在不需要第三方的干预或外部机制约束的情况下，合约双方依合约执行。这是因为在长期交易的过程中，也就是重复博弈过程中，“声誉机制”起了关键的作用，如果一方不断违约，则会降低其声誉，以至于不会有其他人选择与其进行交易。因此，在重复博弈的情况下，利用声誉的影响，可以有效地增加契约的稳定性，而契约双方通过长期不断的合作建立起来的信誉也是一份具有很高价值的资产。第四，建立社会信用体系，加强对订单农业的管理。订单农业是以农村精英为首的龙头企业与农户之间最常见的一种联结方式，加快建设社会信用体系，加大对以农村精英为首的龙头企业或农户违约失信行为的披露，优化交易市场的信用环境，为农村精英与农户的合作创造一个优良的环境，会有利于促进订单农业的发展以及违约率的降低。第五，更新农村精英和农户的利益观念。作为理性经济人的农村精英和农户会在市场信息不对称，惩罚机制不完善、不健全的情况下发生违约行为，以寻求自身经济利益的最大化。但从长远来看，双方长期利益是一致的，这就需要农村精英与农户更新利益观念，不要只顾眼前的利益而忽视双方长远的利益取向，双方应该正确处理单方面利益和共同利益与总体利益之间的关系，为促进双方共同利益的发展，农村精英和农户应该结成一个紧密的利益共同体。

总之，要实现农村精英与农民之间的博弈均衡，就必须在农村场域内建立一套农村精英与农民的交往机制。首先，要按照市场化的要求，适应农业产业化的发展规律，将农村精英与农民的互动纳入法理化的制度框架内，在组织内部对双方的权利、义务作出明确规定，减少违约事件的发生概率。其次，要发挥农村精英的社会资本优势，不断适时释放农村精英的经济能量，努力在农村特色经济发展中起到带头人作用。广大农民要改变传统观念，把眼光放长远，与时俱进，加强与农村精英的合作，学习先进技术和先进的理念，减少市场风险，提高收益。最后，要加强农村精英阶层与普通农民阶层之间的流动，防止阶层固化，使广大非精英农民有积极向上流动的愿望，努力实现精英化。

第二节　交换视角下的农村人际关系变迁

近年来，农村地区大力发展农业产业化，进行优势农业开发，使得广大农村地区的经济要素和经济结构等各个方面发生了巨变。首先，劳动力的结构和劳动方式发生了变化。以青壮年劳动力为主的就业大军一部分进入龙头企业或合作社中工作，一部分进入县城或周边城市打工，而很少留在村里务农。在劳动方式上，进入龙头企业和合作社工作的青壮年劳动力主要从事特色农业的加工以及相关技术工作，少部分农村精英从事管理工作。进入城市打工的大部分青壮年劳动力则主要从事二、三产业。其次，种植或养殖方式也发生了变化，过去是传统的以个体家庭为主的零散化的种植或养殖方式，而现在则逐渐出现大规模的集体化经营，如龙头企业以及合作社引导的规模化、专业化种植和养殖，降低了农业经营的风险，提高了整体利润。农村场域内的这些结构性变迁都会在一定程度上对场域内的交换方式和人际关系互动造成影响。

一、交换关系的变迁与农业产业化发展

农村交换方式主要有两种类型：礼物交换以及商品交换。礼物交换又被称为社会交换，这一概念来自人类学家莫斯，主要指在传统的非市场经济社会中，人们之间的交换是通过礼物来实现的，具体表现为物品或服务。礼物的形式多种多样，包括日常生活用品、食物以及劳作过程中的帮工和换工等。商品交换又被称为经济交换，主要指在市场经济条件下，交换是通过商品的交换实现的，互动双方建立的是基于契约的平等交换关系。礼物更多是发挥表意性作用，礼物交换双方是赠予者与接受者的关系；商品则更多发挥工具性作用，商品交换是一种功利性的交换。

随着当前农业产业化在农村地区的迅速发展，农村经济结构发生了变迁，农民由过去单一地依靠种植粮食为生转变为发展农产品加工和特色农业开发，由此带来的是农村交换方式和交换关系的变革。传统农作活动中，农民往往通过帮工和换工的方式来解决劳动力不足的问题，同时这种方式也作为礼物交换的形式维系着农民的社会关系网络，对于农民来说是一种互惠性

的交换。实行农业产业化发展之后，农村更多地开展规模化、集约化种植和养殖，各类农业现代化组织不断涌现，使得传统的农作方式已不再适应新的经济发展要求，大量的雇工逐渐取代帮工和换工。雇工们通过签订契约或口头约定的形式付出一定时间的劳动来获得报酬，私人关系的亲疏远近对其影响已经越来越弱，农民更多的是按照市场的行情和既定的契约来获得收入，这里的交换是基于理性化的商品交换。

农村地区在发展农业产业化的过程中，出现了大批农村精英来带动和引导特色农业的发展，组建了一些龙头企业和专业合作社进行规模化生产。农村精英作为有经济头脑的农民中的佼佼者，往往将现代化的经营管理理念带到龙头企业或合作社中，龙头企业员工与合作社社员在工作场域中是严格按照规章制度和合同来完成工作职责，人们之间的交换关系是掺杂更多利益的商品交换，基于情感性和互惠性的交换关系则更多地出现在生活场域中。在调查的龙头企业中，有近九成的龙头企业与员工签订了用人协议，根据岗位和职责的不同安排相关人员，薪酬也按照个人能力和对企业贡献程度分为不同等级，且企业员工的任用不再完全根据私人关系的亲疏远近，而更多是出于对企业发展的理性化考量。

二、从交换的二元对立看农村人际关系变迁

阎云翔提出了交换的两种不同类型，即表意性的交换方式以及工具性的交换方式，两者是完全对立的。表意性交换的目的是建立和维系社会关系，这种交换一旦开始，就会进入循环链条中，难以真正终结，是一种互惠性的长期交换；工具性交换是具有功利性的商品交换，建立的是抽象的、一般意义上的短期联系，交换的双方是进行理性计算的独立个体。① 基于对农业产业化背景下农村经济结构变化的分析基础上，本书将从交换方式的二元对立

① 参见阎云翔：《礼物的流动：一个中国村庄中的互惠原则与社会网络》，李放春、刘瑜译，上海人民出版社 2000 年版，第 32—35 页。

中分析农村人际关系的变迁。农村人际交往场域可分为两个子场域，分别是仪式性场域和非仪式性场域。在仪式性场域中，农民之间的社会交换主要指的是庆典性的仪式，也就是农民日常生活中的“大事”；非仪式性场域中，社会交换主要指的是日常生活中的礼物馈赠，也就是“小情”，礼物的数量和质量都比不上仪式性活动中的礼物。这两种交换活动都在一定程度上对农村社会网络的维持和强化起着重要作用。

（一）仪式性场域中的人际关系变迁

在重大的仪式性活动中，主家通常会邀请客人、设宴并记录礼账，有别于非仪式性活动中的送礼。传统农村社会中，在筹办大型庆典活动时，主家通常会请一些人来帮忙，包括厨师和村里的元老级人物等，这些人通常需要提前邀请，而其他帮忙的人则大多由本村亲友、邻里构成，且一般都是主动来帮忙。这些活动中的酒宴质量和排场会根据主家的经济实力而定。如果宴席标准高于全村平均标准，主家也会感到比较骄傲和光荣，宴席标准若低于全村平均标准，主家也会感到在全村人面前丢面子。仪式性活动开始之前，主家通常会通过闲聊等非正式渠道通知被邀请的人，且这一消息会在熟人社会中迅速传播开来，听说的人会自行根据关系的远近来确定参加与否。仪式活动结束后，检查礼单也是一项重要工作。礼单一般用来书写赠礼者的姓名和金额，代表着主家的社会关系网络和人情往来状况，关系的亲疏远近通常会通过赠礼的价值反映出来。礼单可以直观折射出农村人际关系的变迁，也决定了主家在今后类似的仪式性活动中回礼的标准。

在当前农业产业化迅速发展的背景下，农村社会市场化程度不断提高，社会分层不断加快，农民社会交往的对象和范围也发生了变化。目前，在筹办大型庆典活动时，村里有专门负责这类事务的承办团队，给予其一定的报酬就可以为主家提供一条龙服务，主家往往为了图省事就雇用这类团队筹办自家的仪式性活动，而不再欠人情找亲戚或邻居帮忙。这主要也是由于近些年来农业产业化的迅速推广，农村经济得到有效发展，农民的收入有所增加，因此一些农民具备了花钱雇人筹办活动的实力。仪式性活动中的酒宴过去主要集中在村民自家院子里，而现在多在村里的饭店出现。同时，仪式性活动开始之前，主家通常会通过发请柬而不是闲聊的方式通知大家，这主要是由于当前农民交往范围不只限于亲戚、邻居或本村人，也包括在龙头企业或合作社内工作的领导和同事以及村子以外的人，请柬会显得更加正式并且避免遗漏重要的人物。通过观察一个家庭的礼单会发现，当前农村社会人际交往的状况与之前相比有了很大的不同，一个家庭人际交往的群体开始由同质性向异质性转变，不再限于亲戚、邻居和本村人，所交往群体的职业构成也与之前相比存在很大的不同。

仪式性场域中的社会交换主要围绕个人生命周期开展，仪式性活动主要有生育庆典、考大学、盖房、婚礼、满月酒、祝寿以及葬礼。在临县某村的调查结果显示，过去在传统的仪式性活动中，如婚丧嫁娶、盖房以及生育庆典中，礼仪大多比较繁琐，邻里之间大多是守望互助，一家办喜事，全村人都来义务帮忙，而在当前农村社会的仪式性活动中，更多出现的是简单的庆典仪式，专业的婚丧礼仪团队取代过去的邻里互助。在针对73位村民的问卷调查中，对于“如果村里有婚丧嫁娶等事宜，您一定会义务帮忙”这一问题，有49.3%的人选择“不太同意”，24.7%的人选择“不同意”（见表7.1），这就从一个侧面反映了传统邻里互助行为的减少。邻里互助体现的是一种表意性的交换行为，礼钱多少的理性衡量则更多是一种工具性的交换思维，而目前人们更多在意的是礼钱的多少而不是邻居的帮忙有多少。农民在仪式性活动中逐渐用礼钱代替传统的实物礼物，金钱的多少成为衡量关系亲疏远近的重要标准。简化的仪式庆典中人情味越来越淡薄，已经逐渐沦为一种变相的隐秘的工具性敛财手段。在对山阴县某村养殖户Y的访谈中，他也提到了现在每年收入中有将近30%到40%都用于上礼等人情支出。这都表明了传统庆典仪式正在逐渐变得富有金钱和利益相关的属性，原本温情脉脉的邻里互助正在逐步被市场经济的理性计算所消解，家庭场域与外部场域之间更多的是利益交换，人际关系也呈现出理性化的特点。

表 7.1 村民对婚丧嫁娶事宜的态度

如果村里有婚丧嫁娶等事宜，您一定会义务帮忙		
态度	频率	百分比（%）
同意	10	13.7
比较同意	7	9.6
不太同意	36	49.3
不同意	18	24.7
不好说	2	2.7
合计	73	100.0

数据来源：调研团队在临县收集的问卷资料。

（二）非仪式性场域中的人际关系变迁

在非仪式性场域中，人们之间的礼物交换主要发生在一些重大节日里，与仪式性活动相比，礼物交换的形式、地点都较为随意，没有严格限制。在传统农村社会生活中，每逢春节等重大节日，农民会将自家平时不舍得宰杀的家禽和家畜拿出来作为礼物馈赠亲友、邻居或作为精美食物招待客人。北方冬天较为寒冷，蔬菜种类较少，农村的食物结构中主要以粮食为主，因此，北方村民在冬季会腌制食物储存起来。不同家庭腌制的食物类型可能不同，亲戚和邻居之间会在串门时互相赠送自家腌制的食物。以上都发生在村民日常生活中，而在村民生产活动中，也存在着礼物的交换和馈赠，只不过礼物的形式发生了变化。在农忙时节，有的家庭劳动力不足或自家田地较多且农活任务重就需要帮工，帮工一般都是本村人，基于有时间和一定的人情去主家帮忙，这种帮忙不收取费用。在以后的农业生产活动中，帮工如果有需要，主家也会转变为帮工的身份去义务帮忙，也可以理解为“还工”（回报），也就是说帮工和主家的身份不是不变的，而是可以转化的。帮工是农民基于一定共识的基础上开展的互助合作，以劳动力作为礼物的一种形式在农民之间进行交换，并且这种交换以亲缘和地缘关系为主，注重情感性和相互性，维持双方交换关系的平衡。

随着农村产业化的不断发展，在日常节日里，许多礼物交换行为逐渐简化或消失了。目前，农村人口的流动速度加快，人口异质性程度提高，传统居住方式的改变等使得传统那种互送礼物的行为逐渐减少，邻里之间的人际交往频率下降，情感联系变弱。农业产业化的迅速发展给农村经济带来了活力，改变了传统单一的种植和养殖方式，农民收入有所增加，生活水平也显著提高，日常食物结构也发生了变化，过去冬天腌制的食物也很难拿出手作为礼物送给他人。此外，目前农村社会从事传统耕作的人越来越少，大部分青壮年劳动力均进入龙头企业、合作社打工或流入城市里打工，许多土地出现抛荒及无人耕种的情况，因此过去的帮工群体已逐渐减少。即使农民家里的农业生产活动存在劳动力紧缺的问题，也会寻找雇工来完成，并承诺付给其一定的报酬。在市场经济的理性考量下，人们更多选择打工或其他更能带来经济收益的方式，帮工作为一种情感性交换的方式已逐渐不能适应新型人际交往的需要。

村民在进入龙头企业工作后，人际交往范围扩大，交往的对象则不再单纯是亲戚、邻居或本村人，日常交往中会与外来管理者、企业技术人员以及外来其他打工者等产生人际互动。在临县的问卷调查中，对于“进入龙头企业工作后，您与原来的亲戚和邻居的交往频率有什么变化”这一问题，有64% 的被调查者认为交往频率减少（见表 7.2）。此外，在日常生产活动中，过去在秋收春种等劳动力紧张的时候邻里之间会互相帮助，包括帮邻居播种、收割或互赠化肥农药等。而现在村民间的生产互助行为逐渐减少，由过去的找邻居帮忙转变为雇人帮忙，该村的种枣大户赵某在村里雇用了将近十个人负责自家在红枣园区里的枣树种植，这也表明了农村社会交换中，由表意性的情感交换到工具性的理性交换之间的过渡。

表 7.2　村民交往频率的变迁

与龙头企业合作后，村民之间的交往频率有什么变化		
变化	频率	百分比（%）
增多	25	25.0
减少	64	64.0
没变化	11	11.0
合计	100	100.0

数据来源：调研团队在临县收集的问卷资料。

三、从交换的三个维度看农村人际关系变迁

（一）交换对象的范围扩大

农业产业化发展之前，村民的日常交往对象就仅限于亲属和邻里等亲缘和地缘群体，交往范围狭窄，与村落外部联系较少，传统村落是原子化的村落。而进行产业化发展以后，村民的人际交往从有限范围扩展到村落外部，进入龙头企业工作的村民以及外出务工人员逐渐增多，与更广阔范围内的异质性群体进行交换，形成新的社会关系网络，积累新的社会关系资本。农村生产进行规模化、专业化发展过程中，外部力量也会进入村落，村落的组织体制和社会管理方式必然发生变化，如合作社的建立、龙头企业的进入以及农业产业园区的开发等，这一切必将带来由表意性的情感交换向工具性的商品交换的转型，原有的村民之间基于熟悉和信任的口头协议正在被法理社会的理性化契约所取代，同时，人际关系也逐渐由情感型向契约型转变。通过对问卷中涉及的问题“您认为现在村里的人际交往更多发生在什么场合”进行分析，发现被调查的村民中有 79.5% 的人选择合作社、龙头企业或产业园区；对“龙头企业进驻当地后，如果在生产生活中遇到困难时，您首先会找谁帮忙”这一问题，有 68.5% 的人选择合作社。由此可以说明当前农村交换

关系的范围有所扩大，而不仅限于过去的邻里交换范围，村民寻求建立更广泛的人际关系网络，且人际交往更多发生在合作社等农业经营组织内，使得人们遇到困难时更多愿意向合作社寻求帮助，对合作社的依赖程度提高。

（二）交换关系的维系方式发生变化

农业产业化发展之前，农村社会的交换关系是通过邻里互助来维持，充满人情味，村民往往通过继承家庭的亲属关系和邻里关系来建构自身的社会关系网络，这种社会关系通过传统仪式和日常生活中更具表意性的礼物交换来维持和强化，具有长期性、稳定性的特点。农村经过一定程度的产业化发展后，交换关系发生了变迁，人际交换不再是依赖于家庭为中心建构的关系网，而是逐渐依赖于由个体创建的业缘等更广泛的社会关系网络。礼物性交换在维持农村人际关系方面的作用越来越小，更具工具性意味的商品交换将逐渐取代以情感性为主的礼物性交换。与之前的交换方式相比，商品交换则具有短期性的特点，这主要与当前农村人际互动群体的异质性和复杂性有关，这也导致农村人际关系的冷漠化和功利化。

传统农村社会中的人际交往被限定在熟人社会中，人际交往方式往往按照约定俗成的方式进行，对于某项合作农民多以口头约定的形式开展。在农业产业化加速推广的今天，市场化的理性契约精神开始渗透到农村社会。如临县某龙头企业在当地农村建立起有机红枣基地，有 140 多位农户与其签订合作协议，企业以高于市场平均价格的方式购入农产品，协议有效期在 10 年以上；山阴县某奶牛专业合作社吸纳附近村 70 多位农户与其建立了长期合作关系，签订入股合同。村民与龙头企业、合作社的合作是一种典型的现代商品经济时代的契约式交换，双方以寻求利益最大化为目标维持着交换关系，即当前农村的交换关系的维系方式已经逐步由礼物性交换向商品交换转化。

（三）交换场域发生转移

传统农村社会的交换关系更多是发生在日常生活场域和劳作场域当中，

通常就是邻居家和农地，不会脱离本村的界限。场域运作的逻辑是传统伦理规范，处于这一场域中的人们有一套约定俗成的人际交往规则，人们在进行礼物交换时遵循互惠的平等交换原则。现代农村社会经历农业产业化的洗礼后，交换的场域由本村扩展到传统村落以外的地方，包括产业园区、龙头企业、合作社以及城市地区等。人际交换场域的变迁使农民改变了传统乡土社会情感性的人际交往方式，而选择按照新的场域内形成的更加理性化的人际交往方式来进行互动。在对临县某村进行调查时发现，村里大部分都是老年人、妇女和小孩，文化活动场所如村图书室、活动中心等荒废已久，而年轻人大多选择在龙头企业工作或进入城市打工，其人际交往的场域已经远离传统农村社区。在对该村的调查中，针对“您认为现在农村的人际交往更多发生在什么场合”这一问题，有 79.5% 的人选择合作社，说明当前农村人际交换的场域已经发生了变化。农业的规模化、专业化生产使得许多农产品远销全国甚至海外，许多农民走出农村交往场域，进入更广阔的场域中进行人际交往，而这些场域相比农村场域来说则呈现出复杂化、变迁快的特点，这就必然会使农村人际关系呈现出复杂化的态势，人际交往的理性化和利益化取向不断加强，血缘、亲缘和地缘对于人际交往的强化作用会逐渐让位于业缘等更广泛的社会关系网。

第三节　异化视角下的农村人际关系变迁

随着农村农业产业化的发展，在物质条件改善的同时，农民的精神世界也在悄然发生着变化，在日常交往中逐渐变得冷漠、自私，不关心集体事务，缺乏公共精神。在当前农村社会，衡量人际关系时利益得失成为一项重要指标，人与人之间单纯的交往关系逐渐淡化，取而代之的是博弈权衡的交易关系。这种现象实际上就是马克思所批判的资本主义异化现象在社会主义市场经济条件下的延伸，也就是说，这种人际关系的扭曲其实质就是人与人关系的异化。[①] 马克思对异化现象的深入分析与研究，为考察农业产业化发展背景下农村人际关系的现状和趋势提供了一个独特的理论视角，对构建农村和谐人际关系具有重大的现实意义。

一、劳动异化理论中的人文关怀

人是马克思异化理论的出发点和归宿，在《1844 年经济学哲学手稿》中，马克思以人的基本实践活动——劳动为突破口，以全新视角系统阐述了人一切异化的基础——劳动异化。异化是指人的生产及其生产的产品变成了异己的力量，反过来统治人的现象。劳动异化主要体现在四个方面：人同劳动产品的异化，人同劳动的异化，人同人的异化，人同人的类本质的异化，后两者主要体现了人们之间交往的异化。“工人生产的财富越多，他的产品的力量和数量越大，他就越贫穷。工人创造的商品越多，他就越变成廉价的商品。物的世界的增值同人的世界的贬值成正比。”[②] 在资本主义生产中，人同自己的劳动产品和劳动过程相异化，人的主体地位丧失。马克思揭示了人的异化根源和私有制社会中人的异化生存状态，显示出对人的价值尊重，洋溢着深厚的人文关怀，因此，对人独特而真实的关怀是劳动异化理论的核心思想。

二、农村人际交往中的异化现象

在农业产业化逐步发展的过程中，农村社会关系网络的异质性增强，农民交往的对象和范围逐渐扩大，过去以初级群体为主的情感性交往逐渐减

① 参见王慧：《用异化理论分析现实中的人际关系——论社会主义市场经济条件下马克思异化理论的延伸》，《商》2016 年第 29 期。

② 参见［德］马克思：《1844 年经济学哲学手稿》，人民出版社 2002 年版，第 89 页。

少，农民的社交需要渐渐地变成了一种利益需求，集体的归属感降低。因此，个人的感情渐渐被压缩在一个非常狭小的利益空间里，尽管农民得到了更多的物质财富，但农民的精神却越来越空虚。在广大的农村社会中，异化现象普遍存在且十分严重。农民迫于生计而参与社会生产，无可选择地被劳动所束缚，虽然物质生活水平逐日提高，但是自由度和幸福感却并没有随之增加。更为严重的是，社会关系正向着趋利性方向发展，人与人之间的关系更多地被社会地位、财富损益、利害关系等所利用和包裹，人与人之间单纯的交往关系逐渐被功利性的交往关系所取代。在这种情况下，农民根据利害关系进行人际交往，制定远近亲疏的标准。一个人是否值得交往的标准也就此变成了他能够带来何等利益，在这样的人际关系中，个体变成了物质利益的附属。马克思在《1844 年经济学哲学手稿》中就已经指出，“在这里任何个人都是各种需要的整体，并且就人人互为手段而言，个人只为别人而存在，别人也只为他而存在”。①

传统农村社会中，农民日常生产活动主要集中在农田等场域，农民之间的生产性交往主要集中在帮工和换工，农村经济发展以个体农户家庭分散经营为主，农村人际交往的范围较小，人际交往的同质性较强。这种小规模的家庭经营方式决定了农民在日常生产活动中大多和亲戚、邻里交往，交往范围多限于初级群体，与本群体外的人交往频率较低，人际交往中的理性算计、矛盾和冲突较少。随着市场经济在农村的深入发展，农业产业化在农村逐步成为一种不可逆转的发展趋势。农村经济形式逐渐增多，农村经济组织日益完善，农民的生产活动不再仅限于田间地头，而是更广阔的经济组织甚至农村以外的城镇地区，农民交往的范围扩大，交往群体的异质性增强。农村逐渐出现产业园区、龙头企业、合作社等农业经营组织，农民以雇员身份和股东身份进入组织内，成为现代科层制组织中的参与者，面临复杂化的人际关系网络而逐渐被异化。

① 参见［德］马克思：《1844 年经济学哲学手稿》，人民出版社 2002 年版，第 95 页。

实行农业产业化经营之后，农村地区龙头企业大量兴起，农产品产业链得到延伸，农产品的深加工迫切需要大量劳动力，附近的农民以被雇用员工的身份进入龙头企业中，遵守现代企业的规章制度，成为被异化的劳动者。农民在企业中作为被管理者与管理者在劳动报酬、劳动时间以及企业具体的规章制度等方面存在分歧和矛盾。此外，部分合作社的参与主体主要为农村经济精英和政治精英而不是广大的普通农民，这类合作社由于参与主体农民的缺位，只能帮助少数农村精英致富，并不能使广大农民真正受益，一定程度上造成了农村贫富差距的扩大和不同阶层间矛盾的激化。合作社在分配方面实行按股分红，大股东通常由农村经济精英或政治精英构成，合作社和普通农民的关系主要是雇佣关系，普通农民既不参与分红也不负担风险，农民对合作社的发展漠不关心，缺乏积极性，甚至一些农户和合作社的矛盾非常尖锐。

第四节　交往与分工视角下的农村人际关系变迁

马克思认为，人并不是单个人的孤立的存在，而是现实社会关系中的人，而“社会不是由个人构成的，而是表示这些个人彼此发生的那些联系和关系的总和，是人们相互活动的产物”。① 人是一个非自给自足的系统，必须同周围的他物进行物质、能量、信息等多方面内容的交换，才能维持系统的平衡，从而使自身存在和发展。因此，生活于这个世界上的人在现实的生活实践中，总要与他人交往，与他人结成这种或那种相互联系即人际关系。马克思主义的独特之处在于，他把交往与人类生产活动统一起来，看作是人类生活最普遍的社会关系范畴。人们只有结成一定的社会关系，互相交换自

① 《马克思恩格斯全集》（第 46 卷上），人民出版社 2005 年版，第 236 页。

身的活动，才能克服生理能力的局限，获得生存的空间。马克思、恩格斯立足于从事实践活动的个人现实生活，把劳动分工看成是人类实践活动发展到一定阶段的产物，又伴随着生产实践不断前进。交往与分工是相伴相随的人类历史的发展过程，生产力愈发展，交往就愈加自由和开放，而人们之间因分工能够优势互补，相得益彰。农业产业化的发展从根本上来说是生产力不断进步、劳动分工发达、农业组织形式不断创新的体现。生产力的发展必然带来农村生产关系的变革，产业化的进步使得农村人际关系发生了变迁，改变了农村人际交往的多个面向。不断扩大的社会交往、高度发达的分工是农业产业化发展的必然趋势，因此，从马克思的交往与分工理论角度出发探讨农村人际关系的变迁具有重要的现实意义。

一、交往与分工的内在联系

（一）交往推动分工的扩大与深化

一个民族的内部交往和外部交往不断推动着分工的进一步拓展，而分工的发展又使得新的交往形式不断产生。起初“商业不发达、各城市之间的联系不密切、居民的稀少和需求的有限，都妨碍了分工的进一步发展”，[①] 因而在中世纪的手工业行会里，资本、技术等只能父传子，子传孙。随着交往的进一步扩大，不同城市之间形成了分工，产生了工场手工业。[②] 在农业产业化发展的过程中，农民人际交往范围不断扩大，逐渐突破了血缘、亲缘和地缘限制，与技术专家、农业经营组织负责人、中介组织以及农村经纪人等不同主体的互动增多，使得分工更加明确，进一步促进特色农业产业链的延伸和完善。

① 许庆朴等：《马克思主义原著选读》，高等教育出版社 1999 年版，第 148 页。

② 参见梁雪爱：《马克思的交往理论及其在构建和谐社会中的价值》，《产业与科技论坛》2009 年第 9 期。

（二）分工促进交往活动的发展

分工使得不同的个体在文化结构、需要结构及价值结构上相互区别开来，并获得了各自的特殊性，而这种特殊性正是在社会交往中才表现出来。所以，交往既弥补了个体间各自的不足，又表现了交往主体的个性，基于分工的个体间交往已成为个体表现其生活的根本方式。在生产力发展到一定阶段时，人们必然要结成一定的相互关系，他们是在一定的生产力发展和分工的基础上相互交往的。这种交往又决定着生产和需要，并改变和塑造着现存人际关系。在农村产业化发展的过程中，产业园区、龙头企业以及合作社等不同农业经营组织按照现代科层制的管理体制运行，其负责人与农民是管理者与被管理者的关系，不同的分工决定其社会交往方式的不同。农民作为现代经济组织中的一员有各自的分工和职责，农民所扮演的角色渐趋多元化。在经济组织内外以及生活场域和工作场域当中，农民赋予不同角色以不同的意义，角色互动的方式也存在不同，如在龙头企业内部，农民是雇员和被管理者，服从上级管理者的领导，而在下班回到生活场域中，农民与上级管理者可能是亲戚或邻居关系，交往比较轻松随意。

二、交往与分工理论在构建新型农村人际关系中的价值体现

现代农村的发育是在市场化改革中进行的，党的十一届三中全会之后，依托国家政策红利，农村市场的发育才刚刚开始。农村实行的家庭联产承包责任制彻底改变了农村土地经营制度，使得原本集体制、大锅饭的农村模式被以农户为基本单位的经营方式所取代，农村生产力得到了极大发展，农业生产技术提高，农村生产满足个人的生活需要之余，富余产品也急剧增加。当前农村大力推广产业化经营，土地流转制度渐趋完善，逐步放活土地经营权，极大地激发了农村经济活力。在这种背景下，市场逐渐扩大，市场的类型也出现多层次多类型的分化，使得劳动产品成为消费商品，商品交换在农

村地区普遍铺开，生产资料市场和特殊要素市场在交换中得以扩大。

生产力的进步与农业产业化的深入发展必然带来交往的扩大和交换的深入。在马克思看来，交往是历史发展的动力，是实现人的自由全面发展的条件。因此，在当前农村社会发展中要重视人际交往，大力提倡人际交往中的感性与理性的融合，以此构建农村和谐人际关系。从社会良性运行和协调发展的角度看，合理的社会交往关系会从根本上最大程度地抑制不利因素，激发积极的力量，对农村社会的进步和发展起到推动作用。农村和谐人际关系的构建不仅要通过宏观层面的体制和制度的完善，而且需要通过人与人之间妥善的交流和沟通等微观层次的分析，以此来寻求实现社会整合的合理途径。当前农村社会在发展农业产业化的过程中，农民不断追求自身利益最大化，社会关系网络的异质性增强，整体的社会环境也愈加复杂。各种利益的冲突背后是人们主体意识的觉醒、权利意识的增强和走向个性化的倾向。因此，从人际交往入手，通过人与人之间有效的沟通，达到人际关系的协调和整合，化解社会矛盾，维护社会稳定，进而实现人际关系和谐及社会整合是十分必要的。

马克思主义认为，社会必须在某种相对稳定的状态下才能保障物质生产活动顺利进行，从而要求人们的社会交往活动具有稳定的秩序。和谐的交往关系不是自发实现的，必须结合社会运行的机制和交往关系自身的特性，通过人们科学的认识和有意识的改进，才能不断地推进和谐交往关系的构建。因此，社会的交往关系应该实现规范化和制度化，这是一个从外化到内化再从内化到外化的双重构建过程，必须结合农村社会发展的实际，提出有益于构建农村和谐人际关系的规范和措施，为和谐农村建设提供宏观和微观层面的保证。

第八章　构建新型农村人际关系的政策思考

传统农村社会是建立在血缘、亲缘和地缘基础上的生活共同体，建立在农耕文明之上的封闭与自给自足的生产、生活构成了农村生活的主要图景，社会关系领域逐渐形成了费孝通先生所说的“差序格局”，社会关系的网络是以亲属关系为基础而形成的，亲属关系是“根据生育和婚姻事实所发生的社会关系，从生育与婚姻所结成的网络”，而“社会关系是逐渐从一个人到一个人推出去的，是私人联系的增加，社会范围是一根根私人联系所构成的网络”，“我们社会中最重要的亲属关系就是这种丢石头形成同心圆波纹的性质”，这波纹，“一圈圈推出去，愈推愈远，也愈推愈薄”。[①] 家庭联产承包责任制实施以后，我国农村引入市场机制。市场机制的本质是“为利益而来，为利益而往”，在这种情况下，随着农村计划经济时期总体性社会的瓦解，经济利益的驱使充斥着农民的头脑，受市场经济中“个人至上”思维模式的影响，金钱意识、利益意识凸显，理性算计充斥着农民的头脑，农民逐渐成为追求利益的行动者。[②] 但是，与市场经济发育成熟的城市社区完全理性化的人际交往状态不同，农村社区当中农民受传统伦理的影响仍然较大，农民在遵守现代契约的过程中仍然会讲人情。在此意义上，当前农村人际关系呈现出理性与人情交织的状态，农民一方面会理性地遵守契约，按照现代市场经济制度规范和约束自身行为；另一方面也会根据传统血缘、亲缘和地缘关系的远近亲疏适当调节自身行为。在农村社区中，如果一个人完全按照理性

① 费孝通：《乡土中国》，人民出版社 2008 年版，第 32 页。

② 参见张红霞：《农村社会变迁背景下农村青年人际交往现状探讨》，《传承》2014 年第 4 期。

计算的原则与人交往，不讲人情和面子，会被人笑话“忘了本”，时间长了就会被孤立并且打上“不通人情世故”的标签。农村社区之所以会出现人际交往的无序和混沌状态，是由于现代农村社会的约束机制尚未真正建立，市场经济和农业产业化的发展对传统农村人际关系造成了一定程度的破坏，但却没有建立起一种新型和谐的人际交往机制，因此，本章旨在从政策层面上为构建新型农村人际关系提供可操作性的建议和对策。

第一节　新型农村人际关系构建的迫切性和必要性

近年来，随着改革开放的进一步深入与社会主义市场经济体制的不断完善，特别是农业产业化在我国农村的发展，农村社会发生了极大的变化，其中农村传统人际关系逐步弱化，现代人际交往观念日益凸显。主要表现在：由封闭走向开放，人际交往范围逐步扩大；情感化减弱，功利化增强，人际关系功利化日趋明显；个人自主意识不断增强，集体主义倾向逐步弱化等。这其中既有积极合理且有利于农村经济社会发展的一面，也有人际关系疏远淡漠甚至紧张而不利于和谐农村建设的一面。鉴于当前农村人际关系的现状和乡村振兴战略的要求，建立新型和谐农村人际关系的必要性和紧迫性日益凸显出来。

一、习近平新时代中国特色社会主义思想

（一）和谐的农村人际关系有利于实现“中国梦”

1. 有利于全面建成小康社会

2012 年党的第十八次全国代表大会召开以来，习近平总书记提出实现

中华民族伟大复兴的“中国梦”这一重要指导思想和执政理念。“中国梦”的核心在于“两个一百年”的奋斗目标，即在中国共产党成立一百年时全面建成小康社会，在中华人民共和国成立一百年时建成富强民主文明和谐美丽的社会主义现代化国家。自此，全国共同致力于国家富强、民族振兴、人民幸福的中国梦。“三农梦”也是“中国梦”，“三农”问题历来都是我国社会的主要问题，也是党和国家工作的重中之重。发展农业、造福农村、富裕农民是习近平总书记始终萦绕心头的“三农梦”，他多次强调：“任何时候都不能忽视和放松‘三农’工作。……没有农业现代化，没有农村繁荣富强，没有农民安居乐业，国家现代化是不完整、不全面、不牢固的。中华民族的伟大复兴不能建立在农业基础薄弱、大而不强的地基上，不能建立在农村凋敝、城乡发展不平衡的洼地里，不能建立在农民贫困、城乡居民收入差距扩大的鸿沟间。现在经济社会发展各种矛盾错综复杂，稳住农村、安定农民、巩固农业，我们就下好了先手棋，就做活了经济社会发展大棋局的‘眼’。”① 这些深刻道理说明，坚持狠抓“三农”，才能把握发展的主动权。

解决好“三农”问题的关键在于促进农村经济发展，使农民真正享受到经济发展带来的益处。近年来，我国经济发展的同时出现许多社会问题，大到整个社会而言，部分社会成员贫富差距扩大，利益摩擦增多，劳动力供过于求，社会就业压力增加，经济发展与资源、环境、人口之间的关系不协调，社会管理体制不适应经济社会发展的需要，社会保障机制不健全；小到农村社会而言，城乡发展不平衡、农业产业结构不合理、农产品结构单一、农民收入减少、人口流动大、村治难以实现等。城乡经济社会发展中出现不平衡和社会矛盾的日益突出制约着社会的发展与进步，而这些新情况、新问题，是全面建成小康社会与构建社会主义和谐社会需要解决的重大问题。和谐社会的本质目的在于人与人和谐、人与自然和谐、人与社会和谐、社会各阶层和谐。因此，从目标上来看，全面建成小康社会的“中国梦”及发展农

① 钱龙：《习近平：没有农业现代化，没有农村繁荣富强》，山西黄河新闻网，2014 年 12 月 14 日，见 http://www.sxgov.cn/content/2014-12/14/content_5324536.htm。

业、造福农村、富裕农民的“三农梦”与社会主义和谐社会的构建是相互联系且密不可分的。

2. 有利于实现脱贫攻坚全面胜利

“十三五”规划是全面建成小康社会的收官规划，7000多万农村贫困人口是全面建成小康社会的最大短板，因此，党的十八届五中全会从实现全面建成小康社会奋斗目标出发，明确到2020年我国现行标准下农村贫困人口实现脱贫，贫困县全部摘帽，解决区域性整体贫困。习近平总书记也指出，全面建成小康社会最艰巨最繁重的任务在农村，特别是在贫困地区，没有农村的小康，特别是没有贫困地区的小康，就没有全面建成小康社会。

马克思主义认为内因是事物发展的根本动力，因此在脱贫攻坚任务中，贫困人口是起决定作用的因素。打赢脱贫攻坚战，必须充分调动贫困地区干部和群众的积极性、主动性，让他们的心热起来、手动起来，摒弃“等人送小康”的心态。正如习近平总书记在中央扶贫开发工作会议上所指出的，脱贫致富终究要靠贫困群众用自己的辛勤劳动来实现。因此，应充分激发贫困地区脱贫的内生动力，形成外部多元扶贫与内部自我脱贫的互动机制，确保实现脱贫攻坚目标。

3. 有利于推进“五位一体”总体布局

着眼于全面建成小康社会、实现社会主义现代化和中华民族伟大复兴，党的十八大报告对推进中国特色社会主义事业作出“政治、经济、社会、文化、生态文明”并向发展的“五位一体”总体布局。“五位一体”总体布局是一个有机整体，其中，经济建设是根本，政治建设是保证，文化建设是灵魂，社会建设是条件，生态文明建设是基础。只有坚持“五位一体”建设全面推进、协调发展才能形成经济富裕、政治民主、文化繁荣、社会公平、生态良好的发展格局，把我国建设成为富强民主文明和谐美丽的社会主义现代化强国。

文化建设作为灵魂，其所倡导的精神文明建设在推动我国农村发展方面起着非常重要的作用。一方面，美丽乡村是农村建设与发展的最终归宿，要实现“产业兴旺、生态宜居、乡风文明、治理有效、生活富裕”的乡村振兴目标，既要发展农村生产力又要调整完善农村生产关系，既要促进社会全面进步又要实现人的全面发展，既要推进农村物质文明建设又要加强农村政治文明、精神文明与和谐社会建设，着力提高农民思想文化素质和农村社会文明程度。另一方面，加快农业产业化发展、持续增加农民收入、实现农村生态宜居是乡村振兴的出发点和落脚点，也是“三农”工作的永恒主题。发展农村经济需要多方面的条件，其中加强精神文明建设是一个重要支撑。农村经济建设所需的新观念、新风尚要依靠精神文明建设来传播，所需的人文精神、创业精神要依靠精神文明建设来培育，所需的舆论氛围、社会环境要依靠精神文明建设来营造。因此，在新时代和新形势下如何更好地统一思想、凝聚人心、理顺情绪、化解矛盾，构建和维系和谐稳定的新型农村人际关系，促进农村稳定和谐，既是农村精神文明建设面临的重要课题，也是推动“五位一体”总体布局实施的重要举措。

（二）和谐的农村人际关系助推经济发展

农村经济的发展与农村社会的和谐是相辅相成、相互促进的，和谐人际关系是促进经济发展的内在动力。生产力是人们认识世界、改造世界的能力，属于物质范畴，和谐人际关系从本质上来说是一种良好的社会关系，是人与人之间的关系，属于生产关系的范畴。[①] 因此，作为生产关系范畴的人际关系对人们认识和改造世界具有一定的能动作用，其能动作用主要表现在：首先，和谐的人际关系能产生凝聚力、创造力和战斗力，在某种意义上可以促进社会生产力的发展；其次，在学习、生活、工作等实践活动中拥有和谐的人际关系，人们可以心情舒畅地学习、生活和工作，从而把掌握的科学技术充分灵活地运用到社会劳动生产实践中，将科学技术转化为生产力；最后，和谐的人际关系有利于减少民族冲突，降低资源消耗，人们之间和睦相处、团结一致，共同致力于生产，进而实现民族昌盛、国家兴旺、社会进步。

---

① 参见杨娟：《和谐人际关系是促进生产力发展的重要因素》，《山东行政学院学报》2011 年第 3 期。

（三）和谐的农村人际关系推动和谐社会构建

从社会学角度来看，和谐社会是指社会系统中各个组成部分以及各要素之间相互协调、相互配合，使社会整体处于一种和谐稳定的状态，也就是指社会全体成员之间的关系融洽、协调，无根本利害冲突，人与人之间相互尊重。构建社会主义和谐社会的一个重要方面是构建和谐的社会关系，其中包括人与自然的和谐、人与人的和谐、人与社会的和谐、社会各阶层、民族与民族之间的和谐，而在这众多和谐关系中，最根本的是人与人之间的和谐。人是社会性动物，决定了其价值实现离不开整个社会；社会是人的社会，由人构成，决定了人是社会的主体，没有个人也就没有社会。正如梁漱溟先生所言："人一生下来，便有与他相关之人（父母、兄弟），人生且将始终在与人相关系中生活（不能离开社会）。"① 而在诸多社会关系中，人际关系是最基本的形式，人与人之间的关系构成社会的基本要素。因此，和谐社会的构建主体是人，人与人之间关系的和谐稳定是"和谐社会"构建的重要基石。

二、农业产业化对农村传统人际关系的重塑

不论是传统农村社会还是现代农村社会，人际交往在农民的日常生活中都起着重要的作用。在传统农村社会，农民对人际交往的自觉和认同是价值型的，其表现出的是传统的血缘、亲缘和地缘关系在人际交往中的重要作用。但随着农村社会的转型，农民的个体自主性大大增强，理性意识逐渐显现，在人际交往的手段和选择以及行动结果的理性审视中，突出表现了行动者对人际交往的特殊自觉，是农村转型期特有的一种工具理性。② 农民不再被动地接受传统农村文化赋予的社会关系，而是根据自己的生活需要主动地

① 梁漱溟：《中国文化要义》，学林出版社 1979 年版，第 79 页。

② 参见秦琴：《当代乡村社会中的"社会资本"研究》，博士学位论文，上海大学社会学系，2005 年，第 104 页。

构建关系，传统的亲缘关系仍然作为资源获取的重要通道，在此基础上逐渐扩大人际交往的基础，逐步构建对自身生产和生活有用的各种关系。[①] 因此，在当前农业产业化发展过程中，构建和谐的人际交往模式对推动农业产业化、发展农村经济、提高农民收入具有重要作用和现实意义。在一定历史时期，生产力的发展不仅会对上层建筑产生影响，也会改变社会的微观层面，重塑着农村人际关系的面貌。

（一）人际交往观念变化

1. 平等观念深入人心

作为市场主体的广大农民逐步认识到自身不仅是生产的主人，也是平等的市场主体，可以与龙头企业、合作社平等对话，可以与其他市场主体共同参与农业产业化的发展，如山阴县产业园区股份制改革后，普通奶农不论是在地位还是在话语权方面都有了极大的提高。以前，奶农虽掌握奶源供应，但在与合作社、产业园区的合作中总是处于劣势地位，在原奶收购价格等相关事宜中的话语权几乎为零。而股份制改革后，普通奶农可以通过奶牛、资金、土地入股，成为股东，这种地位上的提高赋予了奶农平等对话的权利，如合作社和园区通过一些重大决定时会选择召开股东大会，奶农具有参会资格，在涉及自身利益时享有发言权，平等观念增强。

2. 权利意识和工具性交换关系强化

权利意识和工具性交换关系的强化在一定程度上唤醒了农民的主体意识。农村地区大力发展农业产业化和特色优势农业，涌现出合作社、龙头企业和产业园区等农业经营组织，它们大多围绕一个特色产业开展农产品或畜牧产品深加工，这些经济组织之间大多存在竞争性。竞争性是市场经济的基本原则，竞争使得农业科技成果能够进一步转化，提高了农产品的数量和质量，同时也使农户之间、经济组织与科研院所之间加强了交流与合作，有助

① 参见张红霞：《农村社会变迁背景下农村青年人际交往现状探讨》，《传承》2014 年第 4 期。

于农民独立人格的养成。在当前农村社会，农民当家作主、参政议政的民主意识逐步增强，对农村公共事务的关心程度也有所增加。此外，在传统农村社会中，伦理和人情是维持社会关系平衡的重要手段，是人们互帮互助、沟通感情的桥梁和纽带，在日常生活和劳作过程中都发挥着重要的作用。传统农村是以血缘、亲缘和地缘为中心形成的熟人社会，而在当前农村产业化发展过程中，农民逐渐受到外来文化的影响而转变为理性经济人，利益原则逐渐成为人际交往中的指导原则，农民在与亲属、邻居和外来人员的互动中逐渐由以情感性交换为主转向以工具性交换为主，原有的生产生活互助逐渐减少而理性计算增加，原本以初级群体为主的礼物交换逐渐向以次级群体为主的商品交换转变。

农业产业化发展不仅为农村经济带来巨大影响，同时也重塑着个体的人际关系网。个体的人际关系网的建立不再是依赖于从家庭中继承的亲属关系和邻里关系，而更多是依赖于个体自主建立的人际交往关系。因此，伴随着农业专业化、规模化程度的不断提高，农村工具性交换关系必然会继续强化。当前农村社会中，红白喜事等仪式的规模越来越大，人们对办仪式的积极性不断提高，对利益回收的预期也越来越高。结婚、生子、办丧事逐渐演变为办酒席、收礼钱的名目，仪式性活动在过去是人们联系情感以及人情往来的重要手段，而当前则成为收取礼金、获取利益的工具。而仪式性活动具有既定的文化规定性，是传统农村文化赋予人们的意义体验方式，因而不能随意改变其形式，但近年来仪式性活动名目大幅增加，成为人们获取利益的工具，且形成了恶性循环。

（二）人际交往空间变化

1. 开放性

传统农业社会中的农民是自给自足的封闭性小农，人际交往范围过于狭窄，主要是基于血缘和姻缘关系的亲属及基于地缘关系的邻里，基本很少与其他群体交往。农业产业化的发展使农村出现合作社、龙头企业和产业园区等农业经营组织，外来人口增加，人际交往范围扩大，农民的思想观念较之过去也更为开放。传统的农村中，人们之间的互动是以血缘、亲缘和地缘为纽带，在家庭承继的社会关系中进行情感性交换，互动关系主要根据先赋性身份来确定，这种身份是事先规定好的、非自主的，人际关系具有稳定性和持续性。而随着市场经济的发展与农村产业化进程的加快，农村社会流动性和异质性增强，人际交往中的自主性越来越凸显。这种自主性主要表现在人们能够自主选择交往圈子和交往对象，不再受制于传统农村的人情和地域界限。在理性化和个体化趋势不断增强的背景下，人们更加有选择性地和理性地建构自身的人际关系网络，拟亲缘和业缘等非传统关系逐渐上升。这是由于传统的先赋性亲属关系在当前市场竞争激烈的情况下难以满足个人正常交往需要，个体急需扩大社会关系网，建构基于业缘基础上的新型社会关系，以获取更多的社会资源。诸如业缘等后致性人际关系网络是基于理性考虑且具有一定功利性色彩，是农村市场经济发展、农民社会经济地位提高的重要表现。

2. 流动性

传统农业社会中，人们大多是安土重迁，生于斯长于斯，对外面的世界缺乏了解，且阶层相对固化，流动缓慢。进入社会转型期，农村地区有大量人口选择外出打工，如进入龙头企业和流入城市，且随着外来企业、电商下乡、职业经纪人等大量涌入，农村外来人口增多，人口异质性增强。同时，农业产业化的发展机遇也使得一些种植大户由原来的普通农户转变为农村新型经济精英，其中有些甚至成为政治精英，在农村社会的多个领域发挥重要作用。在农村市场经济不断发展的过程中，农业产业化的加速推进要求个体改变传统单一的人际交往模式，自主扩大社会关系网络，人际关系不再单纯是个体承继的亲缘和地缘关系，而在很大程度上是个体自主选择和理性获得的。

（三）利益群体封闭化

在农业产业化迅速发展的农村社会中，不同主体间的人际关系呈现出不同的特点，但基本已形成相对稳定的交往模式，即利益集团内部交往模式固化，而外部人际互动则相对松散。目前，农村地区这个大的社会交往场域中正在进行激烈的分化和重组，形成了不同的发展特点和特殊的场域结构，在实践活动中遵循不同的规则。同时，农村场域不断分化出许多子场域，即利益集团，他们逐渐形成明确的界限、清晰的管理方式、稳定的交换方式以及固化的人际交往模式。这类利益集团主要是指合作社、龙头企业等现代化的农业经营组织，这些组织具有科学的管理理念、先进的农业生产技术以及较高的抵御市场风险的能力，有助于带动附近农村地区的农户参与到其中。具有农村精英特质的带头人以及农户形成了一个利益共同体，在不断发展壮大的过程中，逐渐形成利益集团内部的圈子文化，有着集团内部自身运作的一套逻辑，在日常交往中就表现为人际交往的模式固化。合作社、龙头企业利益集团内部有着严格的规章制度，且与农户签订具有法律意义的合同，权责明确，因此逐渐形成以理性交换为主的、契约化的固定人际交往模式，改变了过去以口头约定为主，变动性和随意性较强的交往方式。在利益集团内部，人们按照固有的人际交往方式同圈子内的人互动合作，享受权利并履行义务，以共同的经济利益为纽带形成内部协作程度高、凝聚力强的利益共同体，共同对抗市场风险。与此相对的是人们与外部非集团成员间的交往则相对松散，交往频率较低且交往深度有限。

（四）干群矛盾激烈化

近年来发生的农村群体性事件在起因和过程上有一个共同点——村民对农村干部缺乏信任，而在农业产业化发展过程中，以村干部、合作社负责人为代表的精英群体与以农户为主的非精英群体之间的矛盾也不断增加。一方面表现在村干部指挥农户调整农业结构失败之后，农户对村干部心生失望。如临县 M 村村干部带领种植核桃树失败的结局使得农户产生不满情绪。另一方面表现在农业生产技术缺失，农户与合作社之间矛盾增加。面对市场需求的多样化，提高农业技术是关键，而在调研中发现，部分合作社在带领农户生产时，仅仅是在上级政府的督促下为农户提供种植树苗，而当树苗进入农户家中后，便交由农户自行种植和管理，对于缺乏种植技术的农户而言只能按照经验种植，这就可能导致产品质量达不到合作社收购标准，产品滞销，农户无法获得收益，进而造成农户对合作社信任度下降。由于农村干部与农户间缺乏信任，农户合理的利益诉求得不到满足，使得本来简单的工作变得复杂起来，本来容易的工作变得困难起来，本来应该能做成的工作就是做不起来，农村干群矛盾在一定程度上加大了农村社会管理和服务的难度。

三、农村人际关系差异化的表现

（一）不同年龄群体人际关系的差异

在农村社区，不同年龄群体的农民在人际交往过程中的价值选择和行为表现呈现出一定的差异性，究其原因在于不同年龄人口对社区记忆的保留程度不同，对人情和伦理的重视程度不同。市场经济和农业产业化的深入发展是否一定导致无序、冷漠和不顾亲情的人际交往状态，答案不是绝对的。调查中发现，农村地区的老年人主要分为两类：一类是从未离开过本村，常年在农村务农，另一类是年轻时在城里务工，年纪大了又返乡，这部分人从小生长于农村，对农村的记忆较为深厚，对当地风俗习惯和人情往来较为熟练，因此在农村人际交往中更加注重人情往来和伦理道德，更加重视留住乡情。而青壮年大多选择外出务工，有部分人很小时便随父母外出打工，对农村的记忆明显不足甚至模糊，逢年过节或家中有红白喜事时才会返乡，由于常年在外，人际交往中更加偏向于理性算计，对于传统的村规民约和人情伦理较为淡漠。

案例 8.1

临猗县 L 村距离县城只有八公里，交通便利，青壮年劳动力大多选择带孩子外出务工，因此，出现许多留守老人，无人照顾。村里设立了老年人日间照料中心，白天老年人可以在日间照料中心吃饭、午休和开展一些娱乐活动，每月交纳300元即可，但有些留守老人连300元都交不出来。L村农民李某今年65岁，家里有近十亩地，几十年一直在村里种植苹果树，由于常年在村里，李某对于村里的情况较为熟悉，平时也注重和村里熟人的人情往来。当李某得知村里的老人W（已80多岁）无人照顾，子女常年在外打工，既不回来看他也不寄钱给他，连每月300元也拿不出来，于是每天李某都将自家做的饭盛一些给W送去，冬天天气冷的时候李某还会送些棉被过去。村里人都对李某的行为赞不绝口，李某也总是笑呵呵地说："大家都是一个村的邻居，能帮多少是多少，怎么能眼睁睁看着老人家挨饿受冻却不管呢，不帮我良心上可过不去。"李某的儿子今年35岁，带着媳妇和孩子在运城市打工，每当回到家里见到父亲，他总是对李某这样的行为表示不解，他说道："城里人都是关起门来各管各的，各过各的，谁家有啥事别人都不清楚，更不会插手管，我爸也算是做好事，我们做子女的也不好说啥。"当被问到"你会不会也像这样照顾邻居和老乡"时，李某的儿子表示照顾几次还行，长时间的话可能要慎重考虑。

（二）不同职业群体人际关系的差异

农村在发展农业产业化过程中，产生了合作社、龙头企业和产业园区等农业经营组织，这些新型组织在农村地区产生集聚效应，能以企业或园区聚集地带为中心对当地或周边地区产生带动和辐射作用，其中最重要的就是拉动当地就业。调查显示，进入企业或园区中打工的大多为中青年群体和很少一部分老年技术人员，其中以年轻人群体居多，他们接受新鲜事物较快，已放弃耕种土地或只耕种很少一部分土地，而农村地区留在土地上的大多是将近 60 岁或 60 岁以上的老年人。受年龄和职业的双重影响，逐步分化出年轻的打工者群体和年老的务农群体，他们在人际交往中呈现出很大的差异性，打工群体受现代组织管理的影响较大，人际交往过程中逐渐形成以同事为中心的业缘群体；务农群体受传统文化影响较大，人际交往过程中仍然以血缘、亲缘和地缘关系为主。

案例 8.2

临县历来以发展红枣产业闻名全国，县内以红枣深加工为主的龙头企业较多，且各具特色，有的主要生产红枣酒，有的主要生产枣夹核桃，产品远销国内多个省份。其中奥华枣业创始人 W 是临县本地人，最早是种植枣树的大户，经过多年资本积累后创办龙头企业，并在本村招聘了许多年轻人。这些年轻人在龙头企业内学习先进的管理经验、科学的红枣种植和加工技术，每天按照 8 小时工作制上下班，逐步形成了以同事为主的小圈子。这个群体没有血缘、亲缘和地缘基础，但联系较为紧密，不仅会共同遵守企业的规章制度，也会为获得更高的薪资待遇而联合起来向领导反映和争取。临县是外出务工人员占总人口比重较大的县，大多数青壮年人口多选择外出务工，当地大多数枣农年龄在 50—60 岁之间，这部分枣农受传统文化影响较深，人际交往中更侧重于人情往来。

（三）外来人口与本地人口的人际关系差异

农业产业化对农村社会结构的一个重要影响在于加快了农村社会的流动性，异质性群体增多，防止了阶层固化。农业产业化的发展使大量外来人口涌入农村，带来了资本、技术和销售渠道，促进当地农村经济的发展。同时，外来人口与农村本地人口的互动和交往也日益频繁，由于外来人口与本地人口在风俗习惯、语言、行为方式、利益诉求等诸多方面存在差异，因此这两类群体间的交往也会存在矛盾甚至冲突。本地人口在农村当地具有一定的优越感，日常生产和生活中更倾向于同本地人交往，且更加信任本地人，很多本地人认为外来人口过多会造成环境脏乱差，并对社会治安造成不良影响。而外来人口在当地没有归属感，更倾向与同属外地人的群体交往，且他们大多选择租房，一有时间就离开当地返回自己家。

案例 8.3

山阴县古城乳业是当地有名的龙头企业，是一家集奶牛饲养示范，乳品研发、生产、销售于一体的现代化企业。古城乳业位于山阴县古城村，共有员工1200多人，除了古城村及附近村庄的员工外，还招聘了大量外来人员，包括技术人员、研发人员和销售人员。C是该企业的液态奶研发人员，山西太原人，毕业于国内某知名高校的食品科学与工程专业，周一至周五他在车间和研发部之间来回穿梭，经常加班，一到周五下午5点他就马上赶车返回太原。被问到“你在古城当地有没有朋友”时，他说道：“没啥朋友，同事下班都是各回各家，我家离得远，平时如果不加班就没事干，我比较盼望过周五，一到周五就能回家跟家人过周末了。”与C一样，Z也是古城乳业的一名员工，但Z主要负责销售，且家住在古城村，Z的很多同事也是认识多年的邻居或朋友，有时下班之后，Z还会和他们打打牌。被问到“你会不会和同事里的外地人打牌”时，他说道：“一般不会，对外地人不太了解，接触也不多，万一被骗了呢，还是本地人知根知底，放心。”

第二节　构建新型农村人际关系的基本途径

在我国当前农业产业化发展的背景下，农村社会的社会交换方式由表意性的礼物交换转变为更具工具性色彩的商品交换，人际关系由传统的情感性关系转变为更具理性化色彩的契约关系。利益集团逐渐形成，不同利益主体间形成不同的互动方式，人际交往形成固定的模式。在今后相当长的一段时间里，人情还会在传统乡土社会中存在，但业缘关系会随着农业产业化以及各类农业经营组织的发展而得到充分体现。在人际互动过程中，人们的自主性增强，能够理性地、有选择地建构人际关系网络。这些转变必然带来一系列的社会问题，如个体的原子化和社会公德缺失、维系村落共同体的团结纽带松懈、社会失范等。因此，加强社会整合，构建一种现代性与传统性兼顾的、互利互助的新型农村人际关系是实现农村地区更好发展的必要条件。

新型农村人际关系是现代性与传统性的相互融合，一方面保留了农村社会中积极向上的内容，如忠孝文化，摒弃了原有人际交往中消极不利的因素，如封闭的小农意识；另一方面引入开放性和竞争性的新观念，建立良性有序的市场环境，反对以损害集体利益为前提的不正当关系网，构建和谐健康的人际交往模式。新型农村人际关系是情感化和理性化的相互统一，在农村社区中，如果过分强调功利性，盲目追逐经济利益，则会导致个体原子化和传统伦理的失效，而只强调情感化，则无法适应市场经济和农业产业化的发展要求，社会的进步就难以实现。因此，当前农村和谐的人际关系应当是以情感为纽带，并伴随理性化的考量。新型农村人际关系是竞争与合作的内在统一，农村市场经济发展过程中，各个市场主体之间有竞争也有合作，应当构建一种良性竞争和诚信合作的人际交往模式。新型农村人际关系还要求建立和谐的干群关系，在乡村振兴过程中，需要干部和群众通力合作，相互信任，只有两者相互协调，共同配合才能实现农业现代化和农村社会的全面进步。新型农村人际关系是主体性和集体性的相互融合，一方面要保证农民主体性地位和自我价值的实现；另一方面也要提高农民的集体意识，保证集体利益的实现。农民个人利益与农村集体利益在本质上是一致的，只有实现两者的协调发展，才能实现农村和谐人际关系的构建和维系。

一、加强经济建设，为构建农村和谐人际关系奠定物质基础

加快农村市场经济的发展，促进农村经济社会的繁荣，在构建农村和谐人际交往机制中具有物质基础作用。在人际关系变化的过程中不免会出现一些自私自利、冷漠、封闭等负面现象，这些问题出现的原因归根结底在于经济发展没有满足人们的需求。农村社会的发展需要农村经济发展的带动，只有保持农村经济的持续稳定健康发展，才能为农村和农民创造出更多的物质财富，农民的物质生活水平提高了，生活条件得以改善，为实现和谐人际交往营造了一个稳定安全的大环境，从而进一步促进农村社会的和谐发展。在当前农村市场经济发展过程中，要加强农业产业化发展，以特色农业和优势农业为主，激活市场、激活要素、激活主体，促进农民收入增长，改善农民生活条件，缩小阶层间的收入差距，从而有助于农村和谐人际关系的构建。我国各地区在发展农业产业化的过程中，要确保农业农村投入，培育新型农业经营主体和服务主体，大力发展现代农业，具体举措分为以下几个方面。

（一）推动农产品供给侧结构性改革

推动农产品供给侧结构性改革，要瞄准市场需求，调整优化产品结构，增加市场紧缺和适销对路产品的生产，大力发展绿色农业、特色农业和品牌农业，把产品结构调优调高调安全，满足城市居民消费结构升级需要。要加强优质农产品品种研发、推广，着力选育引进一批有竞争力的名特新优农产品，促进农作物品种的升级换代。要大力推进标准化生产，继续推进园艺作物标准园、畜禽标准化规模养殖场和水产健康养殖场建设，积极发展“三品

一标”农产品。要抓紧完善农产品质量安全标准体系建设，加快建设农产品质量安全监管体系，强化源头治理、过程管控和质量追溯，提升农产品质量安全水平。要加强农产品品牌营销推介，建立农产品品牌目录制度，大力发展会展经济，培育一批知名农产品品牌，加大知识产权保护力度，不断扩大品牌影响力和美誉度。如山阴县在发展奶牛养殖业过程中，不断创新养殖方式，引进新型奶牛品种，培育专业养殖团队，优化组织方式，创建了一大批奶牛专业合作社，促进了当地现代畜牧业的发展。

（二）转变农业和畜牧业发展方式

当前，农业生产方式的创新和改革要改变以往以单个农户家庭为主、分散的种植和养殖方式，要大力扶持新型经营主体，制定支持种粮大户、家庭农场发展的政策措施，重视土地托管经营，创建农民合作社示范社，拓展农业社会化服务领域。要积极引导农户以土地经营权入股合作社和龙头企业，建立可靠的利益联结机制，保障农民稳定收益。要鼓励工商资本发展适合企业化经营的现代种养业、农产品加工流通和农业社会化服务。不论是合作社、龙头企业还是产业园区都极大地改变了原有农业生产组织方式，这些组织促使农民从分散走向联合，从单干走向合作，集群效应进一步凸显，极大地促进了当地农业发展，提高了农民的经济收入水平，利于和谐人际关系构建。

（三）调顺农业产业体系

调顺农业产业体系，首先要提升和扩大产业链，力求农业的全环节升级和全链条升值。如发挥农村各类物质与非物质资源富集的独特优势，利用“旅游＋”、“生态＋”等模式，推进农业、林业与旅游、教育、文化、健康等产业深度融合。其次要致力农村电商发展，推动商贸、供销、邮政、电商的互联互通，加强物流体系建设，实施快递下乡工程。再者要引导加工企业向主产区、优势产区、产业园区集中，在优势农产品产地打造加工产业集群，围绕有基础、有特色、有潜力的产业，建设一批集农业、文化、旅游于一体，生产生活生态同步改善，第一、二、三产业深度融合的特色村镇。农村电商的发展在一定程度上有利于构建农产品进城的现代农村流通体系，有助于带动农民增收，倒逼农业转型升级。如临县在推进红枣产业转型升级的过程中，加强与电商平台的合作，拓宽了农产品销路，帮助当地枣农解决了卖枣难的问题。2016 年 9 月 28 日，京东商城、阿里巴巴集团、苏宁云商、王小帮电子商务公司以及山西云中云网络科技有限公司等数十家知名电商在临县举行“互联网＋红枣”产业发展论坛，围绕如何更好地借助互联网提升临县红枣的品牌效应进行讨论。临县在改革红枣产业体系过程中，还将红枣产业与旅游开发相结合，打造临县红枣优质品牌。2016 年中国 · 碛口首届“枣儿红了”红枣旅游文化节期间，当地通过开展枣区生态观光游、红枣及其他农副产品展示、摄影大赛、红枣饮食文化展示等一系列活动，起到了挖掘临县红枣产业文化内涵、展示临县红枣产业发展成果的作用。

二、加强文化建设，以特色文化调控农村人际关系

就国家层面而言，先进文化是创造安定团结的社会环境的重要力量，是凝聚和激励全国各族人民振兴中华的重要力量，是综合国力的重要组成部分。就社会层面而言，先进文化是推动社会良性运行和协调发展的重要力量。习近平总书记在党的十九大报告中明确指出：“推动文化事业和文化产业发展。要深化文化体制改革，完善文化管理体制，加快构建把社会效益放在首位、社会效益和经济效益相统一的体制机制。”① 就个体社会成员层面而言，积极推进文化建设能够促进社会成员自身文化素质和道德修养的提高。人民群众是历史的创造者，是物质财富与精神财富的创造者，广大群众的文

① 习近平：《决胜全面建成小康社会　夺取新时代中国特色社会主义伟大胜利——在中国共产党第十九次全国代表大会上的报告》，2017 年 10 月 18 日，见 http://www.gov.cn/zhuanti/2017-10/27/content_5234876.htm。

化素质是其他领域进步的基础，也是国家未来发展的保证。马克思认为，社会是一切人类活动的总和，人是社会生产、生活的主体，是文化建设的参与主体、创新主体和受惠主体。因而，文化建设实质上是“人的建设”，是通过切实可行的文化制度和举措培育民智，增强民力，从而构建新型和谐人际交往模式，为社会的良性运行和协调发展奠定坚实基础。

改革开放后，随着农村经济的快速发展和农业产业化的快速推进，计划经济时代政社合一的农村社会整合机制土崩瓦解，传统农村社会原有的以血缘、亲缘和地缘关系为基础的联结纽带逐渐松懈，农村社会成员个人主体意识迅速强化，人际交往模式骤然发生变化，农村社会整合程度急剧下降。因而，农村社会迫切需要创新整合模式并构建新型和谐人际关系，而文化作为人际关系建构的基础性力量，必须最大限度地发挥其应有的作用。

（一）大力发挥特色文化在新型农村人际关系构建中的作用

一种源远流长的传统文化之所以能够不断延续和发展，自有其深刻的道理。不管人们如何认识和把握它，它都要作为一种历史的积淀和社会意识的潜流，渗入社会心理的深层，同人们的思维模式、行为标准、道德情操、审美情趣、处世态度以及人际交往方式融为一体。

农村有着极其丰富的民间文化积淀，这些特色文化是世代人奋斗的写照，蕴含着非常丰富的进步思想，并且非常贴合农民的认知方式和审美习惯，与农民有着近乎天然的亲切感。农村地区原有的文化如能结合现实生活加以演化，必将会为构建农村和谐的人际关系以及农村社会的全面发展提供不竭的动力。在以特色文化建设推进社区整合和人际关系构建的实践中，山西苹果之乡临猗县W村的案例极为典型。

案例 8.4

猗顿是战国时期杰出的工商业者，也是我国民间文化中财神的原型之一，临猗县既是猗顿发迹之地，也是丧葬之地，因而当地居民普遍信奉猗顿文化。W村位于临猗县西北部，猗顿之墓便位于该村西头。经过当地历代人的精心修缮，原本孤独破落的古墓已成为庄严肃穆的陵园，并有专人看护。陵园内有清代道光十七年所立的一座石碑，碑题名《重修周逸民猗顿氏墓记》。碑文称猗顿生前诸如“其富甲天下，西抵桑泉，东跨盐池，南条北嵋，皆其所有”、“或者急公奉饷，上有利于国；或者悯孤怜贫，下有济于民”等事迹。受猗顿文化的影响，W村农民普遍勤劳、诚信、富有社会责任感。他们普遍相信勤劳诚信才能致富，猗顿公绝不会眷顾好吃懒做者，也会惩罚欺诈他人者，更不会庇佑为富不仁者。可以说，正因为该村有着极为优质的特色文化传统，村民们才有了极为高尚的道德素质。因而，该村人际关系极为和谐，村民更是积极参与公共服务建设。

在此基础上，在临猗县委、县政府的支持下，W村不仅建立了猗顿文化广场和图书室，并通过评书、歌舞、戏曲、眉户等演绎形式使村民们更全面深入地了解猗顿文化，使猗顿文化更加深入人心，从而营造出积极向上的社会舆论氛围，更加强化了道德准则对村民社会行为的约束和激励作用。据村支书李某介绍：“不仅仅是普通村民信奉，就连村干部也深受猗顿文化的影响，党支部和村委会领导从不做侵害村民利益之事。农民们思想很淳朴，很少有矛盾，就连争吵也很少发生，更是从来没有发生过诸如上访等群体性事件。”在大力弘扬特色文化的同时，W村党支部和村委会更是致力于对陈规陋俗的剔除。针对红白喜事大操大办这一陋俗，该村专门成立了红白理事会，并制定了严格详尽的章程。章程严格规定了办事期限、宴请范围、饭菜标准，并规定禁止索要“红包”、大肆燃放爆竹、大肆搭台唱戏、聚众赌博等陈规陋俗。这一章程的实施不仅促进精神文明健康发展，同时有效减轻了村民的经济负担，减少村民间的矛盾和冲突，受到村民们的广泛拥护。

毋庸置疑，猗顿文化在W村的社区治理和人际关系建构中发挥了关键作用。因而，在农村文化建设中，应充分挖掘和大力弘扬农村现有的历史文化遗产和民族文化资源，使其成为传播先进文化的有效载体。W村的实践证明，弘扬特色文化需从以下三个方面入手。

1. 发掘农村特色文化

一种文化之所以能够存在和传承，必然是因其特色。农村文化建设也应有其特色。我国广大农村至今保持着极其丰富的历史记忆和根脉，以及各具特色的文化遗产。在农村现代化进程中，一些村庄变得“城不像城，村不像村”，不仅使农村丧失了特色，也从某种意义上斩断了延续千百年的传统。同时，由于传承人的断代，一些宝贵的农村文化资源正日渐萎缩。而这些资源往往是中华文化的瑰宝，是弘扬地方人文精神、打造特色文化品牌的基础。激活文化力量必须从根基着手，从传播文化的精髓着手，只有这样才能达到古为今用的目的。

首先，必须着力于拯救活态文化。活态文化是指那些以吟咏、歌唱、舞蹈、装扮、技艺等方式进行传播的文化形态。这些文化历经千百年的传承与积淀，有着自身独特的历史文化内涵，它是先辈们艰苦创业、拓展生存空间的无形写照，是本地历史文化理念的回放，是族群凝聚力、向心力的定期演练，也是对族群及其子女进行传统教育的生动课本。然而，从现代的年轻人来看，在他们的内心深处，对当今的歌手、演艺人员已远远比那些古代的名人谙熟得多。拯救这些文化对于农村文化的传承与进步有重大的支撑作用。其次，必须着力于重整固态文化。有的农村地区文化古迹很多，这些文化古迹都有深刻的内涵。对文化古迹进行重整并加大宣传力度，扩大内涵影响，为文化的传播创造条件，有利于农村文化底蕴的巩固和加强，有利于浓厚农村地区文化氛围，有利于增强农村地区人们的认同感和凝聚力。有些文化古迹，有着非常美好的传说和激发人奋进的内涵，把这些文化古迹建设好，不仅保存了文化遗产，促进了当地的经济发展，而且还可以加强村民间联系的纽带，增加村民对村落共同体的归属感。

2. 剔除附着于特色文化表面的陋俗

部分农村社会存在封建陋俗附着于特色文化表面的现象，诸如缺乏科学精神、缺乏法治观念、封建迷信活动较为猖獗、代际及性别之间缺乏平等观念等。这些陋俗严重背离国家现代治理理念，但却根植于社会成员内心深处，并且在日常生活和社会活动中举足轻重。而这些陋俗往往在老年人心中根深蒂固，年轻人由于流动较快，接受的新鲜事物和科学文化知识较多，对陋俗有一定的认知和分辨能力。农村社区不同群体对陋俗所形成的不同态度和认识将在一定程度上影响其人际交往方式，甚至会产生人际矛盾和冲突，从而造成村庄共同体纽带的松弛。若要科学地弘扬传统文化，剔除这些陋俗刻不容缓。

首先，政府相关部门对农村传统文化中的陋俗与精华要有清醒的认识，并充分利用大众传媒、学校教育等手段加强宣传教育，努力提升广大民众对传统文化的辨识自觉。以科学保护与传承的原则，进行传统文化载体和活动的创新及文化符号体系的建构。其次，应该处理好继承与创新的关系。在固本守正基础上，发展创造出与现代生活相交融的文化元素。在探寻传统新载体、新形式时，绝不可偏离传统文化的内涵精神去另辟蹊径，也不能简单地“一刀切”。对于一些既不是精华也算不上陋俗的形式或内容，可加以适时革新与改良，进而推出一些既能体现传统文化精神，又能符合时代要求的新形式；对那些具有保护与传承价值的古老民俗文化要给予扶持和弘扬，并使其融入到农村社会生活之中。

3. 实现从道德准则要求到自觉遵循的有效转化

每一名社会成员都有其既定的行为准则，特色文化中的道德准则一旦与部分社区成员的既定行为准则相背离，在实践和推广过程中必然会受到阻碍。在农业产业化过程中不乏有各种投机行为，当利益与道德违背时，仍继续坚持利益而非道德，这已说明道德意识正在被人们所淡化。因而，能否将特色文化中的道德准则内化成为农民的自觉行为准则，并且激励或制约其行为模式，是特色文化能否在农村社区建设和人际关系建构中有效发挥作用的关键。道德在传统人际交往中所占较大比重，道德可以说是人际交往之中的一根准绳，处于道德导向中的人际关系是一种人与人之间互通有无的，是比较具有人情味的。如若道德被抛开空谈人际互动，将导致人们交往目的只是从自我利益出发，人际交往也就是冷漠的利益互换，失去了真正的"人情味"。

首先，营造良好的农村社会环境，为建立良好的道德文化提供保障。人是在社会中生存和发展的，社会成员一切活动必然受周围环境的影响，因而社会环境发生变化必然会引起社会成员行为态度的变化。近年来，由于农业产业化的迅速发展，农村人口结构、社会阶层及农民的价值观变迁加快，因而迫切需要营造良好的农村社会环境，保障农村先进文化建设方案的顺利实施。其次，加强德育在家庭、学校和社会教育中的地位，提升农民的"良知自律"。"良知自律"是道德主体的自我监督与约束，能够通过自我反省、自我评价、自我检点来净化人格心灵，培养良好的道德品质和理想境界，从而调节和控制自身行为，使之符合社会需要。最后，启动农村社会道德褒贬机制，发挥农村道德舆论对社会成员行为的导向和监督作用。要通过大众传播媒介做好道德导向，高度赞扬有益于社会发展的社会行为及其主体，宣扬具有民族和时代精神的道德品质，严格批评和谴责不利于社会发展的行为及主体，批判附着于特色文化的封建陋俗，批判腐朽颓废的道德虚无主义和极端的个人主义、拜金主义、享乐主义人生观和世界观。

（二）实现公共文化供给与农民实际需求的有效对接

我国农村数量之多、历史之悠久、情况之复杂、文化差异之大为全球之最。政府在公共文化供给中往往具有较强的同一性，缺乏特殊性，从而导致部分甚至大部分农村存在政府的文化供给与农民实际需求脱节的情况，这就意味着政府所提供的文化资源在这些农村社区的建设和整合中难以最大限度地发挥作用。调查中发现，许多农村文化站流于形式，疏于管理，所提供的文化产品和服务不能满足农民的实际需求或与农民的实际需求不符，文化站的真正作用难以发挥，既不能有效组织农民开展文娱活动，提高农民文化素养，也不能加强村民间的人际交往。人民群众是历史的创造者，是物质财富与精神财富的创造者。人民群众创造文化，先进文化必须要反映人民群众的理想愿望和审美要求，必须要代表人民群众的根本利益，必须要满足广大人民群众不断增长的精神生活需求，必须对人民群众有陶冶、教育和愉悦作用。如果脱离了人民群众的文化而成为少数人的贵族文化，那就不是保障人民群众利益的先进文化，就不能形成民族的科学的大众的社会主义文化。只有加快建设以满足农民文化需求为目的、以实现农民文化权利为目标的农村公共文化服务体系，才能为农村社会营造良好的公共文化氛围，才能构建和谐有效的人际交往环境。在本研究团队所调研的三个县中，山阴县是最成功的案例。

案例 8.5

位于晋北地区的山阴县地处恒山山脉，自古以来就是边关重镇，更是民族文化交融之地，素有“天下九塞，雁门为首”之称的雁门关便在该县境内。该县历史悠久，既有北岳恒山的道教文化，又有卫青、霍去病、李靖、杨业等历史名将抵御外辱、保家卫国的爱国主义文化，还有唐代大将尉迟敬德的门神文化，更有改革开放之后艰苦创业的开拓进取精神。山阴县各级政府将这些特色文化与社会主义核心价值体系相结合，通过举办各类讲座和演出活动以及建设各类文化馆和活动中心等方式促进了农村社会和谐人际关系的构建，实现了农村社会的整合，并通过各类传媒手段将这些特色文化推向全国乃至世界，使这些文化实现了产业化，有利促进了农村社会的整合和城乡社会的协调发展。

山阴县南部区域普遍信奉杨家将文化，村民对杨家将的故事百听不厌。在“三下乡”活动中，山阴县委、县政府将杨家将文化与以爱国主义为核心的民族精神相结合，利用戏曲、话剧、电影、文艺演出等传媒手段播出“金沙滩之战”、“七子征战六郎归”、“十二寡妇西征”、“大破天门阵”、“阵前产子”等历史典故，受到当地村民的广泛好评，该区域村民的爱国主义精神尤为强烈。同时，由于该县西部区域毗邻唐代大将尉迟敬德的出生地朔州市城区，因而属于门神文化区域，当地村民普遍信奉门神文化，对尉迟敬德的故事百听不厌、津津乐道。正是因为有了门神文化在道德上对人们社会行为的激励和约束，当地村民普遍为人忠厚、诚信，人际关系较为和谐，社会矛盾较少。据当地村民介绍：“尉迟公就站在我们家门口，若家里风清人正，尉迟公会为你挡住一切牛鬼蛇神；若家风不正或为人阴险奸诈，尉迟公必然会施以惩戒。”在市县党委和政府的高度重视和支持下，门神文化已发展成为当地的特色文化产业，不仅增加了经济收入，更促进了和谐人际关系的建构和农村社会的整合。

由于山阴县在古代地处中华民族和北方游牧民族交界之处，因而畜牧业历史悠久，当地人民也富有勤奋进取精神。改革开放之初，山阴县在晋北地区属于贫困县。由于畜牧业历史悠久，县委、县政府将畜牧业作为农业支柱性产业进行大力发展。创业初期，由于个体农户能力有限，山阴县委、县政府积极鼓励农民成立合作社，并聘请专家进行指导，着力提高农民的人文素质、科技知识和经商之道。由于各级党委、政府对农民创业初期的合作创新精神极力推广，再加上农民自身素质的提高，山阴县农业产业和农村社会走上了良性发展的轨道。如今，山阴县一举成为晋北地区经济第一强县，并且实现了第一、二、三产业的均衡发展，畜牧业更是成为晋北大地上的一颗明珠。

山阴县的成功实践有力地说明了建构农村公共文化服务体系是改变农村文化建设现状、实现农村社会和谐和统筹城乡发展的基础，同时说明了农民是农村文化建设的主体，也是农村公共文化服务的对象，要以农民的精神文化需求为服务导向，以农民是否满意作为衡量政府公共文化服务的标尺，让面向农村的文化服务更贴近农民的需求，让农民享受到优质的文化服务和文化产品。山阴县的成功实践亦说明了坚持农村文化建设中农民的主体地位，具体应从以下四个方面入手：

首先，建立政府文化产品采购机制，地方政府应安排文化下乡专项资金，积极开展送文化下乡活动，对文化下乡产品逐步实行政府采购、公开招标。要转换观念，改变过去免费送文化下乡中演出内容和演出团体上级部门指定、农民没有自主权的现象，让农民自主选择所喜欢的文化产品以及其他文化活动内容。这有利于提升农民文化选择的自主性，提高文化下乡的农民满意度，同时各个演出团体公平竞争，能够不断优化文化服务质量，满足农民群众多样化的文化需求。其次，在统筹城乡发展中，政府要整合城乡文化资源，开办“农村大课堂”，把高质量的人文素质讲座、科技知识培训和经商之道讲座有机地结合起来，请各方面专家和有真才实学的农村能人上台讲课，让优秀的文明成果助推农民致富奔小康，逐步改变以往先进文化在农村传播比较薄弱的状况，不断提升农民特别是中青年农民的文化素质，促进农村社会经济文化全面协调发展。再次，大力普及网络知识，缩小城乡数字鸿沟。信息网络的普及是缩小城乡文化差距最有效的手段。当前，随着农村经济的迅速发展，农民家庭电脑拥有率不断上升，为农村网络普及提供了经济上的可能，而网络知识的普及又成为信息时代农村文化发展的助推器。农民可以从网上获取丰富有益的资讯，改善农民阅读和信息获得的文化环境，满足农民求知、求乐、求富的需求。① 最后，政府要针对当前农民特别是青年农民对文化需求比较迫切的现状，积极拓展农民图书服务空间。现实中农村图书室适合农民阅读、可供借阅的书籍数量有限，远远不能满足农民求知的欲望，要从根本上改变农民的阅读环境，政府必须加大公共财政投入，建立完善的区域性图书服务中心，增强图书的利用率和图书服务实效，形成覆盖

① 参见李书燕：《我国农村文化建设的普遍现状分析及建议》，《青年与社会》2012 年第 8 期。

农村的流动图书服务网络，满足农民的文化需求。①

加强农村文化建设，通过文化活动增进村民之间的交流与沟通，丰富村民的日常生活，提高村民的文化素养，减少功利化的人际交往，恢复和重建基于情感联系基础上的和谐人际关系。通过重温传统文化中的精髓，唤醒村民对传统文化的记忆，更好地发扬传统文化中蕴含的核心价值观，并以正确的价值观指导人际交往活动。

三、加强基层民主建设，构建农村和谐干群关系

农村干群关系是农村社会人际关系的重要组成部分，更是一个影响农村社会发展与稳定，且事关国家全局性和政治性的重大问题。从新民主主义革命开始之际，农村干部是党在农村的代言人，甚至从某种意义上可以说是党的化身。究其原因，作为农民最直接的"领导"，村干部在农村社会治理中的措施和行为直接关系到农民的切身利益。可以说，农村干群关系的状况，直接影响到党和政府在广大农民心目中的形象，同时也关系着农村和谐人际关系的建立。而农村干群关系紧张并不是一个新问题，改革开放之后这个问题在农村社会生活中表现得愈加突出，村干部"微腐败"问题屡禁不止、侵害农民利益的事件层出不穷、"小官巨贪"事件时而发生等严重激化了农村干群矛盾。十八大之后，由于党中央的高压反腐态势，村干部腐败得到有效控制，农村干群关系有所缓和。然而，若想彻底解决村干部腐败问题，重塑农村和谐的干群关系，必须大力推进基层民主建设。

（一）以村民小组为基本单元，建立民主管理的长效机制

实践证明，要实现农业现代化离不开农民，要实现乡村振兴也离不开农民。然而，在现行体制中，行政村是村民自治的基本单元，村委会和村党支

① 参见蒋占峰、李红林:《农村文化建设视野中农民幸福感重建探究》,《长白学刊》2010 年第 1 期。

部成为村民表达意愿和参与村庄公共事务的唯一平台，缺乏村民自治制度向下深化的支点，限制了农民主体能动作用的发挥。因而，应当将农民参与农村社会管理的平台放在自然村或村民小组一级，在这一级设立村民理事会，理事由有威望和能力的老党员、老教师、老模范、老干部、复员退伍军人、经济能人、外出乡贤等人员组成，采用“三议、三公开”方式（理事会提议、理事走访商议、户代表开会决议，议案决议公开、实施过程公开、办事结果公开）进行民主议事。村民通过村民理事会这一平台进行自我管理、自我教育和自我服务。之所以在村民小组或自然村一级建立村民参与基层事务管理的平台，主要是因为：

第一，村民小组是最紧密的经济共同体。现行的村民小组建立在原生产队基础上，农村土地等集体资产大多属于村民小组，农民的生产活动更多在村民小组内进行，农民的生产互助活动也大多发生于相邻的村民小组内，因此，村民小组是农民最为直接的利益单位。通过在村民小组一级建立村民理事会，农民参与公共事务管理的利益驱动力更足。相对村民小组而言，村级事务与农民个人利益的联系不是特别紧密，故农民参与村级事务管理的动力也相对弱一些。

第二，村民小组是最紧密的社会共同体。村民小组大多建立在自然村基础上，自然村是历史形成的，居民居住相近，早晚活动随时相见。在这样一个熟人社会里，人们比较容易建立信任关系，也比较容易形成共同性规范，不仅有利于村民共同参与管理公共事务，也有利于形成互利合作的人际交往格局。在实际生活中，推选组长比选举村委会主任要简单和容易得多，且权威基础更坚实，其原因就在于村民对小组成员有较为充分的了解。村民小组组长往往是农村权威或农村精英，在农村社会具有一定的影响力和话语权，当村民小组成员间发生矛盾和冲突时，组长能够充分发挥调解作用。农业产业化的发展使农村人际交往呈现出理性化、原子化趋势，传统伦理道德和村规民约在一定程度上失效，而村民小组组长占有的经济资源、政治资源和文化资源相对较多，能够缓解农村人际交往过程中的紧张局面，成为村落共同体维系的重要纽带之一。

第三，村民小组是最紧密的文化共同体。村民小组是由若干相邻家庭构成的社会群体，由于历史的原因，这种社会群体具有一定血缘和族缘关系，如许多自然村落是以姓氏命名的。由血缘和族缘关系构成共同的文化，并强化村民对共同体的认同感和归属感，而认同感和归属感是村民参与公共事务、共同建设美丽乡村的重要基础。在现实中，村民参与村民小组范围内的公益事业的动力与愿望往往更为强烈。农村有大量外出乡贤，他们十分愿意为家乡建设出资出力，献计献策，而这里的家乡主要指的是与自身有血缘和族缘关系的自然村落。在村民小组一级设立村民理事会正好满足了这一需求，这也是动员社会力量参与乡村振兴的一个重要举措。

如果说以村为基础设立村民委员会，村民通过村民委员会参与村级事务管理更多的是基于国家法律规定，那么以组为基础设立村民理事会则更多的是基于农村社会内部的现实需求，是在农业产业化的大背景下实现基层民主建设、缓解社会矛盾和构建农村和谐干群关系的必要途径。

（二）强化监督，提高基层组织的公信力

在我国村民自治的四大核心内容中，民主监督是民主选举、民主管理和民主决策有效运行的基本保障，但民主监督往往成为其中最为薄弱、最难发挥效率的环节，因为对村干部的权力失去监督而产生的腐败现象屡见不鲜。村干部腐败严重侵蚀了基层组织的公信力，“选举村干部容易，罢免村干部困难”成为现行《中华人民共和国村民委员会组织法》实施中存在的巨大问题。村干部腐败也造成了干群矛盾激化、社会关系紧张的局面。因而，在保证村民选举权、管理权和决策权的前提下，若要实现村干部与广大村民之间的有效互动，保障村民自治制度的良性运行，必须加强对村级行政权力运行的监督。如在山阴县产业园区发展中，党支部敢于接受村民监督，产业园区实行财务透明、民主评议，保障了村民的知情权，且关乎村民利益的重大事项基本都通过会议讨论表决后方才实施，这一过程实现了监督与民主的有效

结合，最大限度地保障了村民利益。

主要从四个方面具体实施：第一，完善公共制度，维护广大村民的知情权。在原来的基础上，对村务公开、财务公开制度进一步完善和规范，使权力在阳光下运行。第二，建立农村党员干部信息公开平台。村务通过电视、网络、手机、微信公众号等信息平台公开，让公众了解党员干部的情况，从而保证村民的知情权。第三，保障民众的参与权和表达权。农村社会之所以干群矛盾频发，一方面是由于群众不知情；另一方面是因为群众对干部有误解，信息不对称，最后很多小问题就变成了大问题。所以，要从这两方面找对策，诸多问题才能消除。第四，保证并维护监督权。如果基层民主建设中缺乏监督，群众的其他权利也得不到保障，干群矛盾也会进一步激化。所以，在探索基层民主建设的过程中，须将村务监事会建设成一个制度化、规范化、法制化的机构，监事会成员由村民选举产生，是与党支部和村委会平行的机构，村民想了解村里重大事项只需问监事会成员，从而使监事会在保障村庄各项事务正常运行、监督村干部、保障群众知情权等方面发挥作用。

（三）提高村民参政能力，增强村民公共意识

构建农村和谐的干群关系，一方面需要提高基层组织和广大干部的公信力；另一方面也要培养村民的参政能力，提高村民对公共事务的关心意识。只有提高村民的参政能力，才能调动村民的积极性，促进干群之间的有效互动，最终实现农村经济社会的全面协调发展。徐勇教授曾指出："在民主制度下，有组织依托，但村干部缺乏民主管理能力，村民缺乏民主参与能力，民主仍然难以正常运转。一是开会开不起来，二是开会时吵吵嚷嚷，三是议而不决，决而不行。由此导致现在的村干部没有权威，还不如过去的族长和生产队长可以一呼百应。"[①] 因而，提升村民政治参与和利益表达能力迫在眉睫，具体可采用集中授课、个案访谈、发放手册、事件参与式培训、项目参

① 马华：《村民自治中的草根式权力平衡与民主能力培育——广东"蕉岭模式"对我国乡村治理的启示》，《河南大学学报（社会科学版）》2011 年第 2 期。

与式培训等多种形式。华中师范大学中国农村研究院曾在广东举行了“南农实验”，共举办新型农民培训 4 期，集中培训普通村民、村民代表、乡镇人大代表、农民合作组织成员等共计 2000 余人，发放新型农民手册 2000 本。据“南农实验”总干事马华教授介绍：“这些培训增强了农民识别及表达自身利益的能力和进行合作的技能，为争取政策、财政预算和立法等环节向有利于农民这一弱势群体倾斜奠定了基础。受过培训的村民的参与意愿与能力大大提升，例如曾坑村虽然不算富裕，但所有住家户经过会议讨论协商后，共同集资进行道路硬化和村庄亮化工程，仅仅 300 人的小山村为了修路集资了 10 万余元，为了亮化集资了 2 万多元。与此相比，那些几千人的大村却对公共事业无动于衷，巨大的反差显示出参与的重要性。”① 只有培养村民的参政能力，提高村民的参与意识，调动村民当家做主的积极性，组织引导村民参与到农村公共事务中，才能把党和国家的各项农业政策变成广大村民的自觉行动，才能有效化解农村各种矛盾和冲突，密切干群关系，促进生产发展和乡风文明。

四、加强保障体系建设，为构建农村和谐人际关系提供制度依靠

农村的社会保障体系主要包括农村的社会保险、社会救济、社会福利和优抚安置。一方面，当前山西省农村社会保险主要是农村养老保险和医疗保险，两者仍是以家庭保障为主，其“社会”性很小；另一方面，政府用于农村社会救助、社会福利和优抚安置的资金有限，保障范围小，受益人数少，不具有普遍性。在养老保险方面，山西省现有农村养老保险采取政府组织引导和农民自愿相结合的方法，突出自我、自愿保障为主的原则，这一原则确立了养老以家庭保障为主的政策，改变了社会保险共济性和强制性的特征，

① 马华等：《南农实验：农民的民主能力建设》，中国社会科学出版社 2011 年版，第 108 页。

使农村养老保险呈现出明显的商业保险性质。这与城乡经济差距大、地区农村经济发展不平衡、大多数农民收入较低的现状极不对应，效果甚微。因此，现有的农村社会保障存在制度上的缺失，这也成为影响农村人际关系和谐的一个重要因素。①

案例 8.6

临县Z村地处吕梁山区，交通闭塞，土地贫瘠，经济发展落后。该村有80%以上的人口外出打工，主要为青壮年劳动力，他们大多从20岁左右就开始外出打工，打工地以县城、邻近地市以及省会城市为主。年近80岁的W是当地土生土长的老人，一直没有离开过村庄，中年时失去了丈夫，有两个儿子均在外地打工，常年不回乡。W年轻时一直以种地为生，年老后失去劳动能力，目前以低保和邻居救济为生。两个儿子长大成家后脱离村庄，外出打工挣钱，早些年每年过年回家看望W，定时给老人生活费，后来娶了媳妇后，两兄弟各自忙于养家，在赡养老人的问题上出现分歧和矛盾。目前两兄弟均不回家看望W，W作为留守老人只能靠政府的低保勉强维持生活，生病也无人照看，生活没有保障。而两兄弟均以城里工作忙等理由推脱照顾老人的义务，关系也渐趋恶化，家庭关系紧张。

该案例所反映出的情况在山西省广大农村地区具有普遍性。市场经济的飞速发展给农村地区带来极大的影响，不仅包括经济层面的，也包括社会层面和文化层面，农民对土地的依赖性逐渐降低，外出打工者人数增加。近年来，农业产业化在山西地区的兴起，导致了产业集群的出现，青壮年劳动力

① 参见刘宇：《集体土地所有权法律制度研究》，博士学位论文，中国人民大学，2008年。

多集中在产业链周围，主要是聚集在合作社、龙头企业以及产业园区。这些均导致了空心村以及留守老人的出现，原本以血缘、亲缘和地缘为主的社会关系网逐渐被以业缘为主的社会关系网所取代，原本四世同堂的大家庭逐渐分化，内部产生分歧甚至矛盾，原本由家庭承担的养老功能也逐渐弱化，因此，建立富有成效的农村社会保障制度对于构建农村和谐的人际关系具有重要的意义。

任何一项制度安排都必须与制度的背景环境相适应，使制度目标与适用主体利益一致才能收到良好效果。首先，农村社会保障的制度安排必须从农村的现实情况出发。当前农村产业结构正在从单一的农业结构向农工商一体化的多元产业结构转化，农业生产结构也在种植、品种、区域布局、市场化等方面取得了阶段性成果。其次，农村劳动力大量向外流动，农民阶层分化逐渐明显，从事非农职业的人数迅速增加。再次，农村人口年龄结构走向老龄化，家庭结构趋向小型化。这都表明农村地区正在从传统的农业社会向现代工业文明社会转变，农村社会人际关系呈现出传统与现代并存的复合型特点，要求我们进一步建立和完善农村社会保障体系，为农村和谐人际关系的构建提供制度性依靠。①

（一）拓宽农村社会保障筹资渠道

调查显示，本书所述山西省三个农业产业化试点县的社会保障体系普遍存在的问题有社会化程度低、覆盖面窄、资金规模小、保障功能差等，其原因是多方面的，其中筹资机制的不完善成为农村社会保障发展的重要制约因素。首先是政府财政对农村社会保障的支持力度弱，缺乏直接支持；其次是资金来源渠道和筹集方式单一，当前农村社会保障资金来源基本上限于个人缴费、集体资助和少量的财政支持，未能充分动员各方面力量拓展筹资渠道。因此，拓宽农村社会保障筹资渠道对于完善农村社会保障体系十分

① 参见王佳慧：《关于土地制度与农村社会保障关系的思考》，《前沿》2005 年第 8 期。

必要。

1. 健全三方筹资机制，增强社保动力与活力

从当地实际情况出发，建立由国家、集体、个人共同筹资承担的农村社会保障模式，尤其要确保地方财政和集体经济的投入。首先，要提高地方财政对农村社会保障资金支持力度。政府投入是建立农村社会保障的重要支撑，当地政府要站在实现“两个一百年”奋斗目标和构建农村和谐社会的战略高度上，充分认识到农村社会保障制度对于农村和谐人际关系构建的重要意义。在此基础上，政府要建立稳定规范的财政支持机制，将农村社会保障资金纳入到预算中，及时拨付到位，并逐步增加财政资金投入，特别是对经济困难的农村地区给予一定的扶持，确保农村社会保障资金的有效使用。其次，要大力发展集体经济，充分发挥农村集体经济对保障基金的补贴作用。农村集体社会保障基金主要来源于两方面，一是农村集体企业或农民联办企业的利润，二是土地利润，主要是对土地的占有、开发、经营、出租、抵押所带来的收益。当地可积极探索农村集体经济的多种实现形式，实现农村集体经济总量增长、效益提高、实力增强，逐步形成多元化、特色化的良好发展格局。在发展壮大集体经济的同时，应根据农村经济发展的实际情况，出台相应政策明确规定集体补助的数额，建立集体补助的约束机制。

2. 积极吸纳社会资金，拓宽筹资渠道

拓宽农村社会保障的筹资渠道要充分发挥农村精英阶层的主导作用。当代转型期的农村精英是由政治精英、经济精英和社会精英组成，政治精英主要由村支部书记、村委会主任和积极参与社区治理的社区能人组成；经济精英主要由合作社、龙头企业等现代农业经营组织管理者以及种植大户组成；社会精英是在人品、知识、经验、背景等方面具有优势的人。这部分精英群体对普通村民具有带头作用，他们的决策会影响到大部分村民的切身利益。农村的经济精英群体掌握着一定的社会资本，尤其是经济资本，调动他们的力量参与到农村社会保障体制构建中，对于完善农村社会保障体制具有重要作用。如临县积极探索龙头企业资助农民参加农村社会养老保险的办法，为

了解决当地龙头企业收购农产品资金不足的问题，该县研究制定了龙头企业资助农民参加社会养老保险缴费免税的鼓励政策和实施办法，促进了龙头企业和农户的有机结合，加快了合作组织的发展和农业产业化进程，提高了农民的组织化程度，让农民从产业化经营中得到了更多实惠，加快推进了传统农民向现代化农业工人转型的进度，促进了农民与农村精英的良性互动和和谐交往关系的构建。

案例 8.7

在临猗县大力发展农业产业化和专业合作社的过程中，涌现出许多对当地经济发展起到突出作用的农村精英，这些人不仅仅在经济方面对当地带来影响，还在社会建设方面为当地作出突出贡献。L 是临猗县某果业合作社负责人，当他得知邻村有许多留守老人无人照顾，生病无法及时就医后，决定拿出一部分资金筹建老年人日间照料中心。L 说："我是土生土长的本地人，对这块土地有感情，出去读了书之后本有机会留在大城市，但是对家乡和亲人有牵挂，再加上学的就是相近专业，所以决定回乡创业。" L 在毕业后的十年时间里已成长为当地一家合作社的负责人，从事果业生产和加工，产品远销国内外市场，已有固定的收购商和稳定的销售市场。为了回馈这片生养他的土地，也为了改善当地老年人的生存状况，他在当地政府批准后，对村里一些闲置房屋进行改建，在当地创建了老年人日间照料中心。在服务对象上，突出生活自理能力弱、经济条件差、对国家和社会有突出贡献的五保户、重点优抚对象、空巢老人。在服务人员方面，主要以老年人互助自助服务为主，配备必要的管理人员和服务人员，积极发动爱心人士和志愿者参与日常服务。在服务费用方面，坚持有偿、低偿和无偿服务相结合，按照一定标准缴纳饭费（低于市场价），免费享受文体设施。与当地医院和卫生所合作，定期为老人进行健康检查，免费提供一些基本医疗服务。

当地农村缺乏照顾的空巢老人在日间照料中心可以享受到优质服务，减轻了家庭负担和生活压力。在外打工没有时间赡养老人的子女可以选择缴纳一部分钱给日间照料中心让老人得到照顾，减少了子女在赡养老人问题上的矛盾和冲突，缓解了家庭矛盾，使亲属关系不至于恶化。同时，老人在日间照料中心可以互相交流，共同开展文体活动，扩大社会交往范围，丰富了老年人的精神文化生活，促进了和谐人际关系的构建。

（二）完善农村社会保障监督管理机制

通过对山西省临县 W 村 130 名低保调查对象进行分析，在性别分布上，男性占总样本的 67.2%，女性占总样本的 32.8%；在年龄分布上，0 岁至 14 岁的农村低保对象占 1.3%，15 岁至 59 岁的占 69.8%，60 岁以上的占 28.9%。对低保对象的问卷和访谈资料显示，实践中农村低保存在一定的不合理现象，在调查样本中，13.3% 的低保户认为严重存在不合理、不合法的现象，如一些不符合条件的人冒领、农村干部滥用职权、低保资金分配和使用不合理等；31.3% 的低保户认为偶尔存在不合理、不合法的现象，但问题不大；27.3% 的低保户认为不存在不合理、不合法的现象；24.7% 的低保户表示说不清。当地农民认为监督的缺失致使存在一些“关系保”、“人情保”现象。调查中发现，我国有关的社会保障政策在山西省部分农村地区的执行中仍然存在较多问题，社会保障政策并不能落到实处，农民因为社会保障政策执行的问题享受不到国家经济发展的成果。究其原因，主要是政府对社会保障政策执行监督重视程度不够。同时，广大农民对于社会保障政策执行状况的关注也基本停留在表面层次，遇到社会保障政策执行不公现象时，一般都是采取忍让态度，很少去维护自身合法权益。社会保障政策执行过程中出现的问题，会影响农民对政府的信任，影响农民与相关部门的良性互动，不利于农村和谐人际关系的构建。因此，完善农村社会保障监督管理机制对于保证社会保障政策执行效果、加强农民与政府间的信任以及构建农村和谐社会具有重要作用。

1. 加强农村社会保障机构专业人员队伍建设

社会保障是一项复杂的系统工程，农村社会保障体系必须要设立专门的监督机构，然而当前山西省大多数社保机构工作人员存在文化程度普遍不高，法制意识和政策观念淡薄，专业化水平低，易于出现对政策认识不足和理解不清而产生执行不正确、不全面，最终影响社会保障公平的实现。农村基层现有农村低保工作人员不足、力量薄弱问题比较突出，难以做到专职专用，素质也参差不齐，需要上级民政部门加大培训力度。如临县民政局低保部只有三名工作人员，还兼顾城市居民低保、城乡医疗救助工作；乡镇民政干部一般只有两名到三名且均为兼职。“上面千条线，下边一根针”，大量的入户调查、核实、公示、上报等工作落在这几个人身上，往往是以点对面，工作负荷重，为了完成工作，只有采取应付的方式，造成了农村低保工作不到位。此外，人员不足导致一些地方无暇做好农村低保对象的动态管理等工作。因此，为了保证农村低保工作到位，基层民政部门应充实低保机构，适当增加低保工作人员职数，满足农村低保工作的需要。乡镇政府在不增加编制的情况下配足专职农村低保管理工作人员，也可考虑成立农村社会救助办公室，保证有不低于三人专职从事社会救助工作，并提供必要的办公条件，运用现代信息技术手段，及时、准确、动态汇集和掌握农村低保对象的基本信息，提高办事效率。①

农村社会保障管理机构从业人员的素质直接关系到农村社会保障工作监督质量和运行效率，因此，要全面提高从业人员的综合素质和业务技术，通过内部提高和外部引进两条途径相结合的方式，塑造和培育一支适应现代化、专业化、市场化管理需要的专业队伍。社会保障机构专业人员的业务能

① 参见李春根：《农村低保制度的调研和思考——基于江西省农村低保对象的数据》，《江西财经大学学报》2010 年第 3 期。

力越高，社会保障政策执行监督机制运行效果就越好，社会保障政策执行就能得到有效的监督，政策执行产生偏差的可能性就小，农村社会矛盾就不易被激化。因此，通过职业培训来提高社会保障政策执行监督队伍的能力对于完善社会保障政策执行监督机制具有重要作用。首先，职业培训要紧抓不懈，制定培训规划，以内部组织部门为主，联合相关培训机构，组建专门的职业培训机构；其次，培训导师可以邀请国内外相关的权威理论专家进行讲座学习，也可邀请该领域资深工作者进行经验交流，分享其他地区社会保障监督管理的成功经验，而在培训方式上可以根据当地实际情况，创新培训方式，将课堂学习、讲座交流与会议交流相结合。同时，要以强化监督来规范社会保障政策执行监督队伍的行为。在实地调查中发现，农村社会保障机构专业人员在履职过程中与农民群众时有争执和矛盾产生，农民对于低保应该给哪家通常有不同看法，对于农村社会保障机构专业人员的决策时常存在质疑。因此，要强化对社会保障政策执行监督队伍的监督，通过强化监督来规范从业人员的行为，保证监督队伍的纯洁性，确保社会保障政策执行的效果。首先要监督社会保障政策执行监督队伍是否认真贯彻执行了相关法律法规，是否按照相关法律法规在开展社会保障政策执行监督工作；其次要监督社会保障政策执行监督队伍在人员选用上是否存在违规行为，在执行工作时有无徇私枉法和有失公正。

2. 拓宽农民参与社会保障政策执行的监督渠道

山西省广大农村地区对于社会保障的监督方式落后，存在“民不告官不纠”的问题，这给社会保障政策的执行和监督带来了很大困难。广大农民是社会保障政策实行的主体，农民参与社会保障政策执行监督对于提高社会保障政策执行监督效果具有重要的意义。农民参与社会保障政策执行监督，是提高社会保障政策监督实效，完善社会保障政策执行监督机制的有效途径。拓宽农民参与社会保障政策执行监督渠道要畅通社会保障政策的信息公开渠道，运用各种媒体、网站和宣传栏及时准确地将社会保障政策和执行情况进行公开，让广大农民能够及时准确地了解社会保障政策及执行监督情况，方便农民对社会保障政策的执行和结果进行监督。政府部门在加强信息公开的同时也要加强与农民的联系，及时关注农民的需求和心声。社会保障政策执行监督主体要制定监督人员下访计划，定期派监督人员到基层去，到群众中去，加强与农民的联系，掌握社会保障政策执行的第一手资料。同时，也可以派遣监督人员驻村驻户，通过长时间的密切观察和交流联系来分析农村社会保障政策执行情况，发现问题，及时解决问题，将矛盾和冲突扼杀在摇篮里。此外，通过开通举报电话，设立举报接待室等方便农民就社会保障政策执行遇到的问题及时有效地向监督部门提供信息，对农民反映的问题给予及时反馈。

山阴县某乡镇在落实社会保障政策的过程中，及时关注农民的需求，听取农民群众的呼声，对于存在的问题力争做到早发现早处理，其中一项举措是充分发挥大学生村官的作用。大学生村官由于处于乡镇和村庄之间，往往对乡镇以及村庄均有较为全面和深刻的了解，因此，在社会保障政策传达和执行工作中，大学生村官可以较好地联系乡镇、村庄以及农民。一方面，与乡镇政府比，大学生村官对村庄具体情况以及村民的情况有更多更详细的了解，在社会保障政策执行过程中就避免了“一刀切”的现象以及政策执行不到位带来的干群关系紧张。大学生村官可以根据村庄的具体情况以及农民的实际需求有针对性地执行相关社会保障政策。另一方面，大学生村官在执行相关政策的过程中，可以根据村庄和农民的具体情况和需求，有针对性地进行政策信息反馈，从而达到政策目标与农民需求的有效契合，在一定程度上缓和了农民与政府部门以及相关社会保障执行机构的矛盾，从而建立起农民与政府之间的良性合作关系，维护农村社会的和谐稳定。①

① 参见王海燕：《驻村大学生村官：国家对乡村治理的介入——基于对苏北杨集村的实地观察》，硕士学位论文，华中师范大学，2011 年。

结　语

实行农业产业化是当前我国发展现代农业、繁荣农村经济的重要举措，在农业产业化迅速发展的过程中，农村社会的结构相应地发生了变化，人际交往方式也呈现出新的特点。人际关系从根本上说是由一定的社会形态和社会结构所决定的，社会结构所发生的剧烈变迁必然对人际关系产生深远的影响。当前农村社会正在经历转型期，社会结构处于剧烈变动中，社会阶层不断分化，人际关系也在一定程度上发生了变迁。

本书选取了山西省三个典型的农业产业化地区——临猗县、临县和山阴县。临猗县地处全国优势苹果布局区，是农业部确定的黄土高原苹果优势产业带重点县和全国水果生产优势县，在农业产业化发展过程中，逐步形成以农民专业合作社为主导的产业化模式；临县是以红枣种植、生产、加工为主的地区，在大力推进农业产业化过程中，形成了以红枣产业局为领导、龙头企业主导下的农业产业化模式；山阴县地处雁门关生态牧区，历来注重发展以奶牛养殖为主的畜牧业，当地在畜牧局、乳业办的领导下，以产业园区为依托，探索出以党支部为领导核心的“党支部＋园区＋合作社”园区发展模式和以农牧业产业化龙头企业为引领的“合作社＋园区＋企业”园区发展模式。这三个地区的农业产业化发展模式各具特色，并且这种特色发展的同时也对这三个地区的人际关系变迁产生了不同影响，其中共性的变化主要表现为农村人际关系已由传统的血缘、亲缘和地缘关系向拟亲缘、业缘、趣缘等多维度复合型人际交往模式转变。农村社会的人际关系呈现出理性与人情交织的状态，农民一方面会理性地遵守契约，按照现代市场经济的规则和制度规范和约束自己的行为；另一方面也会根据传统血缘、亲缘和地缘关系的远近亲疏适当调节自身行为。因此，新型农村人际关系是情感化和理性化的相互统一，是传统性与现代性的相互融合。在乡村振兴背景下，农村社区要构建一种良性竞争和诚信合作的、互惠互利的新型人际交往模式，这是实现农村地区产业兴旺、生态宜居、乡风文明、治理有效、生活富裕的必要条件。

面对变化的新形势，本书提出了构建新型农村人际关系的政策思考，从经济建设、文化建设、基层民主建设、社会保障体系建设方面出发，多管齐下，形成合力，共同促进农村和谐人际关系的构建。在这一过程中，要注意转变政府服务方式，可以借助信息技术，将县直部门、乡镇政府和村委会有效联结起来，加快信息服务平台建设，将政府的“办公桌”建到村里，使农民办事不出村，既可以在网上查询社保情况也可以在红枣局或畜牧局的网站上及时了解病虫害防治知识。一方面为农民的生活提供便利，农民因此享受到更多实惠；另一方面也改善了政府形象，推动了政府治理能力的提升，缓和了基层社会矛盾，为构建农村和谐人际关系奠定基础。同时，要明确农民是构建新型农村人际关系的主要力量，也是实现乡村振兴战略的主体。因此，要动员和激发农民的主动性和创造性，切实发挥农民在农村经济建设、文化建设、基层民主建设和社会保障体系建设中的主体作用，激活农村内在动力，让农民用自己的双手创造美丽乡村。

参考文献

一、专著类

（一）经典文献

[1]《马克思恩格斯全集》（第3卷），人民出版社1960年版。

[2]《马克思恩格斯选集》（第1卷），人民出版社1972年版。

[3]《马克思恩格斯选集》（第1卷），人民出版社1995年版。

[4]［德］马克思：《1844年经济学哲学手稿》，人民出版社2002年版。

[5]《马克思恩格斯全集》（第46卷上），人民出版社2005年版。

[6] 毛泽东：《论联合政府》，人民出版社1975年版。

（二）国外专著

[1]［德］马克斯·韦伯：《新教伦理与资本主义精神》，于晓、陈维纲等译，生活·读书·新知三联书店1987年版。

[2]［德］马克斯·韦伯：《经济与社会》，阎克文译，上海人民出版社2010年版。

[3]［德］哈贝马斯：《公共领域的结构转型》，曹卫东译，学林出版社1999年版。

[4]［德］齐美尔：《社会是如何可能的》，林荣远译，广西师范大学出版社2002年版。

[5]［德］埃利亚斯：《个体的社会》，翟三江、陆兴华译，译林出版社2003年版。

[6]［德］格罗·詹纳：《资本主义的未来》，宋玮等译，社会科学文献出版社2004年版。

[7]［德］马克斯·韦伯：《新教伦理与资本主义精神》，郑志勇译，江西人民出版社2010年版。

[8]［法］莱翁·狄骥：《宪法论》（第一卷），钱克新译，商务印书馆1959年版。

[9]［法］皮埃尔·布迪厄、［美］华康德：《实践与反思——反思社会学导引》，李猛等译，中央编译出版社1998年版。

[10]［英］齐格蒙特·鲍曼：《流动的现代性》，欧阳景根译，上海三联书店2002年版。

[11]［法］埃米尔·涂尔干：《社会分工论》，渠东译，生活·读书·新知三联书店2000年版。

[12]［法］E.迪尔凯姆：《社会学方法的准则》，狄玉明译，商务印书馆1995年版。

[13]［法］马塞尔·莫斯：《礼物：古式社会中交换的形式与理由》，汲喆译，商务印书馆2016年版。

[14]［英］安东尼·吉登斯：《现代性的后果》，田禾译，译林出版社2000年版。

[15]［英］安东尼·吉登斯：《资本主义与现代社会理论——对马克思、涂尔干和韦伯著作的分析》，郭忠华等译，上海译文出版社2007年版。

[16]［英］马凌诺斯基：《文化论》，费孝通译，华夏出版社2002年版。

[17]［英］亚当·斯密：《国富论》，谢祖钧译，中华书局2012年版。

[18]［美］施坚雅：《中国农村的市场和社会结构》，史建云、徐秀丽译，中国社会科学出版社1998年版。

[19] [美] 查尔斯 · 霍顿 · 库利:《人类本性与社会秩序》，包凡一、王源译，华夏出版社 1999 年版。

[20] [美] 彼得 · 布劳、马歇尔 · 梅耶:《现代社会中的科层制》，马戎、时宪民、邱泽奇译，学林出版社 2001 年版。

[21] [美] 欧文 · 戈夫曼:《日常生活中的自我呈现》，黄爱华、冯钢译，北京大学出版社 2008 年版。

[22] [美] 杜赞奇:《文化、权力与国家: 1900—1942 年的华北农村》，王福明译，江苏人民出版社 2008 年版。

[23] [日] 平野义太郎等著:《人民民主主义的世界性发展》，钟震译，建设出版社 1950 年版。

（三）国内专著

[1] 许烺光:《美国人与中国人: 两种生活方式比较》，华夏出版社 1989 年版。

[2] 王沪宁:《当代中国村落家族文化——对中国社会现代化的一项探索》，上海人民出版社 1991 年版。

[3] 林毅夫:《制度、技术与中国农业发展》，上海人民出版社 1994 年版。

[4] 山西农业合作史编辑委员会:《山西农业合作史互助组卷》，山西人民出版社 1996 年版。

[5] 费孝通:《乡土中国 · 生育制度》，北京大学出版社 1998 年版。

[6] 费孝通:《乡土中国》，人民出版社 2008 年版。

[7] 牛若峰:《农业产业一体化经营的理论与实践》，中国农业科技出版社 1998 年版。

[8] 许庆朴等:《马克思主义原著选读》，高等教育出版社 1999 年版。

[9] 阎云翔:《礼物的流动: 一个中国村庄中的互惠原则与社会网络》，李放春、刘瑜译，上海人民出版社 2000 年版。

[10] 曹锦清等:《当代浙北乡村的社会文化变迁》，上海远东出版社 2001 年版。

[11] 乐国安:《当前中国人际关系研究》，南开大学出版社 2001 年版。

[12]翟学伟:《中国社会中的日常权威: 关系与权力的历史社会学研究》，社会科学文献出版社 2004 年版。

[13] 翟学伟:《人情、面子与权力的再生产》，北京大学出版社 2008 年版。

[14] 林南、张磊:《社会资本: 关于社会结构与行动的理论》，上海人民出版社 2005 年版。

[15] 何友晖、彭泗清、赵志裕:《世道人心: 对中国人心理的探索》，北京大学出版社 2007 年版。

[16] 黄丽萍:《中国农地使用权流转研究》，厦门大学出版社 2007 年版。

[17] 张天柱:《现代农业园区规划与案例分析》，中国轻工业出版社 2008 年版。

[18] 胡杨:《精英与资本: 转型期中国乡村精英结构变迁的实证研究》，中国社会科学出版社 2009 年版。

[19] 黄光国、胡先缙:《人情与面子——中国人的权力游戏》，中国人民大学出版社 2010 年版。

[20] 全国人大常委会法制工作委员会:《中华人民共和国村民委员会组织法释义》，法律出版社 2010 年版。

[21] 马华等:《南农实验: 农民的民主能力建设》，中国社会科学出版社 2011 年版。

二、硕博学位论文类

（一）硕士学位论文

[1] 张青:《我国农村公共物品自发供给若干问题研究》，硕士学位论文，山东大学，2006 年。

[2] 张磊:《村委会换届选举中的“贿选”问题研究》，硕士学位论文，山东大学，2007 年。

[3] 张海涛:《龙头企业—农户利益联结机制及组织模式研究》，硕士学位论文，北京交通大学，2008 年。

[4] 戴媛媛:《中国特色农业产业化经营模式研究》，硕士学位论文，复旦大学，2009 年。

[5] 林迪:《影响农民专业合作社发展的因素分析——以浙江省为例》，硕士学位论文，浙江大学，2009 年。

[6] 苏向妮:《安徽省农民专业合作社的治理研究》，硕士学位论文，安徽农业大学，2009 年。

[7] 熊晓晖:《农业产业化龙头企业资金支持模式研究——以江西省为例》，硕士学位论文，南昌大学，2009 年。

[8] 任剑星:《山西农业合作运动的历史考察》，硕士学位论文，山西大学，2010 年。

[9] 李娟:《甘肃畜牧龙头企业产业链发展的对策与模式研究——以甘肃武威六和益民饲料有限公司为例》，硕士学位论文，青岛农业大学，2012 年。

[10] 刘志丹:《河南省农业产业化发展现状及对策探究》，硕士学位论文，河南农业大学，2012 年。

[11] 宋颖冬:《安徽省农民专业合作社内部控制研究》，硕士学位论文，安徽农业大学，2012 年。

[12] 黄其志:《农业产业化视角中瑞安市农民专业合作社的发展研究》，硕士学位论文，南京农业大学，2013 年。

[13] 李昊一:《山西农民专业合作社发展联合社战略途径研究》，硕士学位论文，安徽农业大学，2016 年。

[14] 应南茜:《乡村旅游发展对农村人际关系影响研究——以安吉五鹤村为例》，硕士学位论文，苏州大学，2016 年。

（二）博士学位论文

[1] 雷俊忠：《中国农业产业化经营的理论与实践》，博士学位论文，西南财经大学，2004 年。

[2] 郭红东：《农业龙头企业与农户订单安排及履约机制研究——基于企业与农户行为的分析》，博士学位论文，浙江大学，2005 年。

[3] 秦琴：《当代乡村社会中的“社会资本”研究》，博士学位论文，上海大学社会学系，2005 年。

[4] 李超：《促进我国农业产业化发展的税收政策研究》，博士学位论文，东北财经大学，2006 年。

[5] 刘爱军：《基于企业角度的农产品物流发展研究》，博士学位论文，南京农业大学，2007 年。

[6] 吕晨钟：《核心社员社会资本对农民专业合作社发展的影响研究——以川渝地区种植合作社为例》，博士学位论文，四川农业大学，2012 年。

[7] 李敏：《基于农民组织化视角的农民专业合作社绩效研究》，博士学位论文，西北农林科技大学，2015 年。

三、期刊类

（一）国外期刊

[美] 霍曼斯、潘裕高：《社会学五十年》，《国外社会科学文摘》1990 年第 9 期。

（二）国内期刊

[1]宋丹：《论中国传统人际关系制度及其变迁》，《徐州师范学院学报(哲学社会科学版》1990 年第 1 期。

[2] 朱瑞玲:《面子与成就——社会取向动机之探讨》,《中华心理学刊》1989年第2期。

[3] 金耀基:《中国现代的文明秩序的建构:论中国的“现代化”与“现代性”》,《深圳大学学报(人文社会科学版)》1996年第2期。

[4] 孙立平:《“关系”、社会关系与社会结构》,《社会学研究》1996年第5期。

[5] 杨中芳、彭泗清:《中国人人际信任的概念化:一个人际关系的观点》,《社会学研究》1999年第2期。

[6] 杨善华、侯红蕊:《血缘、姻缘、亲情与利益——现阶段中国农村社会中“差序格局”的“理性化”趋势》,《宁夏社会科学》1999年第6期。

[7] 徐晓军:《论我国社区的阶层化趋势》,《社会科学》2000年第2期。

[8] 娄文光、岑铁金:《依法搞好土地流转,促进农业产业化的进程》,《农业经济》2000年第10期。

[9] 吴思红、贺雪峰:《论国家与农村社会互动的具体处境》,《河南师范大学学报(哲学社会科学版)》2001年第2期。

[10] 黄建生:《戈夫曼的拟剧理论与行为分析》,《云南师范大学学报(哲学社会科学版)》2001年第4期。

[11] 杜培、荆红:《传统人际关系的总体沿袭与部分演变——浅谈当代中国人际关系的传统根基与表现》,《科学·经济·社会》2001年第1期。

[12] 贺雪峰:《人际关系理性化中的资源因素——对现代化进程中乡土社会传统的一项评述》,《广东社会科学》2001年第4期。

[13] 邓大才:《论农户承包土地流动的条件和模式》,《南方农村》2002年第2期。

[14] 高启杰、蔡志强:《农业产业化经营组织模式分析与制度创新——兼用农村承包土地使用权的流转》,《中国农业科技导报》2002年第2期。

[15] 周建国:《紧缩圈层结构论——一项中国人际关系的结构与功能分析》,《社会科学研究》2002年第2期。

[16] 山西省农调队阎海旺：《特色农业：山西农业发展的必然选择》，《前进》2002 年第 4 期。

[17] 卜长莉：《"差序格局"的理论诠释及现代内涵》，《社会学研究》2003 年第 1 期。

[18] 姜开圣、韩世来、沙志芳：《农业产业化龙头企业的发展壮大及其对农民收入的影响——以江苏省扬州市为例》，《农业经济问题》2003 年第 3 期。

[19] 于建嵘：《当前农民维权活动的一个解释框架》，《社会学研究》2004 年第 2 期。

[20] 王新驰：《企业发展与科层制组织模式——基于中国民营企业的分析》，《扬州大学学报（人文社会科学版）》2004 年第 3 期。

[21] 铁晓明、邓燕雯、吴声怡：《龙头企业带动型农业产业化模式思考》，《福建农林大学学报（社会科学版）》2005 年第 2 期。

[22] 肖梅：《一种全新的农业经济组织化形式——"中粮模式"》，《农产品加工（学刊）》2005 年第 3 期。

[23] 周中林：《我国农业产业化龙头企业历史地位与发展对策》，《求索》2005 年第 4 期。

[24] 黄祖辉、徐旭初：《基于能力和关系的合作治理——对浙江省农民专业合作社治理结构的解释》，《浙江社会科学》2006 年第 1 期。

[25] 孔祥智、郭艳芹：《现阶段农民合作经济组织的基本状况、组织管理及政府作用——23 省农民合作经济组织调查报告》，《农业经济问题》2006 年第 1 期。

[26] 扈立家、刘强：《我国农业产业化发展进程中的问题与对策研究综述》，《党政干部学刊》2006 年第 2 期。

[27] 张绍丽：《我国农业产业组织的主要模式与绩效分析》，《新东方》2006 年第 6 期。

[28] 李炳坤：《发展现代农业与龙头企业的历史责任》，《农业经济问题》

2006 年第 9 期。

[29] 闫玉科:《农业龙头企业与农户利益联结机制调查与分析——以广东省为例》,《农业经济问题》2006 年第 9 期。

[30] 黄宗智、彭玉生:《三大历史性变迁的交汇与中国小规模农业的前景》,《中国社会科学》2007 年第 4 期。

[31] 崔燕改、丁利锐:《从社会学视角看传统人际关系》,《沧桑》2008 年第 3 期。

[32] 景为、侯军岐、刘录民:《农业产业化龙头企业与农户博弈实证分析》,《中国农业科技导报》2008 年第 3 期。

[33] 仇小玲、屈勇:《从"叫人"到"雇人":关中农村人际关系的变迁》,《西北农林科技大学学报(社会科学版)》2008 年第 5 期。

[34] 万俊毅:《准纵向一体化、关系治理与合约履行——以农业产业化经营的温氏模式为例》,《管理世界》2008 年第 12 期。

[35] 徐晓军:《内核—外围:传统乡土社会关系结构的变动——以鄂东乡村艾滋病人社会关系重构为例》,《社会学研究》2009 年第 1 期。

[36] 刘伟:《群体性活动视角下的村民信任结构研究——基于问卷的统计分析》,《中国农村观察》2009 年第 4 期。

[37] 张陆伟、陈雷、管杰:《关于农业产业化国家重点龙头企业现状的分析及建议》,《中国社会科学院研究生院学报》2009 年第 5 期。

[38] 牛喜霞、谢建社:《六大视角关照下的农村流动人口研究》,《学习与实践》2009 年第 8 期。

[39] 柴玲、包智明:《当代中国社会的"差序格局"》,《云南民族大学学报(哲学社会科学版)》2010 年第 2 期。

[40] 吴愈晓:《家庭背景、体制转型与中国农村精英的代际传承(1978—1996)》,《社会学研究》2010 年第 2 期。

[41] 徐大佑、孙浩翔:《贵州农业产业化龙头企业带动农民增收效益分析》,《贵州财经学院学报》2010 年第 3 期。

[42] 贝克、邓正来、沈国麟:《风险社会与中国——与德国社会学家乌尔里希·贝克的对话》,《社会学研究》2010 年第 5 期。

[43] 武志勇、霍晓姝、刘家顺:《“农户 + 龙头企业”模式契约稳定性》,《河北理工大学学报(社会科学版)》2010 年第 6 期。

[44] 谢丽旋:《解读人际关系理性化——读贺雪峰《新乡土中国》,《社会学论坛》2010 年第 9 期。

[45] 高向东:《山西临县红枣生产的发展与前景》,《吉林农业(C 版)》2010 年第 10 期。

[46] 万伦来、马娇娇、朱湖根:《中国农业产业化经营组织模式与龙头企业技术效率——来自安徽农业综合开发产业化经营龙头企业的经验证据》,《中国农村经济》2010 年第 10 期。

[47] 夏支平:《熟人社会还是半熟人社会?——乡村人际关系变迁的思考》,《西北农林科技大学学报》2010 年第 6 期。

[48] 马华:《村民自治中的草根式权力平衡与民主能力培育——广东“蕉岭模式”对我国乡村治理的启示》,《河南大学学报(社会科学版)》2011 年第 2 期。

[49] 赵爽:《中国社会个体化的产生及其条件——个体化相关理论述评》,《长安大学学报(社会科学版)》2011 年第 2 期。

[50] 周玉龙、盛喆、周超颖:《“企业 + 基地 + 农户”农业模式探析——以连城红心地瓜干产业为例》,《企业导报》2011 年第 3 期。

[51] 高丹:《论农村精英对农业产业化的推动作用》,《现代交际》2011 年第 4 期。

[52] 潘劲:《中国农民专业合作社:数据背后的解读》,《中国农村观察》2011 年第 6 期。

[53] 陈灿、罗必良:《农业龙头企业对合作农户的关系治理》,《中国农村观察》2011 年第 6 期。

[54] 徐峰、邱隆云等:《农业产业化加速发展背景下种养业农民专业合

作社主体关系博弈分析》,《江西农业大学学报(社会科学版)》2011 年第 2 期。

[55] 魏沙平等:《重庆市北碚区三个行政村土地流转模式探析》,《中国发展》2011 年第 2 期。

[56] 柴艳萍:《经济制度变迁与中国人际关系的演变》,《中国矿业大学学报(社会科学版)》2012 年第 2 期。

[57]黄家亮:《乡土场域的信任逻辑与合作困境:定县翟城村个案研究》,《中国农业大学学报(社会科学版)》2012 年第 1 期。

[58] 韩作珍:《我国传统乡土社会伦理透视——以〈乡土中国〉为视角》,《社会经纬》2012 年第 10 期。

[59] 贺雪峰:《农村精英与中国乡村治理——评田原史起著〈日本视野中的中国农村精英:关系、团结、三农政治〉》,《人民论坛 · 学术前沿》2012 年第 12 期。

[60] 严柯等:《农村土地流转模式的比较研究——以绵阳市为例》,《中国市场》2012 年第 26 期。

[61] 王亚飞、唐爽:《我国农业产业化进程中龙头企业与农户的博弈分析与改进——兼论不同组织模式的制度特性》,《农业经济问题》2013 年第 11 期。

[62] 楼栋、孔祥智:《新型农业经营主体的多维发展形式和现实观照》,《改革》2013 年第 2 期。

[63] 何翔凤:《以县域农业产业化带动农民增收》,《中国乡村发现》2013 年第 3 期。

[64] 刘同山、孔祥智:《关系治理与合作社成长》,《中国经济问题》2013 年第 3 期。

[65] 兰亚春:《传统"差序格局"的现代诠释》,《社会科学战线》2013 年第 5 期。

[66] 汪小红、朱力:《"离土"时代的乡村信任危机及其生成机制——基于熟人信任的比较》,《人文杂志》2013 年第 8 期。

[67] 赵泉民、井世洁:《“后乡土”时代人际关系理性化与农民合作的困境与出路》,《江西社会科学》2013 年第 8 期。

[68] 赵晓峰、刘成良:《利益分化与精英参与:转型期新型农民合作社与村两委关系研究》,《人文杂志》2013 年第 9 期。

[69] 张子峰:《土地流转规模大种养结合效益增》,《农业技术与装备》2013 年第 18 期。

[70] 薛玉剑等:《农业产业园区发展模式探析——以山东省德州市为例》,《安徽农业科学》2013 年第 2 期。

[71]张翠莲、赵伦等:《农民专业合作社:利益、博弈与互惠规范分析》,《商业研究》2014 年第 1 期。

[72] 李桃:《经济理性、生存智慧与行为逻辑——农民专业合作社内部中小社员“搭便车”行为探究》,《宏观经济研究》2014 年第 2 期。

[73] 邱静、陈劲松:《货币政策与农产品加工企业投资行为研究——基于农产品加工上市企业的数据》,《西南金融》2014 年第 4 期。

[74] 李增元、葛云霞:《何以可能与如何合作:农业现代化背景下的农民专业合作社及其发展》,《华中农业大学学报(社会科学版)》2014 年第 6 期。

[75] 张学会、王礼力:《农民专业合作社纵向一体化水平测度:模型与实证分析》,《中国人口·资源与环境》2014 年第 6 期。

[76] 丁国胜、王伟强:《现代国家建构视野下乡村建设变迁特征考察》,《城市发展研究》2014 年第 10 期。

[77]何健:《帕森斯社会理论的时间维度》,《社会学研究》2015 年第 2 期。

[78] 赵晓峰、付少平:《多元主体、庇护关系与合作社制度变迁——以府城县农民专业合作社的实践为例》,《中国农村观察》2015 年第 2 期。

[79] 梁剑峰、李静:《“精英俘获”:农民专业合作社成长之困》,《宏观经济研究》2015 年第 3 期。

[80] 祁发业:《在祁连县开展股份制合作社建设试点的几点思考》,《养殖与饲料》2015 年第 6 期。

[81]陈涛、李素霞：《“造势”与“控势”：环境抗争中农村精英的辩证法》，《西北农林科技大学学报（社会科学版）》2015年第4期。

[82] 王健：《临汾市农民专业合作社现状分析及对策研究》，《农业经济》2015年第7期。

[83] 王丹：《临猗县农业产业结构调整现状及对策》，《现代农业科技》2015年第11期。

[84]王亚新、徐长友：《农业产业化组织形式的人际关系视角分析》，《辽宁工程技术大学学报（社会科学版）》2016年第1期。

[85] 李志国、贾文毓：《吕梁市临县村名的特征分析》，《环球人文地理（评论版）》2016年第4期。

[86] 刘洁、陈新华：《经营模式、制度特征与农民专业合作社的发展——基于江西省赣州市三个典型个案的比较研究》，《农村经济》2016年第2期。

[87]朱忠良：《在科层制和人性化之间——比较两种企业管理模式》，《社科纵横》2016年第2期。

[88] 刘永悦、郭翔宇：《农产品供应链中农民专业合作社垂直协调合作：主体结构、合作关系及驱动因素》，《农业经济与管理》2016年第6期。

[89] 高扬：《浅谈大力推进新型职业农民培育问题》，《农场经济管理》2016年第7期。

[90] 张莉琼、刘文丽等：《湖南省农民专业合作社内部治理的优化研究》，《惠州学院学报（社会科学版）》2017年第1期。

[91] 柏振忠、宋玉娥：《农民专业合作联社的特质分析》，《黑龙江农业科学》2017年第2期。

[92] 冯慧：《从典型合作社看现状、思发展——山东省临沂市沂水县农民专业合作社调研》，《中国农民合作社》2017年第3期。

[93] 郭建宇：《农业产业化研究的国际比较：一个文献综述》，《生产力研究》2007年第8期。

四、报刊类

[1] 郭献功:《“4+2” 工作法: 民主决策的有益探索》,《学习时报》2009 年 7 月 20 日。

[2] 胡然然:《龙头企业要成为推动乡村振兴的带动者》,《农民日报》2017 年 11 月 21 日。

五、网络资料类

[1] 胡亦南:《基层民主实践虽有进步但仍任重道远》,2010 年 3 月 2 日,见 http://news.sina.com.cn/w/2010-03-02/060817149401s.shtml。

[2] 新浪新闻:《“牛模” 风波下的山阴奶牛业》, 2012 年 9 月 21 日, 见 http://news.sina.com.cn/o/2012-09-21/052025222172.shtml。

[3] 中国农经信息网:《山西省临猗县农民专业合作社发展情况调查报告》, 2013 年 3 月 30 日, 见 http://www.caein.gov.cn/index.php/Index/Show Content/index/bh/025/id/87521。

[4] 山西省财政厅:《加大财政投入,推动农业产业化发展》, 2013 年 11 月 17 日, 见 http://www.sxscz.gov.cn/www/2014-02-07/201402071044178904.html。

[5] 山西省统计局:《山西省 2013 年国民经济和社会发展统计公报》, 2014 年 2 月 25 日, 见 http://sx.people.com.cn/n/2014/0228/c192648-20672744.html。

[6] 网易新闻:《山西省大力推动农业产业化发展》, 2014 年 10 月 8 日, 见 http://news.163.com/14/1008/09/A819I75S00014JB5.html。

[7]《中共中央国务院关于加大改革创新力度 加快农业现代化建设的若干意见》, 2015 年 2 月 2 日, 见 http://cpc.people.com.cn/n/2015/0202/c87228-26488263.html。

[8] 山西省财政厅:《农业综合开发突出开发重点，推进现代农业发展》，2015 年 3 月 3 日， 见 http://www.sxscz.gov.cn/www/2015-03-03/201503031720169057.html。

[9]朔州市统计信息网:《2014 年山阴县城镇常住居民人均可支配收入增幅全市第一》,2015 年 3 月 5 日，见 http://www.szstj.gov.cn/Shownews.asp?ID=4521。

[10] 网易财经:《2014 年中国 31 个省市 GDP 和财力排名》，2015 年 3 月 10 日，见 http://money.163.com/15/0310/10/AKBE29DI00253B0H.html。

[11]山西经济日报:《省政府出台十项强农惠农措施》,2015 年 3 月 24 日，见 http://www.sxjjb.cn/szb/sxjjrb/http_192.168.100.9/sxjjrb/html/2015-03/24/content_97327.htm。

[12] 新华网:《2015 年各省市区 GDP 总量与实际 GDP 增速》，2016 年 1 月 29 日，见 http://www.xinhuanet.com/city/2016-01/29/c_128679200.htm。

[13] 山西省农机网:《山西省投入农机购置补贴 3.45 亿元》，2016 年 5 月 31 日，见 http://www.nongji1688.com/news/201605/31/5508425.html。

[14] 山西省统计局:《山西统计年鉴 2016》，见 http://www.stats-sx.gov.cn/tjsj/tjnj/nj2016/indexch.htm。

[15] 新浪财经:《2016 年各省市区 GDP 总量及 GDP 增速》，2017 年 2 月 7 日， 见 http://finance.sina.com.cn/roll/2017-02-07/doc-ifyaexzn9201500.shtml?_t_t_t=0.13746435355609443。

[16] 地方领导留言版:《以农产品加工为例，浅谈山西省产业转型发展》,2017 年 2 月 17 日，见 http://liuyan.people.com.cn/threads/content?tid=4283896。

[17] 搜狐新闻:《临县副县长在省城吆喝卖红枣》，2017 年 10 月 1 日，见 http://www.sohu.com/a/196038254_100008615。

[18] 习近平:《决胜全面建成小康社会　夺取新时代中国特色社会主义伟大胜利——在中国共产党第十九次全国代表大会上的报告》，2017 年 10

月 18 日，见 http://www.gov.cn/zhuanti/2017-10/27/content_5234876.htm。

[19] 中国经济网：《2017 年全国各省市区 GDP 增速排名》，2018 年 1 月 31 日，见 http://district.ce.cn/zg/201801/31/t20180131_27988345.shtml。

[20] 新华网：《中共中央国务院关于实施乡村振兴战略的意见》（受权发布），2018 年 2 月 4 日，见 http://www.xinhuanet.com/politics/2018-02/04/c_1122366449.htm。

[21] 国家统计局：《中华人民共和国 2017 年国民经济和社会发展统计公报》，2018 年 2 月 28 日，见 http://www.stats.gov.cn/tjsj/zxfb/201802/t20180228_1585631.html。

[22] 山西省统计局：《山西省 2017 年国民经济和社会发展统计公报》，2018 年 3 月 2 日，见 http://www.shanxigov.cn/sj/tjgb/201803/t20180312_400994.shtml。

[23] 临猗县人民政府网：《县人大调研农民专业合作社发展情况》，2018 年 6 月 29 日，见 http://www.sxly.gov.cn/zwzx/ztzl/lhzt/rdzt/4794201.html。

后　记

时光荏苒，从日本立教大学回到山西大学工作已有整整十载。在此期间，我主持国家级及省级科研课题十余项。其中，教育部人文社科研究规划基金项目《农业产业化与农村人际关系发展研究》（15YJA840003）是在2015年申请立项的，立项成功后我和研究团队进行过多次实地调查和相关文献研究，本书是在此课题基础上完成的阶段性成果。本书的写作从酝酿到初稿及多次的修改到成稿经过了将近5年的时间，终于得以付梓出版。在日本学习工作期间，我的研究领域侧重于产业社会学，也可称之为社会学与经营学的交叉领域。谈到经营学，自然与企业这一经济组织相关，也即企业组织与制度设计如何适应社会环境及实际需求，如何才能达到效率最优。这一时期的研究重点聚焦正处于深刻的社会变革及社会转型时期的中国社会，围绕建立西方式的现代企业制度如何适应中国社会主义制度环境而展开，在博士论文的基础上出版了专著《市场经济转型期的企业统治》。2009年5月回到国内时，我国虽然仍处于深度的社会转型过程中，但社会发展的视野不再局限于城市的现代化，不再是片面追求城市数量和规模、城市人数增长以及城市经济发展指数等，而是在现代化推动社会资源总量不断增长的过程中，将乡村纳入社会现代化发展视野中，使乡村成为新的资源汇集之处，迎来了难得的发展机遇，成为可以大有作为的广阔天地。本书立足于乡村在新时代重新定位的大背景，认为实现乡村振兴是要在“保留”乡村的基础上，将农业摆在优先发展的位置，通过农业产业化首先实现乡村的产业兴旺，并在此过程中更加注重人的整体性发展向度，进而从抽象和现实层面分析阐述农业产业化过程中乡村人际关系的变迁，寻求构建新型乡村人际关系的突破口和关键点。

作为衡量国家或地区经济社会发展和现代化程度的重要指标，城镇化长期以来都是党和国家高度重视并重点推进的一项重要战略。但就目前状况来看，我国城镇化仍处于低水平阶段，难以突破粗放型发展模式，也依然未从根本上改善土地城镇化快于人口城镇化的严峻现状。同时，在片面的现代化发展理论背景下，工业化和城市化被摆在了优先发展位置，国家以“取消”乡村来实现城镇化的单方面快速突进，这在带来经济社会快速发展、促进工业化和现代化的同时，也在一定程度上造成城乡发展不均衡等问题逐渐凸显，城市加速扩张而乡村发展式微，乡村地区相较城市发展仍是滞后衰落，“村落终结论”、“农民终结论”等正在成为现实。毋庸置疑，随着工业化、城市化和现代化进程的加快，我国城镇化率将继续提高，但乡村仍有其存在的价值和空间，仍会有大量农民在乡村地区生产和生活，“三农”问题仍是社会发展必须予以关注的重点。乡村振兴战略正是党和国家立足于这一现实国情而提出的，也是对重视“三农”问题的最好回应和诠释。从发展方向上来看，乡村振兴战略是要在“保留”乡村的基础上，通过优先发展农业逐步缩小城乡差距，实现城乡一体化与协调发展。但城乡一体化并非是将所有乡村城镇化，而是系统全面地统筹考虑城市与乡村的发展，使城市与乡村保持各自特色和独立性，乡村依然以农业为基础实现发展和现代化，城乡差别不再是经济社会发展的障碍，而是乡村振兴基础上的城乡互补。

在此意义上，农业产业化无疑是实现乡村振兴的最佳路径，因为二者首先在“保留”乡村这一基本前提上是高度一致的。同时，乡村振兴战略将产业兴旺作为首要和重点，将农业农村发展放在突出位置，并致力于实现农业强的战略目标，而农业产业化是推动农业实现现代化的有效途径和关键依托，是乡村现代化的重要经济基础。具体来看，农业产业化立足乡村发展现实，坚持规模化和专业化生产，实行正规化和制度化管理，以市场和效益为导向，在实现效益的同时兼顾公平，注重社会化服务，并在乡村地区形成了合作社、龙头企业和产业园区等新型农业经营主体及生产组织形式，这都在一定程度上促进了传统乡村向现代乡村转变。再者，就农业产业化发展现状来看，其在促进现代农业建设和农民增收致富等方面已经发挥了重要作用：农业产业化糅合了乡村经济发展、基层民主治理、传统乡土文化、美丽乡村建设等多个层面的因素，囊括了产业兴旺、生态宜居、乡风文明、治理有效和生活富裕五个方面的战略目标，必然成为推动乡村振兴的内生性和系统性动力。

我的家乡山西省也不例外，作为一个经济发展水平比较落后的省份，人均 GDP 近年来一直低于全国水平约 10 个百分点。特别是产业结构单一，第一、第三产业发展不充分，导致山西省经济发展水平低，特别是农业发展水平在全国处于落后地位。其一，山西省为煤炭资源大省，煤炭储量约占全国的三分之一，在过去的经济发展中，过多地依靠煤炭以及与煤炭资源相关的焦炭和冶金，而随着近些年我国煤炭产能过剩以及全国对煤炭资源需求量下降，过多依赖煤炭出口的山西省难免受到冲击，造成 GDP 总量及增速不断下降；其二，山西省产业结构单一，过多依赖第二产业，而第一产业和第三产业发展相对不充分，2017 年第一产业的增加值占全省生产总值的比重仅为 5.2%。而要想实现山西省经济的逐步发展，就要不断调整产业结构，改变过去单一的煤炭产业，适度地提高第一和第三产业的增加值，不断发展农产品加工产业，变初级产品为深加工产品，向产业链要利益。因此，发展农业产业化，调整产业结构，增加农业对经济增长的贡献值是山西省发展经济的迫切选择。

随着乡村社会结构的变革和经济社会的发展，市场经济的渗入在一定程度上带动农业逐步实现专业化生产和产业化经营，改变了乡村原有的生产和生活方式，这些新变量在促进乡村经济发展、推动农业现代化和提高村民收入的同时，也潜移默化地影响着乡村社会的人际交往行为和互动心理，对乡村传统人际关系模式造成一定冲击。从这个意义上讲，在通过农业产业化带动乡村产业兴旺进而实现农业强、农村美、农民富的基础上，构建并维系乡村新型和谐人际关系就更具必要性和价值性，经济社会发展的最终目标应该要落脚在人的发展向度上。因此，如何协调农业产业化发展带来的人际交往互动行为的差异性和冲突性，如何解决乡村人际关系朝现代化方向发展中出现的暂时性异化现象，如何在传统与现代的综合平衡中构建新型乡村人际关系，这些都是值得我们深思和探讨的，是具有时代价值和意义的，也是本书尝试探讨和阐明的关键。

随着现代乡村社会的出现，人们突破了基于血缘和地缘建立的传统社会关系的限制，个体的独立性逐渐凸显，开始追求自我发展与进步，原子化倾向有所抬头。但现代乡村社会中的独立个体依然是整体的一部分，与他人交往互动中必然产生联系和关系，尤其是在农业产业化发展过程中，生产不再是单纯意义上的“包产到户”、“包干到户”，合作社、龙头企业和产业园区等新型经济合作组织已经将农民组成了有机整体，生产和生活都不再局限于单个家庭范围内，乡村社会成为有机统一的整体。同时，基于我的家乡山西省农业发展的现实情况以及我回国以来对山西省各地农业产业化进程的实地调查，本书选择山西省临猗县、临县和山阴县三个县分别作为深入研究合作社、龙头企业和产业园区三种典型农业产业化模式的具体样本情境，期望在样本分析的基础上能够抽离与展现出我国农业产业化发展的一般性和普适性特征，进而可以多角度诠释农业产业化发展中乡村人际关系的变迁过程，并在此基础上寻求构建新型乡村人际关系的具体路径。

最后，特别感谢我的历届研究生李青、武卫晶、高丹、赵瑞宁、王芳、王俊鹏、王强、李斌等 8 位同学，这 8 位学生组成了我的研究团队，在前期实地调查中为本书的撰写收集了翔实的第一手资料，并在调研资料整理归纳以及本书后期撰写和修改过程中做了大量工作，再次对他们的付出和贡献表示感谢。同时，也特别感谢本书的编辑、责任编辑以及各位参与者的辛勤劳动和不懈努力。

责任编辑：段海宝　周文婷
封面设计：王欢欢

图书在版编目（CIP）数据

农业产业化与农村人际关系 / 郭新平 著 . — 北京：人民出版社，2019.7
ISBN 978－7－01－021018－6

I. ①农…　II. ①郭…　III. ①农业产业化－关系－农村－人际关系－研究－中国
IV. ① F321 ② C912.82

中国版本图书馆 CIP 数据核字（2019）第 137293 号

农业产业化与农村人际关系
NONGYE CHANYEHUA YU NONGCUN RENJI GUANXI

郭新平　著

人民出版社 出版发行
（100706　北京市东城区隆福寺街 99 号）

环球东方（北京）印务有限公司　新华书店经销

2019 年 7 月第 1 版　2019 年 7 月北京第 1 次印刷
开本：710 毫米 ×1000 毫米 1/16　印张：22
字数：310 千字

ISBN 978－7－01－021018－6　定价：65.00 元

邮购地址 100706　北京市东城区隆福寺街 99 号
人民东方图书销售中心　电话（010）65250042　65289539